Margarete Mitscherlich

Eine Liebe zu sich selbst, die glücklich macht

S. FISCHER

Erschienen bei S. FISCHER
© S. Fischer Verlag GmbH, Frankfurt am Main 2013
Redaktion: Karola Brede
Satz: Dörlemann Satz, Lemförde
Druck und Bindung: CPI – Clausen & Bosse, Leck
Printed in Germany
ISBN 978-3-10-049117-6

Inhalt

III. Individuelle und kollektive Trauer

IV. Margarete Mitscherlich, geb. 1917, Psychoanalytikerin

I. FRAUEN

Die Liebende
Simone de Beauvoir und Jean-Paul Sartre, ein Paar

Die »Liebe« – so Simone de Beauvoir – hat für die beiden Geschlechter durchaus nicht den gleichen Sinn und ist als Ursache schwerer Missverständnisse anzusehen, die die Geschlechter voneinander trennen. Nach Lord Byron ist die Liebe im Leben des Mannes nur eine Beschäftigung, während sie für die Frau das eigentliche Leben ausmacht. Ähnlich äußert sich Friedrich Nietzsche in *Die fröhliche Wissenschaft*: »Mann und Weib verstehen unter Liebe jeder etwas anderes ... Was das Weib unter Liebe versteht, ist klar genug: vollkommene Hingabe (nicht nur Hingebung) mit Seele und Leib, ohne jede Rücksicht, jeden Vorbehalt ... In dieser Abwesenheit von Bedingungen ist eben seine Liebe ein *Glaube*: das Weib hat keinen anderen. – Der Mann, wenn er ein Weib liebt, *will* von ihm eben diese Liebe, ist folglich für seine Person selbst am entferntesten von der Voraussetzung der weiblichen Liebe. Gesetzt aber, daß es auch Männer geben sollte, denen ihrerseits das Verlangen nach vollkommener Hingabe nicht fremd ist, nun, so sind das eben – keine Männer.«[1] Der zur Abhängigkeit verurteilten Frau bleibt keine andere Wahl, als sich mit ihrer Situation eines unwesentlichen Objekts – das ohne einen Herrn nicht existiert – auseinanderzusetzen, als sie zu verinnerlichen und als die einzig wahre Erfüllung ihres Frauseins zu akzeptieren.

Damit erfüllt die Frau die Vorstellung von »Liebe«, die ihr das Patriarchat seit Jahrtausenden als weiblich vorgeschrieben hat. Die Liebe wird für sie zur Religion. Nur wenigen Frauen gelang es, sich von dieser ihnen aufgezwungenen »Weiblichkeit« zu lösen. Wenn sich der Frau keine Möglichkeit für die menschliche Liebe bietet – so Beauvoir –, sucht sie ihre weibliche Erfüllung in der Hingabe an Gott. Männer mit ähnlichen Bedürfnissen sind selten und meist weniger von Gefühlen als von intellektueller oder künstlerischer Darstellung ihrer religiösen Hingabe beherrscht. Frauen, die sich den »Wonnen einer überirdischen Vermählung« hingeben, sind Legion. Als Nonnen gehen sie lebenslang die Ehe mit Christus ein, der sie niemals enttäuschen kann, was in der irdischen Liebe zu einem Mann unweigerlich geschieht. Durch vollständige Identifikation mit der ihnen vorgeschriebenen Rolle als »Liebende« gelingt es Frauen, ihre Versklavung als Freiheit zu erleben.»Anstatt die Frauenfrage zu lösen, hat die männliche Gesellschaft ihr eigenes Prinzip so ausgedehnt, daß die Opfer die Frage gar nicht mehr zu fragen vermögen.«[2] Warum lassen Frauen es zu, ohne Mann als nicht existent zu gelten? Bliebe es dabei, dann würden wir der Männergesellschaft recht darin geben, dass Frauen das »andere« Geschlecht sind, unfähig, das Prinzip der Freiheit – der Freiheit des eigenen Denkens, Urteilens, Entscheidens, Handelns – für sich in Anspruch zu nehmen.

Gegen die von Männern festgelegte und von Frauen verinnerlichte Bestimmung dessen, was weibliche Erfüllung ist, gegen die die Frau sich nicht zu wehren vermag, tritt Simone de Beauvoir in ihrem Buch *Das andere Geschlecht* (1949) als Existentialistin an und beeindruckt mit überzeugenden Argumenten und glänzenden Kenntnissen der Literatur über die Jahrhunderte hinweg sowie einem verblüffenden Reichtum an Wissen. Die Kernthese des Buches lautet: »Man kommt nicht als Frau zur Welt, man wird es.«[3] Nicht die

Biologie macht uns zu dem, was wir sind, sondern Gesellschaft und Geschichte. Beauvoirs These ist vor allem in Frankreich heute nicht mehr unumstritten. Sigmund Freuds Feststellung »Die Anatomie ist das Schicksal«[4] scheint wieder aktuell zu werden und auch die Esoterik des Differenzfeminismus.

Wie aber sah die Liebe für Beauvoir in ihrem persönlichen Leben aus? Ist man »männlich«, wenn man die Position Beauvoirs vertritt, und »weiblich«, wenn man sich seiner weiblichen Biologie und Physiologie als Schicksal hingibt? Unterschätzt Beauvoir Weiblichkeit als Wert, als Möglichkeit, mit eigenen Gefühlen aufrichtiger umzugehen, die Realität oft genauer und nüchterner wahrnehmen zu können? Traditionelle Vorstellungen von weiblichen und männlichen »Werten«, die die geschlechtsspezifische Erziehung maßgeblich beeinflussen, können Verhaltensweisen und Fähigkeiten erschaffen, die als unverrückbar »weibliche« verinnerlicht sind und weitergegeben werden, ohne dass sie mit »primärer Weiblichkeit« viel zu tun haben, auch wenn Freud zufolge am Anfang des Lebens das Ich zuerst und vor allem ein körperliches ist.

Hat Beauvoir sich selber als Frau missachtet? Könnte es sein, dass sie sich ein Leben lang gegen jenen »weiblichen« Anteil in ihr selber wehrte, den sie in *Das andere Geschlecht* – nicht nur im Kapitel »Die Liebende«[5] – an zahlreichen Beispielen so ausführlich schildert? Ohne Zweifel ist ihr die sich völlig hingebende, den Mann und die Liebe zu ihm über alles stellende Frau, die sich selbst als autonom handelnde und denkende Person aufgibt, zuwider. Drastisch und als trostlos stellt sie in ihrer Erzählung *Eine gebrochene Frau*[6] deren Schicksal dar. In allen Variationen, sich oft wiederholend, schildert sie Verhaltensweisen von Frauen, die sich in ihrer Hingabe selbst aufgeben, in ihrer pathetischen Lebens- und Liebeslüge versinken, als so abstoßend, dass man vermuten muss, Beauvoir kämpft mit aller Kraft gegen ähnliche Gefahren in der eigenen Seele.

Durch die postume Veröffentlichung der Briefe Simones an Sartre hat sich zwangsläufig das Urteil darüber geändert, was man von deren beider Beziehung bzw. deren Art des Umgangs miteinander bis dahin verstanden zu haben meinte. Nicht nur von ihren Anhängern wurde Beauvoir seither vorgeworfen, weit weniger aufrichtig gewesen zu sein, als man es von ihr als Feministin erwartet hatte. Die Enttäuschung war groß, als Frauen erfuhren, dass ausgerechnet Beauvoir – ihr Vorbild an Mut im Kampf gegen bürgerliche Verlogenheit – lebenslang ihre Beziehungen zu Frauen verschwiegen hatte bzw. andere vermuten ließ, dass es für sie nur sexuelle Kontakte mit Männern gab.

Auch in einem ihrer Briefe an Nelson Algren, den amerikanischen Schriftsteller, den sie 1947 in den USA kennenlernte, scheinen Beziehungen zu Frauen keine große Rolle zu spielen. In einer »Grundsatzäußerung« über ihr Liebesleben Algren gegenüber, der ihre große Liebe wurde, erwähnt sie ausschließlich sexuelle Beziehungen zu Männern. Im Brief vom 8. August 1948 erklärt sie: »Es gibt in meinem Leben jedenfalls nicht viel, womit ich prahlen könnte.«[7] Zusammengefasst ist dem Brief zu entnehmen, dass Beauvoir sich mit 17 Jahren in einen gleichaltrigen schönen und verführerischen Cousin verliebte, der sie zwar respektierte, sich aber, als es darum ging zu heiraten, eine andere reiche dumme Jungfrau nahm, danach sein Leben im Suff wegwarf und die ihm Nahestehenden unglücklich machte. »Es war eine sehr sentimentale, idealistische Jungmädchenliebe … Bald lag uns [Sartre und Beauvoir] viel aneinander. Ich war zweiundzwanzig und er fünfundzwanzig, und ich gab ihm voller Begeisterung mein Leben und mich selbst. Er war mein erster Liebhaber, vorher hatte niemand mich auch nur geküßt. Wir haben eine lange Zeit zusammen verbracht, und ich erzählte Ihnen schon, wie sehr mir an ihm liegt, aber es war eher tiefe Freundschaft als Liebe; in der Liebe war unsere Beziehung nicht sehr erfolgreich. Hauptsächlich, weil er sich aus der Sexualität nicht viel macht.«[8]

Als Nächstes taucht in dem Brief an Algren der schöne, junge Jacques-Laurent Bost auf, vormals Schüler von Sartre und später Ehemann der gemeinsamen Freundin Olga. Von ihm wird noch in der Beschreibung von dem die Rede sein, was für Simone Liebe ist und wie Liebe in ihren Beziehungen zu Frauen aussieht. »Wir blieben ... eng befreundet und schliefen weiter miteinander. Es war eine schöne Beziehung, ohne Leidenschaft, aber auch ohne Eifersucht, ohne Lügen, mit viel Freundschaft und Zärtlichkeit. Wissen Sie, ich war mit meinem Leben zufrieden ... Dann passierte es, Sie wissen Bescheid. Außer mit Sartre und Bost habe ich dreimal in meinem Leben mit Männern eine Nacht verbracht. ... Als ich zu Ihnen nach Chicago zurückkam, glaubte ich, es würde etwas Derartiges werden: ich mochte Sie; wir konnten ein paar Tage lang zusammen glücklich sein. ... Ich erwartete keine Liebe, ich glaubte nicht, mich verlieben zu können, und Sie haben es geschafft, daß ich mich in Sie verliebte! Und veranlaßten mich, nach Chicago zurückzukehren und Sie immer mehr zu lieben.«[9]

Bei Algren habe sie wahre und totale Liebe erfahren, in der Herz, Seele und Körper eins sind. Sich für die Gegenwart, für ihre Liebe zu Algren zu entscheiden, fällt Simone jedoch schwer. Sie versucht, ihm verständlich zu machen, warum sie sich von ihrer »kleinen Familie« so leicht nicht trennen könne. Sartre, Bost, Olga, Wanda und andere Mitglieder dieser »petite famille« seien seit vielen Jahren in guten und bösen Zeiten miteinander eng verbunden. Sich von ihnen zu trennen wäre sehr schmerzlich.

In diesem Überblick über ihr Liebesleben erwähnt Beauvoir also nur ihre sexuellen Beziehungen zu Männern. Von denen zu Frauen schweigt sie – warum aber Nelson Algren gegenüber und nicht auch gegenüber Sartre? Sind diese Beziehungen vielleicht nur in ihrer Verbindung mit Sartre von Bedeutung? Wie sonst kommt sie dazu, ihre Affären mit Frauen vor allen, außer einigen Mitgliedern der »Familie«, zu verschweigen? Wie wir wissen, nahmen doch gerade ihre intimen Kontakte mit jungen Studentinnen in der Zeit der Isolation Sartres, der als Soldat eingezogen war und später in Gefangenschaft geriet, viele Seiten ihrer Korrespondenz mit ihm ein und waren für sie wie für Sartre offenbar gleich bedeutsam. Sie war es, die ihn in zahlreichen täglichen Briefen mit mindestens fünf, oft nebeneinander bestehenden Liebesbeziehungen – meist frühere Schülerinnen – auf dem Laufenden hielt. Natürlich waren Sartre und Algren in dem, was gemeinhin als »männlich« bezeichnet wird, denkbar verschieden. Gerade das mag den eher als Macho zu bezeichnenden Algren für sie anziehend gemacht haben. Sartres männlicher Egoismus war anderer Art, so dass die Möglichkeit, einander zu verstehen, für die beiden Männer gering war und das, was sie unterschied, Simone anderes an Algren schreiben ließ als an Sartre. Mittlerweile ist bekannt, dass sie auch Algren über ihre Affären mit Exschülerinnen informierte.

Im Brief vom 2. Januar 1948 schreibt Simone an Algren: »Wenn ich ein Mann wäre, wäre ich vermutlich ein sehr verdorbener, denn mit Sicherheit würde es mir gefallen, mit jungen Mädchen zu schlafen und von ihnen geliebt zu werden, dann würde ich sie allerdings fallenlassen, weil sie oft sehr dumm und zu kindisch sind und schnell langweilig werden. Als ich Lehrerin war, verliebten sie sich häufig in mich, und manchmal genoss ich es ein wenig, und drei- oder viermal lag mir sogar wirklich etwas daran, und es kam vor, dass ich mich sehr schlimm verhielt; es ergaben sich lange Geschichten, die für mich zwar angenehm, aber nicht wichtig waren, während sie für die Mädchen zumindest zeitweise wichtig waren; ich mußte also sehr bedachtsam mit ihnen umgehen ... Nun, jetzt würden mich solche Angelegenheiten nicht mehr interessieren. Ich fühle, daß junge Mädchen sowohl etwas sehr Anziehendes als auch etwas sehr Abstoßendes an sich haben.«[10]

Sartre lernte die jungen, attraktiven Frauen in den dreißiger Jahren durch Beauvoir kennen. Nicht selten begann auch er eine recht intensive, länger anhaltende oder auch nur vorübergehende Affäre mit den ursprünglich Simone anbetenden Studentinnen, gelegentlich wurde daraus Liebe zu dritt, z. B. in Gestalt des »Trios« – mit Olga, die jedem Kenner von Beauvoirs erstem veröffentlichten Roman *Sie kam und blieb* (1943)[11] ein Begriff ist. Olga, Simones Exschülerin, wurde von ihr als Sartres Krankenschwester eingesetzt, als dieser nach einer Mescalin-Injektion monatelang dem Wahnsinn verfallen war. Es heißt, Olga habe Sartres Drängen nie nachgegeben, was jedoch für Simone die größere Gefahr war, weil durch Olgas Standhaftigkeit Sartres »Wahnsinn« kein Ende nahm.

Simone schien im Großen und Ganzen die Art und Intensität ihrer Liebesbeziehungen mit den in sie verliebten und um vieles jüngeren, von ihr mehr oder weniger abhängigen Frauen unter ihrer Kontrolle zu haben – zumindest glaubte sie es. Sartre war diesen Beziehungen und seinen Gefühlen weit heftiger ausgeliefert, gelegentlich bis zu Anfällen von »nacktem, verzweifeltem Begehren«, das Simone mit Erschrecken auf seinem verzerrten Gesicht erkennt. Diskretion über die intimen Erlebnisse mit den jungen Frauen übte keiner von beiden. Transparenz war eben Teil des »Paktes«, den sie geschlossen hatten. Zusammen bildeten sie eine wahrhaft inzestuöse Familie, in der nur die »Eltern« sich gegenseitig rückhaltlos informierten. Den verführerischen und verführten »Kindern« gegenüber bestand selten Offenheit.

Wer war mit wem identifiziert? Verführte Sartre die Geliebten seiner Frau, oder war Simone »männlich« identifiziert, wenn sie ihre Affären mit den jungen Frauen in ihren Briefen an Sartre in allen Einzelheiten, aber eher etwas abwertend, zu schildern pflegte, ihm diese quasi zuführte und für ihn log, wenn es galt, Unstimmigkeiten oder Eifersucht zu vermeiden? Oder waren diese Lieben und deren intime Preisgabe notwendig, um Langeweile zwischen ihr und Sartre gar nicht erst aufkommen zu lassen? Beide waren sexuell, wenn überhaupt, nur noch mäßig aneinander interessiert, von Sartres Frigidität nicht nur ihr gegenüber wird gesprochen.

Sein Werk stellt Sartre über alles. Es wird deutlich, in welchem Ausmaß »kontingente« Liebesbeziehungen, deren »Funde« sie einander nicht vorenthielten, von ihrer beider »Berufung« als Schriftsteller geprägt waren. Wegen einer der Liebesbeziehungen mit einer in sie verliebten früheren Schülerin, Nathalie Sorokine, deren Mutter Anzeige erstattete, musste Beauvoir 1943 aus dem Schuldienst ausscheiden. Sorokine allerdings ließ sich von Sartre trotz aller seiner Bemühungen – wahrscheinlich als Einzige – nicht verführen. Es gibt auch andere Versionen, nach denen Sartre der Aufforderung Sorokines nachgab, um danach von ihr als »hässlicher Zwerg« verspottet zu werden, was besonders Simone schmerzte, die es nicht ertrug, wenn Sartre öffentlich gekränkt wurde.

Die Angaben darüber, wie lange die sexuelle Beziehung zu Sartre dauerte, variieren; nach dem, was Simone schon in jenem Brief an Algren erwähnt, nur etwa ein Jahrzehnt: »Er ist in allem ein warmherziger, lebhafter Mann – nur nicht im Bett … Wir gaben es nach acht oder zehn Jahren, die in dieser Hinsicht eher erfolglos waren, auf.«[12]

Über die Beziehung zu dem jungen schönen Bost hat sie nie ähnlich im Detail und auch nie annähernd so entwertend an Sartre geschrieben wie über ihre Erlebnisse mit jungen Frauen, obwohl auch Bost zur »Familie« gehörte, Sartre von ihr wusste und sie ihm mitteilte, dass die Initiative von ihr ausgegangen sei. Mit Dolores als Sartres Freundin und Simones Liebe zu Algren hörte das »Einander-nichts-Verschweigen«, die allzu große Offenheit, ja Geschmacklosigkeit in der gegenseitigen Wiedergabe intimer Erlebnisse mehr oder weniger auf, zumindest so lange die Beziehungen bestanden. Dolores und Algren haben sich diese Indiskretion strikt verbeten.

Die »Zwillingsbeziehung«, in der Beauvoir und Sartre wie »verschworen« sich einander fast zwanghaft alles offen berichteten, bestand in dieser Totalität nur so lange, wie sie sich auf labile, verführerische, auf Verführung eingestellte junge Frauen (nie auf Männer!) bezog, die mehr oder weniger zur »Familie« gehörten. Erlebnisse und Erfahrungen wurden später wie selbstverständlich zu »Romanen« verarbeitet. Dass Algren über die mehr oder weniger verschlüsselte Darstellung beispielsweise ihrer beider Liebesgeschichte in dem ihm gewidmeten Roman *Die Mandarins von Paris*

(1954)¹³ nicht erfreut war, ist bekannt. Wegen seiner ausfallenden Kritiken über *Der Lauf der Dinge* (1963)¹⁴ kam es zum endgültigen Bruch zwischen Algren und Simone.

Wenn Beauvoir in ihrem Verhalten den viel jüngeren Frauen, Schülerinnen oder Exschülerinnen gegenüber auch die Bestimmende zu sein schien, so fragt man sich doch zunehmend, wer hier eigentlich wen verführte; sie wurde von ihren jugendlichen Liebhaberinnen entschieden mehr bedrängt als umgekehrt. Vielleicht fiel es ihr schwer, nein zu sagen. Sie war aber auch außerordentlich empfindlich gegen alle und alles, was nicht authentisch war. Wer in Klischees dachte oder wessen Liebesverhalten unecht, ohne Zärtlichkeit war, wurde ihr schnell zuwider. Dazu gehörte auch die Beziehung zu Vedrine, ebenfalls in einem »Trio« mit Sartre, das ihr seither oft zum Vorwurf gemacht worden ist. Sie selber bedauerte ihr Verhalten in einem Brief an Sartre. »Ich bin erschüttert wegen Louise Vedrine.¹⁵ ... Sie ist die einzige Person, der wir wirklich etwas angetan haben ... Sie ist ... höchst hellsichtig, ohne mit dieser Hellsichtigkeit etwas anfangen zu können ... Sie wären sehr erschüttert und voller Sympathie für sie gewesen ... diese Neigung zum Ernst, die plötzlich das Gesicht des Wahnsinns annahm, diese vollkommene und schmerzliche Authentizität unter dem Schein des Unauthentischen.«¹⁶

Dolores, mit der Sartres Ablösung von der Zwillingsbeziehung begann, weil Dolores sich zur Wehr setzte, wurde mit Recht von Simone als Gefahr erlebt. Auch Simone versuchte, mit der Liebe zu Algren zu einer Ablösung von ihrer »Familie« fähig zu werden. Es gelang ihr nicht, und daran zerbrach ihr erster und wahrscheinlich einziger Versuch einer »großen Liebe, in der Herz, Seele und Körper eins sind«. Auch nachdem ihre sexuellen Beziehungen längst keine Bedeutung mehr hatten, blieb Sartre die Hauptperson ihres Lebens. Eine Lösung fand nie statt – zumindest nicht von Simones Seite. Anschaulich macht das der folgende Brief an Sartre im Juli 1950: »Sie, mein geliebtes Leben. ... Gestern abend habe ich Algren gefragt, was los sei, und er hat es mir erklärt. Es ist das, was ich durch seine Briefe und den Rhythmus unserer Geschichte hindurch spürte: er ist sehr froh, mich zu sehen, aber mit dem resignierten Gedanken, daß ich komme, um wegzufahren, daß wir niemals mehr haben werden als dieses Kommen und Gehen ... Machen Sie sich auf keinen Fall Sorgen um mich, denn ich weiß ja, ... daß ... Sie mein Leben sind – und ich bedaure nicht, daß diese Geschichte tot ist, denn ihr Tod war in dem Leben enthalten, das ich gewählt habe und das Sie mir geben. Auf Wiedersehen, mein lieber Kleiner ... Ziehen Sie sich möglichst gut aus ihren eigenen Problemen.«[17]

Ob Simone jemals eine Trennung wirklich wollte, bleibt sehr fraglich, sie war überzeugt, dass Sartre ohne sie schutzlos sei.

Was also ist für Simone Liebe? Völlige Hingabe an ihr Alter Ego Sartre – also doch »Religion«? Wie wir sehen, auch ohne Sex ist Sartre (»mein süßer Kleiner«, »mein ganz kleines Geschöpf«) das absolute Zentrum ihres Lebens. Sie erträgt es nicht, wenn er unglücklich ist, ihre Gefühle gleichen denen einer Mutter zu ihrem Kind, einem hilflosen, auf das abhängige Objekt projizierten Teil des eigenen Ich – »ich liebe dich mehr als mich selber«, wiederholt sie oft in Briefen an Sartre. Er bleibt – so scheint es – der wichtigste Teil ihres Lebens, von dem sie sich – so lange er lebte – nicht lösen kann, ohne selbst verloren zu gehen. Denn Sartre hatte ihr wie kein anderer dazu verholfen, selbständig im Denken und Fühlen zu werden, sich von den Fesseln bürgerlicher Enge und den entsprechenden Vorurteilen zu lösen. Ohne den Einfallsreichtum Sartres, ohne seine unersättliche Neugierde bezogen auf neue Möglichkeiten des Denkens, Erlebens, Fühlens, der Verführung als höchster Lust – und nicht deren sexueller Erfüllung –, hätte sie die Freiheit zur »Existenz« kaum gefunden.

»Das Zwillingszeichen auf unserer Stirn«, von dem in den Briefen und Schriften Simones so viel die Rede ist, spricht nicht nur für die Betonung eines in ihrer beider Beziehung gleichen Gewichts intellektueller und kreativer Fähigkeiten, sondern auch für eine symbiotische und brüderliche Beziehung. »Die Brüderlichkeit, die unser Leben zusammenschmolz, macht jede andere Bindung, die wir hätten eingehen können, überflüssig und lächerlich.« Diese Äußerung Simones, die Sartre bis an sein Lebensende schützen wollte und deren Schutz er bedurfte, mag er gelegentlich als etwas hochtrabend oder auch als etwas komisch empfunden haben. Denn die immer neuen Verführungen, die er in seinem Leben bis an dessen Ende inszenierte und offenbar genoss, sind zahlreich. Sartre war in dieser wie in anderer Hinsicht ein Süchtiger und insofern auch Gefährdeter, aber sicherlich kein Mann der Tragik.

Er kannte und analysierte seine Gefühle, aber eben dadurch wehrte er sie ab, wenn sie allzu schmerzlich zu werden drohten, er wusste es. Vielleicht überfällt einen deswegen das Empfinden der Leere, des Mechanischen, des fast Roboterhaften seiner physischen sexuellen Aktivitäten, die sich offenbar grundsätzlich von seinen verbalen Eroberungskünsten unterschieden, denen sich nur wenige Frauen trotz seiner äußeren Hässlichkeit zu entziehen vermochten. Aber ein im Denken, Sprechen und Verhalten so lebendiger Sartre scheint in der körperlichen Liebe ohne erotische Begabung und von geringer sexueller Wärme gewesen zu sein. Als Autor war Sartre für Beauvoir der »Größere«, dem sie, was sie wiederholt äußert, viel zu verdanken hatte; Rivalität als Schreibende empfand sie ihm gegenüber, soweit ich das zu beurteilen vermag, nie.

Simones Liebe zu Algren war von ganz anderer Art als die zu Sartre: um Algren und dessen Schutzbedürftigkeit brauchte sie sich keine Sorgen zu machen. Er war ein robuster, sexuell erregender und befriedigender Partner, bei dem sie vor allem fürchten musste, ihn zu verlieren, was ihr in den Zeiten intensiver Verliebtheit die heftigsten Schmerzen bereitete. Dass das Leben mit Algren – zum Alltag geworden – kein Erfolg gewesen wäre, darüber hat sich Simone kaum Illusionen gemacht. Im Juli 1956 schrieb sie ihm: »Es kam mir immer seltsam vor, wie *nahe* wir uns waren – niemand war meinem Herzen je so nahe – und wie fern in vieler Hinsicht ... Wenn ich mit klarem Kopf an die Vergangenheit denke, wird mir wieder bewußt, daß ich niemals in den USA hätte leben können, und ich glaube nicht, daß Sie auf Dauer in Paris hätten leben können.«[18]

Von der Sexualität, in die Sartre sie einführte, die anfänglich für Simone sehr wichtig, aber bald für beide ohne größere Bedeutung war, blieb die »Brüderlichkeit«; zwei »Männer« also, die es beide mit Frauen zu tun hatten – war dem so? Oder waren sie Geschwister, von denen das eine etwas mehr Mann als Frau, das andere etwas mehr Frau als Mann war, zumindest was Eigenschaften und Neigungen betraf? Sicherlich waren für beide zumindest zeitweise diese oft dramatisch agierenden, auch begabten, immer ihrer Liebe und Hilfe bedürftigen jungen Frauen einfach notwendig für ihre »Werke«. Ich erinnere aber daran, dass Sartre derjenige ist, der in seinen Briefen an Simone seine sexuellen Beziehungen zu den jungen Frauen, die ursprünglich oder auch gleichzeitig in Simone verliebt waren, in allen Einzelheiten schildert. Simone ist diejenige, die seine Offenheit erwidert, indem sie ebenfalls rückhaltlos über ihre erotischen Erlebnisse mit ihren Schülerinnen berichtet. Was Männer betrifft, ist sie darin weit diskreter. Sie hat sich nie als lesbisch bezeichnet, die Heterosexualität sei bei ihr immer vorherrschend gewesen.

Sartre empfand offenbar so gut wie keine ihm bewussten homoerotischen Neigungen, zumindest ist im gesamten Briefwechsel zwischen Simone und Sartre von sexuellen Beziehungen Sartres zu Männern nicht die Rede. Aber »Verrat« sei, so Sartre, seine Philosophie. Er soll seine Unfähigkeit zur Homosexualität als eine Erfahrung bedauert haben, die für ihn als Autor nicht zur Verfügung stand.

Die Beziehung zu Olga bleibt nach der Veröffentlichung des Romans *Sie kam und blieb* (1943), der von dem Trio Olga, Sartre und Beauvoir handelt, trotz mancher darin vorkommender abfälliger Bemerkungen bis zu Sartres Tod bestehen.

Wanda – so Beauvoir an Algren – stach mit einem Messer auf *Die Mandarins* ein, wobei sie sich die Pulsadern aufschnitt und fast gestorben wäre. Dennoch blieb Wandas Verbindung mit Sartre, der sich für sie verantwortlich fühlte, lebenslang erhalten wie auch die Freundschaft mit Beauvoir, mit der es nie eine erotische Beziehung gab. Für die »petite famille« wurde stets gesorgt, wenn sie in Not war. Für diese wiederum war ein Leben ohne beide »Eltern« – sei es Sartre, sei es Beauvoir – nicht vorstellbar.

Sartre selber war zwar später durch Männer politisch und menschlich durchaus verführbar und zum Kummer Beauvoirs oft schwach in seinem Verhalten gegenüber jungen

Freunden, Mitarbeitern, Sekretären. Er konnte nicht »nein« sagen, aber sexuell waren es nur Frauen, die ihn anzogen. Die jungen Frauen der »petite famille« (Wanda, Olga, Vedrine etc.) wurden von beiden, was Indiskretion betraf, oft gleichermaßen »verraten« und nicht immer fair behandelt. Wie wir wissen, war Sartre in seine Affären mit einigen von ihnen jedoch weit leidenschaftlicher involviert als Beauvoir. Erst in ihrer Liebe zu Algren konnte Simone ihre sexuelle Abwehr aufgeben; unter dem für sie unlösbaren Konflikt, der es ihr nicht ermöglichte, sich für Algren zu entscheiden, hat sie heftig gelitten.

Was die Liebeswahl im Alter anging, war Simone wiederum eher mit Sartre identifiziert als er mit ihr. Beide aber banden sich in den letzten Lebensphasen an junge Frauen, mit denen sie »Liebe«, welcher Art auch immer, verbunden hat. Die Verbindung mit Sartre blieb für Simone bis an sein Ende bestehen. Sie unternahmen regelmäßig gemeinsame Reisen entweder zu viert mit dem jeweiligen Partner oder auch zu zweit, Beauvoir und Sartre verbrachten jeden Sommer einige Wochen in Rom. Eifersucht gab es im sexuellen Sinne zwischen beiden wohl seit langem nicht mehr, wenn Sartre sie denn je verspürt hatte.

Zeit ihres Lebens betonte Simone de Beauvoir, dass Sartre und sie füreinander die wichtigsten Personen waren. Es gab nur selten eine Gelegenheit, in der sie dies in Frage stellte. »Hinzu kam, daß wir auch intellektuell viel zu selbstbewußt waren, um zu befürchten, daß eine andere Person wichtiger werden könnte«, so Beauvoir in einem Interview mit Alice Schwarzer.

So sicher war sich Simone de Beauvoir ihrer selbst nicht immer. Anfänglich, als die Sexualität in ihrer Beziehung zu Sartre für sie noch eine wichtige Rolle spielte, konnte sie sehr eifersüchtig sein. Da gab es zum Beispiel Camille, ein sehr kapriziöses, hochbegabtes Wesen, mit der Sartre zeitweilig verlobt gewesen war. »Sie war nur vier, fünf Jahre älter als ich und schien mir in vielen Dingen weit überlegen zu sein. Dieser Gedanke mißfiel mir entschieden ... Ich sagte mir, daß sie mehr mit Sartre gemeinsam hatte als ich, weil auch sie ihr künftiges Werk über alles stellte. Vielleicht schätzte er sie – trotz unserer engen Verbundenheit – mehr als mich; vielleicht war sie wirklich schätzenswerter als ich. Ich hätte mich ihretwegen nicht so sehr erregt, wenn nicht Eifersucht mich geplagt hätte ... Ich war die Beute eines der unangenehmsten Gefühle, die je von mir Besitz ergriffen hatten und dem, glaube ich, der Name ›Neid‹ gebührt ... Ihre Existenz erdrückte mich, und während ich die Treppe der *Butte* hinauf- und hinunterstieg, hatte sie für mich mehr Realität als ich selbst; ich lehnte mich auf gegen diese Überlegenheit, die ich selbst ihr zugestand. Dieser Widerspruch macht den Neid zur Folter. Stundenlang litt ich Qualen.«[19]

Dieses höchst unangenehme Gefühl des Neides und der Angst, dass ein anderer Mensch für Sartre mehr als sie bedeuten könnte, löste, so scheint es, auch Dolores in ihr aus, obwohl sie diese sicherlich nicht als schätzenswerter denn sich selber erlebte, geschweige denn als ihr intellektuell überlegen. In den vielen Jahren, die zwischen den Affären Sartres mit Camille und Dolores lagen, waren die Rivalinnen fast immer nur junge abhängige Frauen gewesen, die zuerst in Simone, ihre bewunderte Lehrerin, verliebt waren und erst durch sie an Sartre gerieten. Dadurch allerdings entstanden Komplikationen, die sie nicht vorausgesehen hatten, oder doch? Und es ergab sich eine »Familie«, an die auch Sartre gebunden blieb. Ohne das Zutun von Beauvoir, für die die Bindung an Sartre lebenswichtig war, hätten Sartres zaghafte

24

Lösungsversuche vielleicht Erfolg gehabt. Ob er die Lösung aber wirklich wünschte, darf bezweifelt werden.

War Beauvoir eine »Liebende« in dem von ihr für die Frau beschriebenen und abgelehnten Sinne, oder hat sie eine neue Art zu lieben entdeckt, die kritischen Generationen zur Nachahmung empfohlen werden kann? Eine komplexe, so leicht nicht zu beantwortende Frage. Achtung und Bewunderung verdient Beauvoirs ungewöhnlich couragierter Alleingang allemal. Sie selber respektierte nur wenige ihrer Mitmenschen. In ihrem Brief an Algren vom 24. Dezember 1947 schreibt sie: »Neben meiner kalifornischen Freundin[20] ist sie [Madame Morel] die einzige Frau, an der mir etwas liegt, sie ist die einzige, die ich *respektiere* (ich respektiere nicht viele Leute) ... Die einzige Frau, die ich kenne, die sich niemals an einen Mann *anklammerte* ... Ich schätze eine Frau, die es versteht, nicht für sich selbst, aber durch sich selbst zu leben.«[21]

Ohne Zweifel hat sie das »Anklammernde« in sich ein Leben lang und nicht ohne Erfolg bekämpft. Es fiel ihr schwer, sich zu lösen, aber ihre Neugier, ihr ungewöhnlicher Intellekt, ihre Abscheu vor der Enge und den Lebenslügen des bürgerlichen Umfelds ihrer Familie trieben sie dazu an. Sartre vor allem war der Befreier. Durch seine Persönlichkeit und sein radikales Denken, das ihr half, ihr Leben, ihre Ansichten, ihre Konflikte und deren Lösungsversuche in neuem Licht zu sehen, entkam sie dieser Enge. Beauvoir hat seither nicht aufgehört, über Probleme in der Literatur, der Politik, im Verhalten ihrer Mitmenschen mit der offenbar nie nachlassenden Schärfe ihres Verstandes kritisch zu reflektieren. Ob sie fähig oder dazu bereit war, sich ähnlich schonungslos ihrem Innenleben, ihren Gefühlen zu stellen, ist zu bezweifeln. Die Wahrheitssuche, was die Außenwelt betraf, lag ihr wesentlich näher als die Auseinandersetzung mit dem, was in ihrem Inneren vor sich ging. Darüber war sie sich durchaus im Klaren. In ihren Memoiren erwähnt sie ihre gelegentlichen Selbsttäuschungen wie auch ihre Unlust, sich mit ihren Gefühlen allzu intensiv auseinanderzusetzen. Dennoch zeigen ihre Romane, die weitgehend Verarbeitungen eigener Erlebnisse sind, eine beeindruckende Begabung zu hochdifferenzierter Reflexion über eigenes Verhalten und das ihrer Zeitgenossen. Gegen Ende ihres Lebens nahm ihr Interesse an der Psychoanalyse zu. Sie bedauerte, nicht mehr genügend Zeit zu haben, sich ihr intensiver zu widmen.

Wenn Simone Madame Morel respektierte, so hatte sie auch guten Grund, sich selbst zu respektieren, ein Respekt, dem sich, so glaube ich, alle Frauen, die sich mit Beauvoir beschäftigt haben, ohne Ausnahme anzuschließen vermögen. Bei aller Verbundenheit mit dem ›Geschwister‹ Sartre hat sie sich von »Anklammerung« an ihn lösen können und die Fähigkeit erworben, ihr Leben freier, eigenständiger ›durch sich selbst‹ zu gestalten, als es den meisten Frauen (und Männern) sonst gegeben ist.

Als Vorbild für andere, als Paradigma einer neuen Paarbeziehung für junge Menschen, die einen Ausweg aus der Sackgasse bedrückender Geschlechterbeziehungen suchen, eignen sich Beauvoir und Sartre sicherlich nur insofern, als sie wie kein anderes Paar dazu anregten, eigene Probleme nie als gegeben hinzunehmen, sondern stets neu über sie nachzudenken. Ihre Originalität im Denken und Verhalten war ebenso wie ihr Kampf um Freiheit von geschlechtsspezifischen Rollenvorstellungen und Zwängen jeglicher Art bewundernswert, aber was sie vorlebten, eignet sich kaum, nachgeahmt zu werden.

Voller gegenseitiger Toleranz, was ihre sexuellen Beziehungen betraf, blieben sie einander lebenslang verbunden. Sie waren Geschwister, einander ebenbürtig – beide mit sowohl männlichen wie weiblichen Zügen. Die Art ihres Umgangs mit sich und anderen, ihre »Durchsichtigkeit« scheint mir auch Ausdruck einer Distanz zu sein, die es ihnen ermöglichte, nicht in unlösbare Beziehungskonflikte miteinander zu geraten. Sartre lehnte die Existenz des Unbewussten ab. Ihm und Simone blieben die unbewussten Motive ihres Handelns und Verhaltens oft verborgen und entgingen ihrer sonst so allgegenwärtigen Neugier. »Ein einziger Vorsatz belebte uns: Alles erfassen, von allem Zeugnis ablegen« – nur nicht im Hinblick auf ihr Gefühlsleben, das ihnen sicherlich mehr Angst machte, als sie sich selber eingestehen wollten oder konnten.

Nach Hegel stellen Bruder und Schwester eine Beziehung der Geschlechter auf gleicher Ebene dar, weil sie ohne sexuelles Begehren und deshalb auch ohne Gewalt, Trennung, Angst, Entwertung, Verachtung sei. In ihrer Beziehung zueinander seien nur Bruder und Schwester freie Individuen. Sind Beauvoir und Sartre dafür ein Beispiel? Muss Sexualität unabänderlich mit Unfreiheit, Hierarchie und Gewalt verbunden, also letztlich ödipal konfiguriert sein, wofür die »petite famille« stand, an die beide mehr oder weniger lebenslang gebunden blieben? Die Probleme einer Sexualität zwischen den Geschlechtern auf der Ebene von Gleichen zu lösen – also ohne Entwertung, Abhängigkeit und Hierarchie –, gelang auch Beauvoir und Sartre nicht. Den Ausweg aus der Sackgasse bedrückender Geschlechterbeziehungen haben sie – um die oben gestellte Frage zu beantworten – nur gefunden, indem sie einander als ebenbürtige Geschwister verbunden blieben, unter der Voraussetzung also und um den Preis, dass die Sexualität in ihrer Beziehung sehr bald ihre Bedeutung verlor.

Anmerkungen zu Gisela Stellys Roman
Spiel mit mir[1]

Am Anfang eine Hochzeit, am Ende ein glücklich verheiratetes Paar. Am Anfang gespannte Stimmung, am Ende Harmonie. Im ersten Kapitel heiratet ein älterer Mann eine junge Frau. Die Feier mit zahlreichen Gästen, Hochzeitstorte, Großvater, Familie der Braut ist denkbar konventionell. Die Tochter des Vaters aus erster Ehe will eine Rede halten, die wie gewöhnlich den Vater erfreuen soll. Es gelingt ihr nicht, sie kränkt den Vater und die neue Stiefmutter, indem sie auf die vielen früheren angetrauten wie nicht-angetrauten Lebensgefährtinnen des Vaters anspielt. Die sich um Anpassung bemühende, um die Liebe des Vaters werbende Tochter bedauert das und fährt nach Berlin zurück, wo sie studiert, zur Zeit ist sie mit einem »Feldversuch« beschäftigt. In Berlin teilt sie die von ihrem Vater ihr überlassene elegante Wohnung mit zwei Schwestern, die nicht zur Hochzeit eingeladen waren, weil sie sich bei früheren offiziellen Feierlichkeiten als unfähig erwiesen, sich den Wünschen des Vaters entsprechend zu verhalten.

Das Buch ist rasant geschrieben, kurze, bilderreiche Sätze. Das äußere Szenarium spiegelt das innere wider. Der Roman ist durchgehend spannend, liest sich wie ein Krimi, sodass man mit dem Lesen nicht aufhört, bis man ans Ende gekommen ist, um erst kurz vor Schluss zu entdecken, dass man von der Autorin an der Nase herumgeführt wurde. Die drei Schwestern gibt es gar nicht, es dreht sich alles um Christina, deren ›Feldversuch‹ sie selber ist, manchmal ist sie die Schwester Trixi, die Punkerin, dann die Schwester Klara, die Schauspielerin, die sich jedem Menschen und Gefühl anpassen kann, durchaus fähig, im Spiel der »großen Liebe« verführerisch mitzumachen. Die Gegenspieler der drei Schwestern sind Stella und Ben, die bald heiraten werden und das vollkommene Liebespaar darstellen. Aber die Vollkommenheit gibt es nicht, durch die drei Schwestern wird sie in Frage gestellt.

Liest man den Roman nicht in Richtung Auflösung des spannenden Plots, sondern wendet seinen Blick dem psychologischen Hintergrund zu, kann man schon vorher entdecken, was zum Schluss enthüllt wird: Die drei Schwestern sind eine Person und stellen die Möglichkeiten dar, die diese eine Person, Christina, hat, um mit den schmerzlichen Traumata ihrer Kindheit und Jugend umzugehen. Sie sucht einen Weg, anderen ihre Verlorenheit, ihren Zorn, ihre Trauer mitzuteilen, auch indem sie diesen antut, was ihr angetan wurde. So wird das glückliche Liebespaar Stella und Ben Versuchungen ausgesetzt. Die ältere, vernünftige Schwester – im innerseelischen Dreier-Team Christina – ist mit der Sorge um die gefährlichen Anteile in ihren zwei Schwestern beschäftigt, die noch nicht erwachsen sind und von denen die eine, Trixi, mit dem Leben anderer und ihrem eigenen spielt, immer einem Suizid oder auch einem Mord nahe ist, mit Messern wirft, haarscharf daneben zielt, kriminelle Handlungen begeht, ihr Gegenüber zum Kochen bringt, während die andere, die mittlere Schwester Klara, mittels ihrer Schauspielerei, ihrer Gefühle, ihres Charmes mit der eigenen Identität und der Gefahr spielt, ihr Ich zu verlieren.

Christinas »Feldforschung« ist also, psychologisch gesehen, eine mitreißende szenische Darstellung der Spaltung ihrer Person in drei Teile. Das gefährliche Agieren dieser drei Christinas scheint dem bewussten Teil ihrer Person zu entgleiten.

Der Vater, für den das Spiel inszeniert wird und der weiß, dass hinter den drei Schwestern Christina steht, spielt offenbar mit. Er kennt die Gefahr, in die seine Tochter sich selber bringt, ihre psychische Spaltung, mit der sie sich und andere gefährdet. Aber seine Gefühlsqualitäten scheinen nur wenig sensibel zu sein bzw. er ist zu faul, sich aktiv um die seelischen Nöte seiner Tochter zu kümmern. Am Ende des Romans steht Christina als eine von ihrem Trauma Befreite da. Das wird durch die Perücke kenntlich gemacht, die sie nicht mehr zu tragen braucht, was anzeigt, dass sie sich an das Trauma der bei einem Unfall ums Leben gekommenen Mutter – ein Unfall, den der Vater verursacht hat – nicht mehr täglich erinnern muss. Am Flughafen erwartet sie das ideale Paar, dessen Entzweiung ihr fast gelungen wäre. Sie steht dort nicht allein, sondern Arm in Arm mit Ulrich, dem Bruder des jung verheirateten Ehemanns, erlöst und, wie mir scheint, ziemlich farblos.

Der Schluss ist ein bisschen zu gut, um wahr zu sein, der ganze Roman hat viele märchenhafte oder auch allegorische und surreale Züge. Das macht ihn so sympathisch, man hat selten Angst um die Personen, obwohl die drei Schwestern – d. h. die gespaltene Christina – unentwegt zum »Ritt über den Bodensee« antreten.

Hat der Roman psychologische Hintergründe, hat er autobiographische Anteile? Ich würde annehmen: ja. Aber so gut wie nie wird direkt psychologisch argumentiert, Psychologie kommt nur in Spiegelung und Spaltung vor, d. h. in der äußeren Darstellung innerseelischer Vorgänge. Der Leser wird in ein wunderbar und sehr real beschriebenes Berliner

Milieu versetzt, ganz im Gegensatz zum »irreal« anmutenden Geschwisterpaar Trixi und Klara. Die Originalität des Romans besteht in der Drei-Teilung der Person, die uns eher als Spaltung in zwei Teile bekannt ist, nämlich als präödipale Störung. Durch die Drei-Teilung bekommt der Roman einen ödipalen Anstrich, d. h., er schreitet fort zu einer lebendigen Gemeinschaft, in der das Tor zur Welt, zum Dritten aufgeschlossen wird. Nur so kann das Paar Stella und Ben aus einer allzu vollkommenen, quasi geklonten Welt ausbrechen, um lebendiger, unvollkommener, offener für das »andere«, das »Nicht-Identische« zu sein.

Also, die Hauptperson Christina macht aus eins drei, eine schöpferische Leistung. Aber hilft Christina sich damit selbst, oder hilft nur ihr Feldversuch dem glücklichen Paar, das lernt, sich in Frage zu stellen, Irrtümer zu korrigieren, sich aus seiner Fassadenexistenz zu befreien? Obwohl das Paar – dessen wechselseitige Beziehung und die zu seinem Freundeskreis – blasser bleibt als das rasante Geschwisterpaar, gerät es doch in Bewegung. Die Kränkung, die es erfährt, und deren seelische Folgen werden aber nie zum Gesprächsthema.

Schon zu Beginn in der ersten Begegnung zwischen Christina und Stella wird szenisch gezeigt, was die Ursache dafür ist, dass Christina ihren aus jenem Unglück herrührenden traumatischen Konflikt am »vollkommenen Paar« ausagieren muss. Es bleibt ungeklärt, wem Christina mit ihrer raffinierten Dreier-Spaltung die Augen öffnen will: dem Vater oder der verstorbenen Mutter, deren Tod er verschuldet hat, denn es ist Stella, der sie die größten Schmerzen zufügt. Aber es scheint für sie immer um drei Personen zu gehen, sie spaltet sich in drei Schwestern, die identisch und doch so wenig identisch sind. Warum drei?

Ein Dialog zwischen zwei Personen kann, wenn er Sinn macht, etwas Neues hervorbringen, eine Erkenntnis, eine Änderung im Denken, im Wesen, im Leben des Menschen. Die Beziehung zwischen zwei Geschlechtern, Mann und Frau, bringt etwas Neues hervor, ein Kind, das etwas ganz anderes zu leben vermag, etwas Neues darstellt. Das Erleben des Kindes in seiner Stellung zwischen Vater und Mutter reift an dem Konflikt mit dem Vater, mit der Mutter, mit seiner eigenen Seele in der äußeren wie inneren Beziehung zu diesen beiden Personen und ebenso auch die Eltern. Aber was ist mit Christina, der Drei-Teiligen? Sie steht zum Schluss ziemlich leblos lächelnd, das glückliche Paar erwartend, am Flughafen, gemeinsam mit dem ähnlich farblos gebliebenen Ulrich. Die Schwester zu dritt war spannend, Christina allein scheint mir für das Erwachsenwerden einen zu hohen Preis bezahlt zu haben.

Also auf zum spannenden Spiel mit Identitäten!

Einige Überlegungen zu Anna Freud, Lou Andreas-Salomé, Helene Deutsch

Von den drei berühmten Psychoanalytikerinnen war mir nur Anna Freud persönlich bekannt. Das Leben und Denken von Lou Andreas-Salomé und Helene Deutsch lernte ich durch ihre Arbeiten, ihre biographischen Berichte über sich und über sie verfasste Biographien kennen. Zu Lou Andreas-Salomé gibt es zahlreiche Veröffentlichungen. Hierzulande sind vor allem die Darstellungen von Hans Frederick Peters und Ernst Pfeiffer bekannt, dem Lou 1931 begegnete und mit dem sie von 1933 an zusammenarbeitete. 1934 überließ sie ihm ihren literarischen Nachlass. 1988 erschien eine vorzüglich recherchierte, später überarbeitete Biographie von Ursula Welsch und Michaela Wiesner[1], in der auch Lous Beiträge zur psychoanalytischen Theorie kritisch rezipiert werden.

Helene Deutsch hat ihre 1973 erschienene Biographie selber geschrieben.[2] Später mit über neunzig Jahren autorisierte sie Paul Roazen, sie und ihr Leben darzustellen.[3]

Unter den Autorinnen und Autoren, die sich mit Anna Freud befasst haben, sind die in deutscher Sprache verfassten von Uwe H. Peters, *Anna Freud. Ein Leben für das Kind*[4], und von Wilhelm Salber, *Anna Freud*[5], zu erwähnen. Danach war es Elisabeth Young-Bruehl, die sich in langjähriger Arbeit mit dem Leben und dem Werk Anna Freuds auseinandersetzte. Als Autorin der Biographie von Hannah Arendt wird sie den LeserInnen bekannt sein. Ihre Biographie *Anna*

Freud. Eine Biographie[6], erschienen 1988, wurde 1995 ins Deutsche übersetzt. Anna Freud starb am 9. Oktober 1982.

Lou Andreas-Salomé ist die älteste der drei Frauen. Sie wurde am 12. Februar 1861 in St. Petersburg geboren. Sie war das jüngste Kind und einzige Mädchen von sechs Geschwistern. Ihr Vater war russischer General, ihre Mutter stammte aus einer Hamburger Kaufmannsfamilie. Sie starb am 5. Februar 1937.

Helene Deutsch, wiederum die Jüngste von vier Kindern, wurde am 9. Oktober 1884 in einer mittelgroßen Stadt Galiziens geboren, damals ein Gebiet Polens, das bereits 1772 Teil des österreichisch-ungarischen Kaiserreichs wurde. Ihr Vater war Rechtsanwalt. Sie ist am 29. Oktober 1982 gestorben.

Anna Freud, am 3. Dezember 1895 in Wien geboren, war wie Lou Andreas-Salomé das Jüngste von sechs Kindern. Lou bedeutete ihr viel. Trotz des großen Altersunterschieds entwickelte sich zwischen den beiden Frauen eine intensive Freundschaft, die über viele Jahre andauerte und bis zum Tode von Lou Bestand hatte. Die Beziehung zwischen Helene Deutsch und Anna Freud war anderer Art, distanzierter und näher zugleich, vor allem zwiespältiger. Helene Deutsch wiederum stand Lou Andreas-Salomé weitgehend kritisch gegenüber, erlebte sie als Außenseiterin und nahm sie als Psychoanalytikerin nicht ernst.

Um in die Wiener Psychoanalytische Vereinigung aufgenommen zu werden, musste jeder Bewerber ein Referat halten. Helene Deutsch schreibt in ihren Memoiren: »Das Thema, das ich behandeln sollte, lautete: *Eine kritische Betrachtung von Lou Salomés Artikel ›Vaginal und Anal‹*. Dieser Artikel war überflüssig, spekulativ, schwer verständlich und meinen eigenen psychologischen Auffassungen völlig fremd. Vielleicht rührte die Antipathie, die ich von Anfang an gegenüber dieser begabten Frau empfand, von der Mühe her, die mich ihr Aufsatz kostete.«[7] Gegenüber Lou Andreas-Salomé, die nicht nur von Anna Freud geliebt wurde, sondern auch die Anerkennung und Zuneigung von Sigmund Freud und seiner Frau Martha gewinnen konnte, hatte Helene Deutsch es weniger leicht, von Freud akzeptiert zu werden, obwohl er ihre Begabung, ihren Einsatz und ihre Begeisterung für die Psychoanalyse zu schätzen wusste. In ihren Memoiren heißt es: »Mein nächster Vortrag betraf die psychosomatischen Veränderungen, die der jüngere Sohn meiner Schwester Malvina nach dem Tod seines älteren Bruders durchmachte. Er wurde skeptisch aufgenommen, und Freud sagte zunächst: ›Wenn es nicht Dr. Deutsch wäre, die uns diese Geschichte erzählt, würden wir sie nicht glauben.‹ Für mich bedeutete das: ›Es ist nicht wahr.‹«[8]

Helene Deutsch, für die Freud die Autorität schlechthin war, hatte es nicht nur schwerer als Lou Andreas-Salomé, sich die Anerkennung Freuds zu beschaffen. Ihre Beziehung zu ihm war auch eine ganz andere. Ihre Ambivalenz Lou gegenüber hatte sicherlich viel mit Eifersucht zu tun. Den Titel des erwähnten Aufsatzes von Lou Andreas-Salomé zitierte sie irrtümlich als ›Vaginal und Anal‹, korrekt lautet er »›Anal‹ und ›Sexual‹«. Im Gegensatz zu ihr lobte Freud diese Arbeit Lous und schrieb ihr: »Es ist nach meiner Schätzung das Beste, was Sie mir bisher geschenkt haben. Sowohl Ihre unglaubliche Feinheit im Verstehen als auch die Größe Ihres Zuges zur Synthese des von der Untersuchung Geschiedenen kommen darin sehr schön zum Ausdruck.«[9]

In den theoretisch wie klinisch an der Medizin orientierten Kreisen der Psychoanalytiker Wiens war wiederum Helene Deutsch weit anerkannter als Lou Andreas-Salomé, die dort eine Außenseiterin blieb und entsprechend bescheiden auftrat.

Die Ambivalenz Freuds Helene Deutsch gegenüber hatte viel mit den gegenseitig engen familiären und beruflich-analytischen Beziehungen zu tun. Helene Deutsch begann 1918 ihre Analyse bei Freud, als sie schon über dreißig und eine erfahrene Ärztin und Psychiaterin war. Ihr Mann, Felix Deutsch, ein Internist und späterer Psychoanalytiker, war über Jahre der behandelnde Arzt Freuds. Als Deutsch 1923 Freud die Bösartigkeit des Geschwürs in seinem Mund verschwieg, nahm ihm dieser das über lange Zeit, wenn nicht lebenslang übel. Freud trennte sich deswegen von ihm als seinem Hausarzt. Dabei hatte Felix gute Gründe für sein Verhalten gehabt. Er sorgte sich um Freud, der gerade seinen Lieblingsenkel Heinerle verloren hatte, und wollte die Reise Freuds nach Rom mit seiner Tochter Anna – eine Reise, die Freud viel bedeutete – nicht behindern. Helene Deutsch fand den Zorn Freuds unberechtigt und litt unter seiner erneuten Distanz ihr gegenüber.

Kommen wir zurück zum Leben dieser drei Frauen, die in vielem miteinander verbunden waren, deren Lebensläufe sich aber kaum miteinander vergleichen lassen, außer dass sie alle die Jüngsten in einer Geschwisterschar waren. Lou Andreas-Salomé war über 50 Jahre alt, als sie 1912 versuchte, sich Freud und der Psychoanalyse zu nähern. Wiesner-Bengard und Welsch schildern sie als ein von früh an eigensinniges Mädchen, das seinen Willen sowohl dem Vater, den sie sehr bewunderte und liebte, als auch der Mutter gegenüber durchzusetzen vermochte. Männer, die für sie Vaterfiguren waren, für die sie sich begeisterte und die sie idealisierte, verliebten sich im Laufe ihrer Beziehung regelmäßig in sie, was auf sie desillusionierend wirkt. In ihrer ersten

Auseinandersetzung mit ihrer religiösen Erziehung findet Lou Unterstützung und Verständnis bei dem Pfarrer Gillot. Als er, der ihr eine Art aufgeklärter Gott- oder Vaterersatz war, ihre Schwärmerei für ihn und sein Denken missversteht und ihr einen Heiratsantrag macht, verliert er seine Anziehung für sie. Die Ideale, die sie an ihn fesselten, gehen ihr verloren, was nicht bedeutet, dass sie nicht weiterhin nach solchen suchen wird.

1880 verlässt Lou Andreas-Salomé Russland, um in Zürich zu studieren. Ihre Mutter begleitet sie. Ihr Vater war bereits 1879 gestorben. In Rom lernte sie 1882 Malwida von Meysenbug kennen, eine alte Feministin, die sich 1848 für die Rechte der Frau engagiert hatte. Dort begegnen ihr die Philosophen Paul Reé und Friedrich Nietzsche. Ihr schwebt ein Leben in intellektueller Gemeinsamkeit mit diesen Männern vor, in der sie ihre geistigen Bedürfnisse und ihre Vorstellung von Freiheit verwirklichen kann. Erstaunlicherweise kann sie ihre Mutter davon überzeugen, dass eine Wohn- und Arbeitsgemeinschaft mit Paul Reé für sie das Richtige ist. Paul Reé ist zu dem von ihr vorgeschlagenen geschwisterlichen Zusammenleben bereit, obwohl sie den Heiratsantrag, den er ihr gemacht hatte, ablehnte. Auch Nietzsche verliebt sich in sie, auch er macht ihr einen Heiratsantrag, den sie ebenfalls ablehnt. Nietzsche versteht und verzeiht nicht, dass seine Gedanken sie interessieren, sie ihn als Mann aber nicht will. Sie wiederum versteht nicht, dass er ihr das übelnimmt. Offensichtlich fehlt nicht nur Nietzsche das Verständnis für sie, sondern auch sie hat wenig Zugang zur Gefühlswelt dieses Mannes wie auch der anderen Männer.

Im Alter von 26 Jahren heiratet Lou Friedrich Carl Andreas, einen Iranisten, der sie mehr oder weniger zu dieser Ehe erpresst. Von vornherein macht sie ihm klar, dass sie keine Sexualität mit ihm will. Nach wenigen Jahren Ehe verliebt sie sich in einen anderen Mann, den sozialistischen Politiker Georg Ledebour, mit dem sie erstmals eine sexuelle Beziehung eingeht. Andreas willigt jedoch in die Scheidung, um die sie ihn bittet, nicht ein. Sie bleibt Andreas lebenslänglich verbunden. Nach ihrem Umzug von Berlin nach Göttingen unterhält er über viele Jahre ein Verhältnis mit der Haushälterin, mit der er auch Kinder hat, was Lou Andreas-Salomé offensichtlich aber eher erleichtert. Das Verhältnis zur Geliebten ihres Mannes und zu deren Kindern scheint hierdurch relativ ungestört zu bleiben. Die älteste Tochter, Maria Apel, pflegt Lou im Alter und wird von ihr 1933 adoptiert. Lou selber führt nach ihrer Trennung von Ledebour ein in sexueller Hinsicht freies Leben.

Von großer Bedeutung ist für sie die Liebesbeziehung zu Rainer Maria Rilke, den um viele Jahre Jüngeren. Ihr Liebesverhältnis ist kurz, dauert nur etwa drei Jahre, sehr zum Leidwesen Rilkes. Die Freundschaft mit ihm bleibt aber bis zu dessen Tod am 29. Dezember 1926 bestehen.

Einer ihrer späteren Freunde und Geliebten, Poul Bjerre, ein schwedischer Neurologe und Psychoanalytiker, macht sie auf die Psychoanalyse aufmerksam. Gemeinsam mit ihm nimmt sie am dritten Kongress der Psychoanalytiker in Weimar 1911 teil. Danach widmet sie sich intensiv dem Studium der Psychoanalyse und versucht im Winter 1912/13 zu Freud Kontakt aufzunehmen, um, wie sie es selber nennt, in die »Schule bei Freud« zu gehen. Sie besucht seine Vorlesungen und darf als einzige Frau an den allwöchentlichen Mittwochabenden mit seinen engsten Mitarbeitern teilnehmen.

Zur gleichen Zeit nimmt Lou auch Kontakt zu Alfred Adler auf, worüber Freud nicht gerade erfreut ist, was er aber toleriert. Obwohl in der großen Welt der Literatur und

Philosophie zu Hause – sie hat zahlreiche Romane und Novellen geschrieben und ist als Autorin bekannt –, erlebt sie sich in der Psychoanalyse als Anfängerin und beschränkt sich ganz bewusst auf die Rolle einer bescheidenen Zuhörerin. An den Mittwochabenden ist sie zu schüchtern, um an der Diskussion teilzunehmen. Am Ende ihrer ersten Teilnahme an diesen Sitzungen möchte sie zum Abschied einige Worte an die Teilnehmer richten, tut es aber nicht. In ihrem Tagebuch formuliert sie, was sie gern gesagt hätte: »Meine Herren! Diskutieren habe ich nicht mögen, hab es Sie für mich tun lassen; aber danken mag ich selbst. Der Psychoanalyse danken grade dafür, daß sie mehr verlangt als nur einsame Schreibtischarbeit und daß sie mich dadurch hinführte zu einer Art von Brüderschaft: hierher. Wodurch sie so lebendig wirkt, das ist … dies, daß sie das höchste Prinzip aller Wissenschaftlichkeit, nämlich die Ehrlichkeit, zu ihrem Lebensprinzip erhebt, es fort und fort anwendend innerhalb jeder individuellsten Wirklichkeit noch … Dadurch … ergeben sich über diesen Kreis hinaus und leichter als irgendwo Spaltungen und Streitigkeiten, und schwerer als irgendwo ist ihre Schlichtung, ohne daß der Zusammenhang der Ergebnisse und Methoden gefährdet würde. Dies bleibt für die nächste Zeit gewiß ein Problem. Doch … wo es nur dem Hauptprinzip, der ehrlichen Gemeinsamkeit, treu bleibt, da ist es – wenigstens für Frauenaugen – … eine Freude, Männer im Kampf gegeneinanderstehen zu sehn. Umso mehr fällt der andre Teil der Sache mir heute zu: der Dank. Er gilt allen diesen Abenden, selbst langweiligen, um Dessen willen, der an Ihrer Spitze saß und ihnen seine Zeit hingab. Und so ist, was den verschiedenen Geschlechtern in der Welt zu tun obliegt, hiermit gut geschieden und doch geeint. Denn Männer raufen. Frauen danken.«[10] Man fragt sich natürlich, ob

Lou das mit den Männern und Frauen wirklich so ernst gemeint hat oder ob diese nach freiem Leben und Denken quasi süchtige Frau dahinter nicht auch ein Stück Ironie verbirgt, vielleicht auch gegenüber sich selber.

Denn Lou ist noch als über fünfzigjährige Frau eine Schwärmerin, sie äußert ihre Zuneigung und Verehrung für Freud ohne Vorbehalte: »Einen Brief von Ihnen selbst zu bekommen, hat mich sehr glücklich gemacht, trotzdem Sie mich ausschimpfen, das macht alles nichts.« Ein anderes Mal schreibt sie: »Neuerlich malte ich mir's aus, wie alles wäre, wenn ich alt geworden wäre, ohne Sie im Leben gehabt zu haben: da war ich voller Mißfallen an dem alten Frauenzimmer, während ich jetzt fröhlich dessen bin, was ich lebe, solange es eben sein soll.« Sie macht Freud Liebeserklärungen, so wie Anna Freud wiederum ihr Liebeserklärungen macht. Dennoch ist mit ziemlicher Sicherheit anzunehmen, dass eine erotisch-sexuelle Anziehung weder zwischen ihr und Freud noch zwischen ihr und Anna Freud bestanden hat. Sie liebt die Freuds – Vater und Tochter – ohne jede Ambivalenz. Freud spürt, wie wichtig Lou für die Entwicklung seiner Tochter Anna ist, und auch, dass deren Zuneigung erwidert wird. Er schreibt an Lou: »Anna ist prächtig und selbstsicher, und ich denke oft daran, wie viel sie Ihnen verdanken mag.« Die Briefe Anna Freuds an Lou Andreas-Salomé sind voller Dankbarkeit, Hochachtung und zärtlicher Liebe.

Helene Deutsch hingegen scheint ein weit mehr zur Ambivalenz neigender Mensch gewesen zu sein als Lou Andreas-Salomé. Zumindest ist sie von Anerkennung abhängig, insbesondere von derjenigen Freuds. Ihre Neigung zur Begeisterung, ja Idealisierung wie zu ebenso heftiger Ablehnung einem anderen gegenüber waren ihr von Kindheit an eigen. Als Kind jüdischer Eltern in Galizien geboren, war sie das vierte und letzte Kind ihrer Eltern, das eigentlich ein Sohn hätte werden sollen. Sie war außerdem ein Nachkömmling, ihre älteste Schwester elf, der Bruder zehn und die darauffolgende Schwester sieben Jahre älter als sie.

Helene hatte neun Ammen und sehnte sich, wie sie öfter betont, ein Leben lang nach der Liebe der Mutter, um die sie sich in der Kindheit vergeblich bemühte. Die Mutter war und blieb für sie eine angsterregende äußere Macht. Ihren häufigen und nicht vorhersehbaren Zornausbrüchen fühlte sie sich hilflos ausgeliefert. Sie war ein Vaterkind, darin Lou Andreas-Salomé wie auch Anna Freud ähnlich. Der Vater, den sie bewunderte, sollte ihr die Liebe der Mutter ersetzen. Von ihm fühlte Helene sich weitgehend angenommen, auch wenn er sie nicht genügend gegen die Mutter verteidigte noch sich selbst der Mutter gegenüber durchsetzen konnte. Er wurde nicht nur von Helene bewundert, sondern war auch in der Gesellschaft, in der die Familie lebte, hoch angesehen und viel beliebter als die Mutter.

Helene Deutsch hatte mehrere Möglichkeiten, die fehlende Liebe der Mutter durch die anderer Menschen zu ersetzen. Die Schwestern, insbesondere die ältere, Malvina, wird von ihr als Gegenbild der Mutter dargestellt. Malvina war ein Vorbild für sie, verhielt sich im Gegensatz zur Mutter immer liebenswürdig und half Schwachen, wo sie konnte. In ihrer Autobiographie betont Helene Deutsch wiederholt, dass sie sich vor allem mit ihrem Vater identifiziert habe. Faktisch identifizierte sie sich sicherlich auch mit der Großmutter mütterlicherseits, die, wie sie selber, gegen gesellschaftliche Normen rebellierte. Die Großmutter, obwohl Mutter von vier Kindern, war eines Tages mit einem jungen Mann durchgebrannt. Der Großvater, dessen Charakter sie als besonders abscheulich schildert, hatte ein Stoffgeschäft, das von ihr und einem jungen Gehilfen geführt wurde, in den die Großmutter sich verliebte. In der Art, wie Helene Deutsch ihre Großmutter schildert – als jemand, der energisch und tüchtig ist, sich über Konventionen hinwegsetzt, trotz größter Schwierigkeiten ihr eigenes Leben zu führen imstande ist –, erkennt man manche der Lebensentscheidungen und charakterlichen Darstellungen wieder, die Helene Deutsch von sich selbst gibt. Dagegen durchziehen Verachtung und Ablehnung der konventionell eingeengten Mutter ihre gesamten Kindheits- und Jugenderinnerungen.

In der Adoleszenz kommt es zu ersten Versuchen, sich von der Familie und deren bürgerlichen Idealen und Sittengesetzen zu befreien. Um die Jahrhundertwende schließt Helene Deutsch sich der sozialistischen Bewegung Polens an. Schmerzliche Kontroversen mit dem geliebten Vater werden jetzt unvermeidbar. Er erniedrigt sie, indem er sie von Versammlungen und Ausflügen mit sozialistischen Freunden durch die Polizei zurückholen lässt, alles, wie sie meint, auf Veranlassung der Mutter. In Wahrheit sind ihre politischen Ansichten auch dem Vater so wenig genehm wie ihre Liebesbeziehungen.

In der Tat waren bei Helene Deutsch Politik und Liebesleben eng miteinander verwoben. Der wesentlich ältere und verheiratete Hermann Liebermann, ein bekannter polnischer Sozialistenführer, wurde etwa 1906 ihr Liebhaber, hatte aber schon einige Jahre zuvor große Bedeutung für sie. Er ersetzte ihr das Vorbild, das bis zur Pubertät der Vater gewesen war. Um das Abitur nachzuholen, brauchte Helene fünf Jahre, so sehr beschäftigte sie einerseits die Liebesaffäre, andererseits die Schwierigkeit, sich von zu Hause zu lösen. Erst 1907 in Wien nahm sie ihr Medizinstudium auf.

Die Beziehung zu Hermann Liebermann dauerte bis 1911, als sie ihren späteren Mann, Felix Deutsch, kennenlernte. Sie war erleichtert, als sie fähig dazu wurde, sich von Liebermann zu trennen, von dem sie über viele Jahre äußerst abhängig war, der sich aber zu einer Scheidung von seiner Frau nicht entschließen konnte. Liebermann reagierte auf diese Trennung mit schweren Depressionen. Sie hat sich auch in späteren Jahren gelegentlich mit ihm getroffen. Die Beziehung zu Liebermann blieb für sie von lebenslanger Bedeutung.

Der Einfluss der zionistischen Bewegung auf die jüdische Jugend um die Jahrhundertwende war nach der Ansicht von Helene Deutsch gering. Die meisten europäischen Juden strebten danach, sich zu assimilieren. Viele von ihnen wandten sich, wie Helene Deutsch, der sozialistischen Bewegung zu. Sie, wie andere ihrer Generation, identifizierte sich mehr mit den unterdrückten Polen als mit den Juden. Damit war sie durchaus zeittypisch identifiziert. Das für sie Besondere war, von Aspekten der heroischen Selbstaufopferung intensiv angezogen zu sein. Diese Neigung prägte zweifellos auch ihr Verhältnis zu Liebermann. Wie in ihrer Jugend Liebermann und der Sozialismus, so waren es später Freud und die Psychoanalyse, die das Leben von Helene Deutsch bestimmten, ihren Wunsch nach einer idealen Vaterfigur erfüllten, ihre revolutionären Bedürfnisse – dies wiederum in Identifikation mit der Großmutter – und ihr Verlangen nach Selbstaufopferung befriedigten. Die Einheit mit dem Vater, die Bekämpfung der Mutter konnten auf diese Weise sublimiert und für sie befriedigend fortgesetzt werden.

Eine solche feindselige Haltung der Mutter gegenüber pflegt tiefgehende Schuldgefühle und entsprechende masochistische Selbstbestrafungstendenzen hervorzurufen. Dem

Analytiker ist diese Reaktion wohlbekannt, sie blieb auch Helene Deutsch selber nicht verborgen. Das Problem ihres Masochismus spielte in ihrer späteren Analyse mit Karl Abraham (1923/24) eine wesentliche Rolle. Ihre Arbeiten über den Masochismus der Frauen[11] sind deswegen auch als Versuch anzusehen, sich mit solchen Tendenzen in ihr selber und den damit verbundenen Schuldängsten auseinanderzusetzen.

Helene Deutsch hat der Mutter offenbar nie verziehen, dass diese nicht eigentlich sie, die Tochter, wollte, sondern einen Sohn. Auf die vielen sich in ihrer frühesten Kindheit abwechselnden Ammen als Ausdruck der Beziehungsstörung zwischen Mutter und Tochter kann in diesem Zusammenhang nur hingewiesen werden. Die traumatischen Erlebnisse in der Phase kindlicher Individuation und Separation haben sicherlich dazu beigetragen, dass Helene später einerseits besonders intensive, fast hörige Bindungen einging, sich aber andererseits immer wieder beweisen musste, zur Trennung fähig zu sein. Dass die Mutter sie, wie ich meine, geradezu drängte, in die Fußstapfen der moralisch verpönten Großmutter zu treten, mag das Verhältnis zwischen Mutter und Tochter als auch Helenes Beziehung zum eigenen Selbst weiter erschwert haben. In ihrer Beziehung zum Vater war sie viel weniger nachtragend als in der zur Mutter, obwohl auch er sie oft, insbesondere seit der Pubertät, schwer gekränkt hat.

Was immer der Vater ihr auch antat, sie gab die Liebe zu ihm und den Glauben an seine Liebe nie auf. Ähnlich verhielt sie sich Freud gegenüber. Dieser brach die Analyse mit ihr nach einem Jahr ab, weil er glaubte, seine Zeit einem anderen, kränkeren Patienten zur Verfügung stellen zu müssen, dem später berühmt gewordenen »Wolfsmann«. Obwohl Helene Deutsch auf den Abbruch ihrer Lehranalyse nach weniger als einem Jahr mit depressiver Verstimmung reagierte, kam sie gar nicht auf den Gedanken, Freud deswegen Vorwürfe zu machen. Die Kränkungen und Leiden, denen sie durch ihren Vater, ihren väterlichen Geliebten Liebermann oder ihren Analytiker ausgesetzt war, deckte sie alle mit dem Mantel der Liebe zu. Sie verschiebt ihre aus Enttäuschung geborenen Aggressionen im Wesentlichen auf Frauen, oder sie wendet sie in depressiv-masochistischer Reaktion gegen sich selbst.

Helene Deutsch selber betont, dass alle ihre persönlichen ›Revolutionen‹ durch Männer inspiriert waren: erst ihren Vater, dann Liebermann und zuletzt Freud. Ihr Mann gehörte nicht zu diesem Kreis, er nimmt einen einzigartigen Platz in ihrem Leben ein. Bei der Lektüre ihrer Autobiographie gewinnt man zunehmend den Eindruck, dass sie bei ihm endlich die lange entbehrte, einfühlende und geduldige Liebe einer Mutter erlebt, die erträgt, dass das Kind sich gelegentlich von ihr trennt, um seine Sehnsüchte und Selbständigkeitswünsche zu befriedigen.

Sie lief ihrem Mann immer wieder für kürzere Zeit fort. Die Sehnsucht nach neuen Revolutionen oder – wie sie sagt – die Sehnsucht nach der Sehnsucht trieb sie in die Ferne. Nachdem sie 1907 einen Sohn, Martin, geboren hatte, immerhin fünf Jahre nach der Eheschließung, fiel es ihr in den ersten Jahren schwer, die Rolle der Mutter zu übernehmen. Sie überließ ihren Sohn weitgehend dem Kindermädchen Paule, was sie dieser gleichzeitig übelnahm. Auch der kleine Sohn Martin rief erst den Vater und dann die Mutter, wenn er krank war, Angst empfand oder Hilfe brauchte.

Gleichzeitig spricht sie oft davon, dass sie quasi zwei Söhne habe. Sie ist beruflich erfolgreicher als ihr Mann.

Nicht wenige der Freunde und Zeitgenossen sehen in Felix einen Mann, der mit seiner Passivität die Aktivität und den Erfolg seiner Frau für seine eigene Karriere brauchte und nutzte. Helene Deutschs Idealisierung der Mutterrolle, die ihre psychoanalytischen Schriften durchzieht, mag mit den Problemen, die ihr selber diese Rolle bereitete, in direktem Zusammenhang stehen. Mutter zu werden stellt sie über jede andere kreative Leistung einer Frau. Mit dieser Wertung gehen masochistische Selbstvorwürfe einher.

Helene Deutschs Neigung, ihr Leben zu dramatisieren, war in analytischen Kreisen bekannt. Wahrscheinlich hatte sie auch eine Neigung, andere, später vor allem ihren Sohn, für sich in Besitz zu nehmen. Jedenfalls war die Beziehung des Sohnes zur Mutter zeitweilig sehr negativ. In ihrer ersten Zeit in Amerika, als Martin in Harvard zum Studium angenommen worden war, schrieb sie am 2. Oktober 1935 an Felix: »Somit wäre Martins Zukunftsweg geebnet – seine intellektuellen Qualitäten geben eine Sicherung und werden hier sehr bewundert. Aber ... ach Puschkuleindi, das Herz ist mir sehr bange, Martin ist neurotischer als ich je gedacht hätte, ich glaube, neurotischer als er je war. Abgesehen von einer mörderischen, haßerfüllten Aggression gegen mich, die auch anderen auffällt, zeigt er so starke masochistische Tendenzen, daß es einem Angst und Bange wird.« Sie schließt mit dem Ausruf: »An die analytische Therapie glaube ich nicht.«[12]

Wenn sie von Männern, mit deren schöpferischer Tätigkeit sie sich identifizierte und deren Forderungen sie zu erfüllen trachtete, fallengelassen oder schlecht behandelt wurde, verleugnete sie das oder versuchte, die Beziehung durch Aufopferung für ihre Ideen zu erhalten. Sie beschließt ihre Memoiren mit den Worten: »Die Ideen Freuds hatten für mich immer den Charakter eines kategorischen Imperativs. Ich war mir bewußt, daß ich in Amerika eine Mission zu erfüllen hatte, die mir von ihm aufgetragen worden war ... Ich habe mein Bestes getan ... Aber am Ende dieses Epilogs gestehe ich mir zum ersten Mal selbst ein, daß ich mir trotz meiner vollkommenen und unverminderten Loyalität gegenüber Freud und seiner Lehre und nach über fünfzig Jahren ununterbrochener Tätigkeit im Dienste der Psychoanalyse nichts sehnlicher wünsche als ein sehr langes *Sabbatical*.«[13] Also gilt für sie noch im Alter, dass übermäßige Abhängigkeit von dem dringenden Wunsch nach Trennung begleitet ist.

Ihre Beziehungen zu Anna Freud waren nicht ohne Rivalität. 1924, nach ihrer Analyse bei Abraham, wird Helene Deutsch die erste Leiterin des Ausbildungsinstituts der im selben Jahr gegründeten Wiener Psychoanalytischen Gesellschaft. Anna Freud wird ihre Nachfolgerin, als Helene Deutsch 1935 nach Amerika geht. Einige Zeit zuvor, als Freud ihr indirekt nahezulegen versuchte, dass sie sich mit Anna die Leitung teilen solle, hatte sie den Wunsch Freuds abgelehnt und sich aus der Leitung des Instituts zurückgezogen. Sie hält den Einfluss Anna Freuds auf ihren Vater für unheilvoll. Anna würde ihre eigene Gefolgschaft aufbauen und Freud würde ihrer Meinung nach immer abhängiger von seiner Tochter.

Anna Freud scheint manches anders erlebt zu haben als Helene Deutsch. Beide arbeiteten lange gemeinsam am Ausbildungsinstitut für Psychoanalyse in Wien, sie als Sekretärin, Helene Deutsch als Leiterin des Instituts. Im Gegensatz zu Helene Deutsch hatte Anna wenig Neigung, ihr Leben zu dramatisieren. Im Gegenteil, sie wurde mit zunehmendem Alter immer zurückhaltender und nüchterner. In ihren Wiener

Jahren bewunderte sie Helene Deutsch, obwohl sie auf sie, wie auf alle anderen Lehranalysanden ihres Vaters, natürlich auch eifersüchtig war.

Anna Freud war zur gleichen Zeit bei ihrem Vater in Analyse wie Helene Deutsch. Allerdings beendete Freud die Analyse seiner Tochter nicht endgültig nach einem Jahr, wie er das Helene Deutsch antat, die dem »Wolfsmann« weichen musste. Anna Freuds Analyse wurde von ihrem Vater in späteren Jahren erneut aufgenommen, ihre zweite Analyse bei ihrem Vater fand in den Jahren 1924/25 statt.

Nach der ersten Analyse seiner Tochter veröffentlichte Freud 1919 die Arbeit »Ein Kind wird geschlagen«.[14] Wie aus der Korrespondenz Anna Freuds ersichtlich, werden in dieser Arbeit Probleme behandelt, mit denen sich Anna Freud seit ihren Kinderjahren auseinandersetzte. Ihre eigenen Ausführungen zum Thema »Schlagephantasie und Tagtraum« trug Anna Freud am 31. Mai 1922 bei der Wiener Psychoanalytischen Vereinigung vor, um die Mitgliedschaft zu beantragen. Die Arbeit entstand im Anschluss an verschiedene Diskussionen mit Lou Andreas-Salomé, mit der Anna Freud seit 1921 eng befreundet war. Anna Freud greift auf Freuds Arbeit zurück, vor allem auf bestimmte, dort beschriebene weibliche Fälle, »bei denen sich über der masochistischen Schlagephantasie ein kunstvoller, für das Leben der Betreffenden sehr wichtiger Überbau von Tagträumen entwickelt hat, dem die Funktion zufiel, das Gefühl der befriedigten Erregung auch bei Verzicht auf den onanistischen Akt möglich zu machen.«[15] Der entscheidende Unterschied zwischen dem Tagtraum und der Schlagephantasie besteht darin, dass die Lösung der Erregung bei der Phantasie durch Schlagen erfolgt, bei den Tagträumen durch Vergebung und Versöhnung. Die in dieser Arbeit geschilderte Patientin, die, wie heute angenommen wird, Anna Freud selber darstellt, unterscheidet zwischen der »hässlichen Schlagephantasie« und den »schönen Geschichten«. Beim erneuten Studium dieses Essays ist man von der Fähigkeit zu klarer Formulierung der jungen Anna Freud, ihrer differenzierten Darstellung der Probleme beeindruckt. Anna Freud hielt ihren Vortrag seinerzeit frei, nur mit Hilfe von Notizen, auch darin dem Beispiel ihres Vaters folgend. Eine schriftliche Ausarbeitung des Falles folgte erst später.

Anna Freud wurde 1895 geboren, das Jahr, in dem sich Freud die für die Psychoanalyse nachhaltige Bedeutung des Traumes erschloss. Anna Freud und die Psychoanalyse waren also quasi Zwillinge, sie musste mit der Psychoanalyse um die Aufmerksamkeit ihres Vaters wetteifern. Als Anna selber Analytikerin wurde, besiegte sie ihren Zwilling, indem sie mit ihm eins wurde. Ihr Leben war fortan ganz und gar der Psychoanalyse gewidmet. Sie starb am 9. Oktober 1982 in London.

Anna Freud war das jüngste von sechs Kindern, drei älteren Brüdern und zwei älteren Schwestern. Gegenüber der um gut zwei Jahre älteren Sophie entwickelte sich während der Kinderjahre und mehr oder weniger bis zu deren frühem Tod eine ziemlich heftige Rivalität, die sicherlich nicht zu Unrecht bestand, denn ohne Zweifel wurde Sophie von Martha Freud vorgezogen. Mit der Neigung Annas zu Eifersucht, die das Verhältnis zu ihrer Mutter und auch zu Tante Minna überschattete und die in der zweiten Phase der Analyse bei ihrem Vater eine große Rolle spielte, mag zusammenhängen, dass Freud nach Beendigung dieser Phase wiederum eine Arbeit schrieb, die sich mit den Problemen seiner Tochter, darunter mit der Entstehung weiblicher Eifersucht, befasst. »Einige psychische Folgen des anatomischen Geschlechtsunterschieds«[16] wurde 1925 beendet, während Freud mit Anna und Lou Ferien machte und nachdem er die Arbeit mit beiden ausführlich diskutiert hatte. Anna Freud trug die Ausführungen ihres Vaters anschließend in Bad Homburg beim jährlichen Psychoanalytischen Kongress vor. Diese Arbeit mag aber auch einiges mit Helene Deutsch zu tun haben, zumindest enthält sie eine Auseinandersetzung mit deren ersten Arbeiten zum Problem der Weiblichkeit.

Jedoch wurde Helene Deutsch zu ihrem Ärger im Homburger Vortrag nicht erwähnt. Sie hatte in einer kurz zuvor veröffentlichten Arbeit »Zur Psychoanalyse der weiblichen Sexualfunktionen«[17] zum Thema psychischer Probleme der Mutterschaft erstmals Überlegungen ähnlich denen vorgelegt, die Freud in dieser ersten seiner Arbeiten über die spezifisch weibliche Entwicklung äußerte. Da die Veröffentlichung der Arbeit Freuds zusammen mit einem Nachtrag, in dem nun auch Helene Deutschs Beitrag wie der anderer Psychoanalytikerinnen zitiert wurde, erst später erfolgte, lag für Helene Deutsch der Verdacht nahe, Anna Freud habe die Erwähnung ihrer Arbeit aus Eifersucht verhindert.

Aber zurück zu Kindheit und Jugend von Anna Freud. Als Anna ein Jahr alt war, bekam sie quasi eine zweite Mutter. Minna Bernays, die Schwester Marthas, wurde ständiges Mitglied des Freud'schen Haushalts. Als ihre psychische Mutter, die sie bis zu ihrem Lebensende nicht vergisst, nennt Anna jedoch ihre Kinderfrau Josephine Cihlarz, von der sie sich mehr als von Mutter und Tante geliebt fühlte.

Ihr Erleben in der Schule beschreibt Anna Freud mit einem Gedicht Rainer Maria Rilkes, der ihr Lieblingsdichter war: »Da rinnt der Schule lange Angst und Zeit – mit Warten hin, mit lauter dumpfen Dingen. – Oh Einsamkeit, oh schweres Zeitverbringen.«[18]

Je älter Anna wurde, desto mehr las und schrieb sie, darunter Gedichte und Geschichten. Wenn sie nicht las und schrieb, strickte oder webte sie leidenschaftlich.

Ihre Briefe an ihren Vater legen schon früh von ihrer großen Anhänglichkeit Zeugnis ab. Es ist klar, dass Freud derjenige in der Familie ist, mit dem sie sich am tiefsten verbunden fühlt. Wenn er länger fort ist, wie z. B. 1908 in Amerika, leidet sie heftig darunter. Obwohl die Freuds keine zu körperlichen Zärtlichkeiten neigende Familie sind, spricht Anna ihren Vater in ihren Briefen sehr zärtlich an und beendet sie mit Umarmungen und Küssen. Die Briefe an Lou Andreas-Salomé sind später von intensiver Zärtlichkeit, ja Leidenschaftlichkeit. Auch ihre engen Freundinnen in der Zeit ihrer Jugend, wie Eva Rosenfeld, empfangen ähnliche Briefe.

1912 macht Anna Freud Abitur, danach ist sie wegen Essstörungen und allgemeinem Unwohlsein für ein halbes Jahr in Meran. Sie ist dort nicht unbedingt glücklich und empfindet diese Zeit eher als Verbannung. Zu ihrem Verdruss darf sie nicht an der Hochzeit ihrer Schwester Sophie teilnehmen, die während ihres Meraner Aufenthalts stattfindet.

Zurück in Wien, entschließt Anna Freud sich, Lehrerin zu werden. Sie erweist sich in diesem Beruf als außerordentlich gewissenhaft und genießt allgemein Anerkennung. Der Umgang mit den Kindern gelingt ihr bestens. Aber sie selber ist trotz allen Erfolgs als Lehrerin offenbar erleichtert, als sich ihr die Möglichkeit bietet, Psychoanalytikerin zu werden. 1923, so erwähnt sie Ernest Jones gegenüber, habe sie mit ihrer Arbeit als Kinderpsychoanalytikerin begonnen.

Der Anfang ihrer Freundschaft mit Lou Andreas-Salomé fällt in das Jahr 1921, als Lou einige Wochen in Wien bei der Familie Freud verbrachte. Die Briefe Anna Freuds an Lou sind zahlreich und voller Vertrauen. Ihre Partnerschaft mit

Lou ist trotz des großen Altersunterschieds und trotz der Verehrung, die Anna für Lou empfindet, auch deshalb so komplikationslos, weil beide die Bewunderung und Liebe für Sigmund Freud und seine Psychoanalyse teilen. Von Freunden wird Anna oft vorgeschlagen, aus Wien wegzugehen, um sich aus der engen Beziehung zu ihrem Vater lösen zu können. Als ein Krebsgeschwür in seinem Mund entdeckt wird, ist es für Anna jedoch selbstverständlich, dass sie ihm beistehen und sich nicht von ihm trennen wird. Lou hat dafür größtes Verständnis.

Erst als die Beziehung zu Dorothy Burlingham eine immer größere Rolle in Anna Freuds Leben spielt, werden ihre Besuche in Göttingen seltener und hören schließlich ganz auf. Die Gefühle der Freundschaft für Lou bleiben aber unverändert bis zu deren Tod bestehen. Als die Familie Freud 1938 Wien verlassen muss, nimmt Anna Freud Lous Briefe mit nach London, eine Korrespondenz, die sich über fünfzehn Jahre erstreckt hatte.

Nach dem Tode Freuds 1939 wurde Anna Freud nicht nur seine Nachfolgerin, sondern, wie allgemein bekannt ist, auch eine eigenständige, äußerst exakte Wissenschaftlerin mit ausgedehnten theoretischen und klinischen psychoanalytischen Beiträgen, die vielfach originell waren und Freuds Arbeit weiterführen. Ihre Bücher und Aufsätze sind in einer zehnbändigen deutschen Ausgabe zusammengestellt.

Mit dem Beginn der Beziehung zu Dorothy Burlingham, deren Kinder von ihr behandelt wurden, also seit 1925, spürt Anna Freud in sich erstmals den Wunsch, etwas »für sich« zu haben, wie sie sich ausdrückt. Das Problem des Altruismus, das sie in ihren Büchern ausführlich behandelt, war auch ihr Problem. Sie lebte für und durch andere. Sie wird sich zwar nie von ihrem Vater entfernen, verspürt auch keinerlei Bedürfnis danach, aber unternimmt zusammen mit Dorothy Burlingham erstmals Reisen, die sie für längere Zeit von ihrem Vater trennen. An Max Eitingon schreibt sie: »Ich denke manchmal, daß ich sie [die Kinder von Dorothy Burlingham] nicht nur gesund machen möchte, sondern zu gleicher Zeit, daß ich sie haben möchte, oder zumindestens etwas von ihnen … Der Mutter der Kinder gegenüber sind meine Gefühle nicht sehr anders.«[19]

Mit ihrem Vater konnte sie über diese Gefühle nicht sprechen, sie schämte sich ihrer. Aber faktisch, so äußert Anna, empfinde sie diese Abhängigkeit von den Burlinghams, diesen Wunsch, etwas für sich zu haben, jenseits ihres Berufes, der sonst neben der Beziehung zu ihrem Vater jeden Winkel ihres Lebens ausfülle. Auch mit Lou Andreas-Salomé konnte sie diese Wünsche nach einer »Familie« nicht wirklich diskutieren. Auch bei Lou, die sich sehr bemühte, Anna Freud zu verstehen, fand sie im Grunde kein Echo. Lou sei für sich selber so entfernt von solchen Wünschen, meinte Anna Freud, dass beide im Laufe des Gesprächs darüber hatten lachen müssen, wie absolut unfähig sie gewesen seien, einander zu verstehen.

Nach den misslungenen Versuchen Annas, über ihre Gefühle für Dorothy Burlingham und deren Kinder zu sprechen und Verständnis zu finden, sorgt sie nur noch dafür, dass Dorothy ihre Analyse bei Theodor Reik aufgibt, um sie bei Freud fortzusetzen. Auf diese Weise erfuhr Freud von Dorothy, was ihm seine Tochter verschwieg. Gemeinsam mit Dorothy erwarb Anna ein Sommerhaus im Semmering. Die beiden Menschen, die sie sich am meisten als Gäste dort wünschte, waren ihr Vater und Lou Andreas-Salomé.

Es besteht kein Zweifel, dass Anna Freud ihren Vater über alles und alle stellte. Gleichzeitig identifizierte sie sich in hohem Maße mit ihm. Die Beziehung zu Lou – beide trafen sich auch in der Hochschätzung für Rilkes Werk – war auch deshalb so stabil, weil Lou Sigmund Freud fast ambivalenzfrei verehrte und liebte. Aber Lou blieb – im Gegensatz zu Anna – bis zum Lebensende von der Neigung und dem Wunsch nach einer engen, familiären Bindung weit entfernt. Anna Freud hingegen entschloss sich mit dreißig Jahren, eine Art »Familie« zu gründen. Dass sie in dieser Beziehung sowohl der »Mann« wie die »Mutter« war, lässt sich kaum übersehen. Nicht umsonst hat sie sich vor allem der Kinderanalyse gewidmet, hat sie für verlorene und verlassene Kinder unendlich viel getan. Schon in Wien beschäftigte sie sich mit Kindern, die kein Zuhause, keinen familiären Hintergrund hatten. Später in London am Ende ihres Lebens, als sie, sehr krank und sich verlassen fühlend, in einem Krankenhaus nach ihrem nächsten Verwandten gefragt wurde, sagte sie: »Ich möchte am liebsten Jo-Fi angeben.« Das war ihr geliebter junger Hund.

Zurück zu den dreißiger Jahren in Wien. In der Wiener Psychoanalytischen Gesellschaft wurde Anna Freuds Einfluss immer größer. Freud, der an Kongressen und an Ausbildungsveranstaltungen nicht mehr teilnahm, lag vor allem daran, dass seine Tochter Anna seine Arbeit weiterführte. 1936, zu Freuds achtzigstem Geburtstag, konnte sie ihm ihr Buch *Das Ich und die Abwehrmechanismen*[20] als Geschenk überreichen. Das Buch überzeugte Freud davon, dass seine Tochter seine Arbeit weiterführen werde, d. h. Gedanken entwickelte, die über die seinen hinausgingen. Mit dem Begriff der »Identifizierung mit dem Angreifer« beschrieb sie die psychisch überaus wichtige Phase, die uns, wenn wir an sie fixiert bleiben, daran hindert, eine »wahre Moral« zu entwickeln. Das heißt, um tatsächlichen Ängsten und Schuldgefühlen zu entgehen, identifizieren wir uns mit einem in der Phantasie erwarteten und gefürchteten Aggressor und reagieren diesen Erwartungen entsprechend aggressiv auf Menschen, die diesen Aggressor repräsentieren, dem gegenüber wir uns schuldig fühlen. Damit ist ein Kreislauf von verschiedenen psychischen Abwehrmechanismen geschaffen, in denen eine vom anderen erwartete Aggression eigene Aggression und Schuldängste diesem anderen gegenüber auslöst, der als Angreifer phantasiert wird. Mit dieser Arbeit führte Anna Freud die Gedanken Freuds aus *Massenpsychologie und Ich-Analyse*[21] von 1921 weiter.

Den meisten LeserInnen wird der weitere Verlauf des Lebens von Anna Freud bekannt sein. Nach ihrer Ankunft in London war sie mit etlichen Widerständen in den eigenen Reihen konfrontiert. Vor allem die Gruppe um Melanie Klein nahm sie als Analytikerin, als Schöpferin neuer Gedanken, als die, die das Erbe ihres Vaters weiterzuführen vermochte, nicht ernst. Helene Deutsch andererseits hielt wenig von den Theorien Melanie Kleins, die nicht wie sie eine wissenschaftliche Ausbildung besaß. Sie bezeichnete sie als »Hausfrau mit Phantasien«. Auch wenn Anna Freud das Urteil von Helene Deutsch über Melanie Klein teilte, war sie vorsichtiger in ihren Äußerungen über diese. Freunden gegenüber zeigte sie sich offener und äußerte sich eindeutig kritisch. Freud hatte seine Kritik an Melanie Klein bereits öffentlich bekannt gemacht.

In London wurde Anna Freud Direktorin der von ihr gegründeten Hampstead-Klinik, führte dort, wie schon in Wien begonnen, zahlreiche Untersuchungen und Behandlungen an neurotischen Kindern und deren Beziehungspersonen durch. Sie und ihre Mitarbeiter beschäftigten sich während des Krieges mit den aus London aufs Land ver-

schickten Kindern aus der durch Bomben bedrohten Londoner Bevölkerung. Sie betreuten und untersuchten Kinder, die
das Konzentrationslager überlebt, dort ihre Eltern verloren
hatten und sich untereinander zu helfen versuchten, indem
sie sich miteinander identifizierten. Darüber hinaus wurden
zahlreiche Projekte realisiert, in denen sich Anna Freud damit befasste, die Situation des Verlassenseins bei Kindern zu
untersuchen, der als solcher bis dahin keine Aufmerksamkeit gegolten hatte. Dazu gehören Kinder, die allein, ohne
Mutter ins Krankenhaus eingewiesen wurden, d.h. Kinder,
denen in einem desolaten physischen Zustand weitere psychische Traumata zugefügt werden.

Eine der wichtigsten Arbeiten Anna Freuds trägt den Titel
»Über Verlieren und Verlorengehen«. Diese Arbeit wurde
1942 begonnen, aber erst nach dem Kriege 1953 auf dem
18. Kongress der Deutschen Psychoanalytischen Vereinigung
vorgetragen. »Im Trennungsschmerz erleben manche Kinder
nicht ihre eigene Trauer, sondern die der abwesenden Mutter, deren Einsamkeit, Sehnsucht etc. sie sich vorstellen, die
sie bemitleiden, in Gedanken trösten«, schreibt sie dort.[22]
Diese Kinder identifizieren sich mit eigenen, aber auf den
verlorenen Anderen projizierten Affekten; Klein nannte solche Vorgänge projektive Identifikationen.[23] Diese Arbeit
Anna Freuds ist eine Fortsetzung von Freuds Essay »Trauer
und Melancholie«.[24] Sich mit ihr und ihrer langen Entste-
hungsgeschichte zu befassen ist lohnenswert. Sie offenbart
Anna Freuds Trauerarbeit nach dem Tod ihres Vaters, die
sich erst nach Kriegsende voll auswirkt, als Anna Freud über
lange Zeit schwer erkrankt.

Ich möchte am Schluss versuchen, eine Verbindung zwischen den drei Frauen herzustellen, deren Lebenslauf ich
kurz umrissen habe. Alle drei waren sogenannte Vater-Kin-

der, d. h. zogen ihren Vater ihrer Mutter vor und achteten ihn höher als ihre Mutter. Lou konnte ihren Vater verehren, ohne ihre Mutter zu verachten. Die Mutter folgte ihr nach dem Tode des Vaters nach Zürich, erlaubte ihr zu studieren, was eine außergewöhnliche Situation für eine Frau der damaligen Zeit war. Sie ließ ihrer Tochter offensichtlich erhebliche Freiheit, stellte sich deren Entschluss, mit dem Philosophen Reé zusammenzuziehen, letztlich nicht entgegen. Lou begann, ihre Mutter zu lieben.

Das Gegenteil war bei Helene Deutsch der Fall, die bis zum Lebensende nur negative Gefühle für ihre Mutter hegte. Lou wie Helene waren hoch begabte Frauen, die, mag man mit ihren Ansichten einverstanden sein oder nicht, als Schriftstellerinnen und Wissenschaftlerinnen Überragendes geleistet haben. Eine in manchem ähnliche Entwicklung als Tochter und Wissenschaftlerin nahm auch das Leben Anna Freuds. Alle drei konnten sich in der Welt der Männer behaupten und waren, falls sie heirateten, ihren Männern mehr oder weniger überlegen. Lou hatte wenig Bedürfnis nach einer Familie, brauchte für sich vor allem Freiheit, verstand deshalb auch Anna Freud und ihre Bedürfnisse wenig, mit Dorothy Burlingham und deren Kindern eine Art Familie bilden zu wollen, mit der sie sich ganz identifizieren konnte. Lou war vielleicht auch die Einzige von den dreien, die keine Sehnsucht danach verspürte, Mutter zu werden, obwohl sie es bedauerte, als sie mit vierzig Jahren zum ersten Mal schwanger war und das Kind verlor.

Helene Deutsch achtete die Mutterschaft höher als alles andere, war aber allem Anschein nach als Mutter einerseits zu possessiv, andererseits zu sehr von ihrem Wunsch nach Freiheit, nach Revolution und Ausbrechen erfüllt, um wirklich eine gute Mutter zu sein. Immer wieder verließ sie für kürzere oder längere Zeit Mann und Kind. Anna Freud hingegen war treu bis ans Lebensende. Nie hätte sie auch nur entfernt daran gedacht, ihren Vater, als er krank wurde, zu verlassen. Mit Dorothy Burlingham blieb sie bis zu deren Tod eng verbunden.

Was immer man unter männlich und weiblich versteht, die männlichste, wenn man so will, von den Dreien war wahrscheinlich Lou Andreas-Salomé, obwohl ihr Äußeres denkbar weiblich anmutet. Lou verteidigte immer den Narzissmus, der ja von Freud vor allem Frauen zugesprochen wird. Die Möglichkeit, ihren Narzissmus auszuleben, war für sie die Grundlage ihres Lebens. Ihr unbedingtes Bedürfnis nach Freiheit, nach kreativer Entfaltung ihres Wesens und ihrer Begabung bestimmte letztlich alle ihre Entscheidungen. Sie blieb bis zuletzt relativ unabhängig von anderen Menschen. Nie ist sie über längere Zeit eine ausschließliche Zweierbeziehung eingegangen, auch wenn sie mit ihrem Mann lebenslang verbunden blieb. Gleichwohl war ihre Beziehung zu Anna wie auch zu Sigmund von erstaunlicher Zärtlichkeit, Bewunderung und Ambivalenzfreiheit.

Helene Deutsch und Anna Freud waren viel eifersüchtiger als Lou, die kaum Eifersucht kannte. Was Rivalität und Ehrgeiz betrifft, war Helene Deutsch sicherlich ungehemmter wie auch selbstverborgener als Anna Freud.

Sexualität spielte im Leben dieser drei Frauen eine unterschiedliche Rolle. Lou hatte keine sexuellen Beziehungen, bis sie über dreißig war, dann zahlreiche, die aber meist nur von kurzer Dauer waren. Einer der wichtigsten dieser Männer war der um viele Jahre jüngere Rainer Maria Rilke, der, wie andere vor und nach ihm, unter der Trennung seiner Liebschaft mit Lou Andreas-Salomé sehr litt. Die Freundschaft mit ihr blieb bis an sein Lebensende bestehen.

Ganz anders Helene Deutsch. Sie hatte einige, aber keineswegs zahlreiche sexuelle Beziehungen. Ihrem ersten Geliebten, Liebermann, war sie in aufopferungsvoller, selber würde sie sagen: in masochistischer, Weise zugeneigt, bis sie die Beziehung abbrach, was ihn wiederum an den Rand des Selbstmordes trieb. Ihr Mann Felix war ihr völlig ergeben. Er hatte vor der Ehe mit ihr auch homosexuelle Beziehungen, sie war ihm nicht immer treu.

Anna Freud, das ist wohl mit Sicherheit anzunehmen, hatte in ihrem Leben keine sexuelle Beziehung zu einem Mann noch aller Wahrscheinlichkeit nach zu einer Frau. Sie gab sich ihrem Vater und seinem Werk hin, sie nahm sich verlassener und verlorener Kinder bis an ihr Lebensende an, sie war durch und durch loyal in ihrer Beziehung zu ihrem Vater, Dorothy Burlingham und einigen anderen Freunden. Trotz all ihrem Altruismus hatte sie – zumindest haben es viele so empfunden – aber auch etwas Tyrannisches. Freunde und Mitarbeiter mussten sich ihrer Meinung anschließen, zumal dann, wenn es um die Psychoanalyse ging. Die Psychoanalyse stellte für sie nicht nur die einzigartige Verkörperung der Person und des Werkes ihres Vaters dar, sondern war für sie auch die Via regia zur Wahrheit, das Zentrum ihres Lebens.

Sich selbst erforschen – die anderen verstehen
Zur Autobiographie der Psychoanalytikerin Helene Deutsch

Helene Deutsch, 1884 geboren, war eine Schülerin Sigmund Freuds. Ihre 1975 auf Deutsch erschienenen Memoiren *Selbstkonfrontation*[1] seien, so schreibt sie, im Grunde eine Ergänzung ihrer Autobiographie, die verdeckt in ihrem zweibändigen Werk »Psychologie der Frau«[2] bereits enthalten ist. Man kann hinzufügen, dass Deutschs Bedürfnis, sich mit sich selber auseinanderzusetzen, durch Selbstdarstellung sich verstehen zu lernen oder durch Erforschung der Probleme ihrer Patienten die eigenen Schwierigkeiten klarer zu sehen, in ihren zahlreichen Arbeiten eine nicht unbedeutende Rolle spielt. Sie scheut sich auch nicht, auf wissenschaftlichem, politischem oder weltanschaulichem Terrain ihre Meinung dezidiert und für manche oft allzu gefühlvoll oder einseitig zu äußern. Sie macht aus ihrem Herzen keine Mördergrube, die Sympathien und Antipathien für ihre Zeitgenossen werden offen geäußert, sicher nicht immer zu deren Freude.

Die Darstellung ihrer mitmenschlichen Beziehungen vermag kaum Verzerrungen, wie sie bei persönlichen Erinnerungen auftreten, zu entgehen, auch ihr Gedächtnis mag ihr gelegentlich einen Streich spielen. Wie anders könnte man das von einer neunzigjährigen Memoirenschreiberin auch erwarten. Dennoch, Deutschs Neigung zu begeisterter Anerkennung, ja Idealisierung einerseits, zu ebenso heftiger Ablehnung andererseits war ihrem Temperament offenbar von Kindheit an eigen. Schon in der Beziehung zu ihren

Eltern zeigte sich deutlich, was manchen Analytikern als männliche Eigenschaft imponiert: sie war zum Hass so fähig wie zur Liebe. Die Gefühle, die sie ihren Eltern entgegenbrachte, waren und blieben eindeutig: Sie liebte und idealisierte ihren Vater, sie hasste und verachtete ihre Mutter.

Was ist interessant an den Memoiren einer über neunzig Jahre alten Psychoanalytikerin? Dass sie 1918 ihre Lehranalyse bei Freud begann, sich in den zwanziger Jahren aktiv an der Gründung des Wiener Psychoanalytischen Instituts beteiligte, seit 1934 die Entwicklung der Psychoanalyse in Amerika miterlebte, mag manchem kaum als berichtenswert erscheinen. Mittlerweile sind zahlreiche Bücher erschienen, die uns über die Entwicklung der Psychoanalyse im Wien Freuds und später in Amerika informieren.

Mir scheint interessant zu sein, wie es möglich war, dass Helene Deutsch in ihren Jugendjahren eine engagierte Sozialistin war, deren späteres psychoanalytisches Hauptwerk von der *Psychologie der Frau* handelt, in dem sie sich aber mit den Zielen der Feministen und Feministinnen als einer ebenfalls sozialen Bewegung so gut wie nie beschäftigte, geschweige denn sich hiermit tiefergehend identifizierte. Alle ihre Revolutionen, so Helene Deutsch, seien von Männern inspiriert worden: erst von ihrem Vater, dann von ihrem Liebhaber und Mentor Hermann Liebermann und zuletzt von Freud.

Da ihre wissenschaftlichen Auseinandersetzungen mit der Psychologie der Frau gleichzeitig autobiographische Züge tragen, wie die Autorin in der Einleitung zu ihren Memoiren bekennt, ergibt sich als wichtiger Beweggrund, dass Deutsch sich für die Frau als Teil ihrer selbst interessierte, einer Frau, die ihre Liebes- und Idealisierungsfähigkeit ganz eindeutig in der Beziehung zu Männern auslebt. Vergleicht man Helene

Deutschs Darlegungen über die Frau und deren Glücksmöglichkeiten mit den Ansichten von Feministinnen unserer Zeit, wird einem deutlich, wie unterschiedlich die Auffassungen sind. Allerdings bleibt einem dann auch nicht verborgen, dass die Unterschiede in den Einstellungen nicht nur historisch-gesellschaftlich bedingt sind, sondern starke Impulse auch von der individuellen Prägung aus der Elternbeziehung erhalten. Auf die, wie mir scheint, interessanten und schwerwiegenden Probleme, die sich hieraus für Helene Deutsch ergaben, wird später zurückzukommen sein. Zunächst jedoch scheint mir ein kurzer biographischer Überblick über ihre Entwicklung notwendig zu sein.

Helene Deutsch wurde am 9. Oktober 1884 in Przemysl, einer mittelgroßen polnischen Stadt in Galizien, Polen, geboren. Bekanntlich ist Galizien jener Teil Polens, der 1772 dem österreichisch-ungarischen Kaiserreich angeschlossen wurde. Erst nach der Beendigung des Ersten Weltkriegs wurde Galizien wieder dem damals neu gegründeten polnischen Staat zugeordnet. Zu dieser Zeit lebte Helene Deutsch aber schon lange nicht mehr dort, sondern in Wien. Sie war das vierte und letzte Kind jüdischer Eltern, die sich an ihrer Stelle eigentlich einen Knaben gewünscht hatten. In ihrer Kindheit war sie eng an ihren Vater, einen angesehenen Rechtsanwalt, gebunden. Seine Autorität auf allen denkbaren Gebieten wurde von ihr fraglos akzeptiert. Kurz, er besaß ihre uneingeschränkte Liebe und Bewunderung. Die Verachtung und Ablehnung der Mutter wurden schon erwähnt. Ihre Versuche, sich von der Familie und deren bürgerlichen Idealen und Sittengesetzen zu befreien, setzen erst in ihrer Adoleszenz ein. Es kommt zu schmerzlichen Kontroversen mit dem geliebten Vater, dessen politische Ansichten liberal, aber doch im Wesentlichen konservativ geprägt sind. Ihre politischen Ansichten sind ihm so wenig genehm wie ihre Liebesbeziehungen. Geärgert hat sie ihn vor allem dadurch, dass sie ihn eifersüchtig machte.

Um die Jahrhundertwende schloss sich Deutsch der sozialistischen Bewegung Polens an. Sie benutzte, so drückt sie es in ihren Memoiren aus, ihre politische Betätigung und später ihr Medizinstudium, um ihre Energien zu sublimieren. Faktisch konnte man bei ihr Politik und Liebesleben nicht auseinanderhalten. Der wesentlich ältere und verheiratete Liebermann, ein bekannter polnischer Sozialistenführer, wurde ihr Liebhaber und ersetzte damit zugleich auch das Vorbild, das bis zur Pubertät der Vater für sie gewesen war. Um das Abitur nachzuholen, brauchte Helene fünf Jahre, so sehr beschäftigte sie diese Liebesaffäre. Erst 1907, in Wien, begann sie ihr Medizinstudium.

Der Einfluss der zionistischen Bewegung auf die jüdische Jugend war um die Jahrhundertwende gering. Die meisten europäischen Juden strebten danach, sich zu assimilieren. Viele von ihnen wandten sich, wie Helene Deutsch, der sozialistischen Bewegung zu. Die sozial-revolutionären, antizaristischen Bewegungen breiteten sich von Russland nach Polen aus und begeisterten auch dort große Teile der Jugend. Helene Deutsch wurde anscheinend vor allem von der Bereitschaft zu heroischer Selbstaufopferung angezogen. Später, als Psychoanalytikerin, beschäftigte sie sich ausgiebig mit der Neigung zu masochistischer Selbstaufgabe, die von ihr als typisch »weiblich« angesehen wurde.

Allerdings wird man sich fragen müssen: Sind Deutschs psychoanalytische Forschungen und Kenntnisse von dem Erleben in ihrer Kindheit und Jugend beeinflusst, oder sind ihre Memoiren, ihre Erinnerungen von ihren psychoanalytischen Erfahrungs- und Denkweisen geprägt? Denn bekanntlich prägt die Vergangenheit nicht nur unser gegenwärtiges Denken. Nicht minder wird die Vergangenheit – die Art, wie wir uns sehen und deuten – vom jeweils gegenwärtigen Denken beeinflusst.

An einigen Stellen von Deutschs Memoiren wird greifbar, dass die Inhalte der Erinnerungen nicht nur vom Alter, sondern auch von den jeweils herrschenden Interessen der Autobiographin abhängig sind. Über die »blasse Gräfin«, Frau N., die die Mutter eines unehelichen Kindes ist, schreibt Helene Deutsch beispielsweise, dass sie wohl eine jener heute fast legendären Figuren war, eine Tochter, die aus dem Elternhaus verstoßen wurde, weil sie ein uneheliches Kind gebar. Sie hätte ein faszinierendes Forschungsobjekt für eine Untersuchung über ledige Mütter in den oberen Gesellschaftsschichten jener Ära abgegeben.[3] Tatsächlich hatte Deutsch das Schicksal von Frau N. im zweiten Band ihrer *Psychologie der Frau* bereits ausführlich geschildert. Sie kenne ihre Geschichte von ihr selbst und habe feststellen können, dass sie der Wahrheit entsprach.[4] In dieser ersten Version steht aber im Mittelpunkt nicht das Problem der ledigen Mutter mit ihrem unehelichen Kind, die von der Gesellschaft verstoßen wird, sondern dasjenige einer Frau, die sich heroisch für die berufliche Zukunft ihres Geliebten opfert.

Hier konzentriert sich Helene Deutsch auf die Darstellung einer sich masochistisch für die Zukunft ihres Geliebten aufopfernden Frau. Diese lässt sich, obwohl sie bereits im vierten Monat schwanger ist, von der Mutter des Geliebten, mit dem sie schon seit einigen Jahren zusammenlebt, überzeugen, dass es besser für ihren Geliebten ist, wenn er sie nicht heiratet. Beeindruckt von den Worten der Mutter, von eigenen unbewussten Schuldgefühlen bedrückt, aber vor allem von dem Bedürfnis nach heroischer Selbstaufopferung getrieben, trennt sie sich von sich aus von dem Freund, dem Vater ihres Kindes, indem sie ihm vorspielt, nicht zu wissen, ob sie ihn liebe, ja, nicht einmal zu wissen, ob das Kind von ihm stamme. Entsprechend masochistisch klammert sie sich später an das Schicksal der »Ausgestoßenen«, das ihr nicht nur von der Gesellschaft nahegelegt wird, sondern das sie auch selber zu suchen scheint.

Wieso hat Helene Deutsch, als sie ihre Memoiren schrieb, vergessen, was ihr seinerzeit mitgeteilt wurde und was sie selber in ihrem früheren Buch beschrieben hatte? Gewiss, Dichtung und Wahrheit lassen sich so genau nie auseinanderhalten. Was hier aber stört, ist doch das Vergessen einer im eigenen Werk bereits ausgeführten anderen Version, die mit der ersten nur schwer zu vereinbaren ist. Freilich, mit zunehmendem Alter spielt uns das Gedächtnis manchen Streich, wir sind alle diesen Zeichen des Alterns ausgesetzt. Dennoch ist das, was wir vergessen, nicht einfach einer absichtslosen Auswahl unterworfen. Mir scheint deshalb die folgende Deutung des Vergessens und der Veränderung ihrer Erinnerung naheliegend zu sein.

Helene Deutsch lebte über Jahre in einem illegalen Verhältnis mit dem verheirateten Sozialistenführer Hermann Liebermann. Auch hier war es die heroische Selbstaufopferung, die sie dann an Frau N. schildert, die bestimmend war – sowohl in ihrem Verhältnis zu Liebermann wie auch bezüglich ihrer Begeisterung für die sozialistische Bewegung. Auch sie wurde wegen dieser Liaison von der bürgerlichen Gesellschaftsschicht der Stadt, in der sie lebte, geächtet, ja, sie forderte die Empörung dieser Gesellschaft, deren Ideale sie mit den Ansichten der verachteten Mutter gleichsetzte, der gegenüber sie nur zu gern ihre Ablehnung demonstrierte, geradezu heraus. Ihren Vater, von dem sie in dieser Zeit manchen Affront zu erdulden hatte, entschuldigt sie immer wieder und hält an dem Glauben fest, dass er im Grunde nie aufgehört habe, sie zu lieben.

Die Art, wie Helene Deutsch das Schicksal der Frau in ihrer *Psychologie der Frau* darstellte, hat also viel mit ihr zu tun, ihren Bedürfnissen, Schuldgefühlen und Triebbedürfnissen.

Alles dies – die Triebbedürfnisse, die Schuldgefühle etc. – spielt aber im psychischen Haushalt des alten Menschen eine zunehmend geringere Rolle. In diesem Alter ist es vermehrt die Angst vor dem Alleingelassen-Werden, von der Gesellschaft »verstoßen«, nicht mehr beachtet zu werden, die im Vordergrund steht. Helene Deutsch spricht zu Beginn ihrer Memoiren selber von ihrer großen Einsamkeit; sie sieht darin, von niemandem mehr wirklich gebraucht zu werden, die Not und das Leiden des Alterns. Infolgedessen ist es, so meine ich, nicht verwunderlich, wenn sie in der Darstellung des Schicksals von Frau N. das herausstellt, was zur Zeit der Niederschrift in ihrem eigenen Gefühlsleben vorherrschend ist.

Das Typische der Adoleszentenhaltung von Helene Deutsch soll gleichwohl nicht übersehen werden. Es entsprach dem Denken und Handeln in der intellektuell und politisch interessierten Jugend der mittleren und höheren bürgerlichen Schichten ihrer Zeit. Wenn sich Helene Deutsch damals einer illegalen Beziehung zu einem Mann und einer an den Grenzen der Legalität arbeitenden politischen Bewegung hingibt, wenn ihre Idealisierungen und Selbstaufopferungsphantasien ihr Liebesleben wie ihre politische Einstellung bestimmen, so mag das durchaus ein für Teile des Bürgertums zeittypisches weibliches Verhalten zum Ausdruck bringen. Es darf aber auch nicht übersehen werden, dass es für die Frau damals kaum eine andere Möglichkeit gab, Aufsehen zu erregen, d. h., die narzisstischen Bedürfnisse, im Mittelpunkt der Aufmerksamkeit zu stehen, befriedigen zu können.

Später war es für Helene Deutsch die Psychoanalyse, die alle Interessen befriedigen und Bedürfnisse erfüllen sollte. Freud war nun derjenige, der, wie vorher Liebermann, für ihre Interessen die Richtung vorgab, ihren Wunsch nach einer idealen Vaterfigur erfüllte, ihre revolutionären Bedürfnisse befriedigte. Wie mit Liebermann sah sie sich in eine Gegenposition zu der bürgerlichen Gesellschaft versetzt, die für sie die kleinlich-egoistischen Verhaltens- und Denkweisen der Mutter repräsentierte. Die Einheit mit dem Vater, die Bekämpfung der Mutter konnten auf diese Weise sublimiert und für sie befriedigend fortgesetzt werden. Dass eine solche Haltung dennoch tiefgehende Schuldgefühle und eine entsprechende masochistische Neigung zur Selbstbestrafung hervorruft, ist dem Psychoanalytiker wohl bekannt und wird auch Helene Deutsch nicht verborgen geblieben sein. Ihre in diese Richtung weisenden Arbeiten bilden deutlich den Versuch, sich mit diesen Tendenzen und drückenden Schuldängsten auseinanderzusetzen.

Was immer der Vater ihr auch antat, sie gab die Liebe zu ihm und den Glauben an seine Liebe nie auf. Nicht unähnlich verhielt sie sich Freud gegenüber. Dieser brach die Analyse mit ihr bereits nach einem Jahr ab, weil er seine Zeit einem anderen, wie er meinte, kränkeren Patienten zur Verfügung stellen musste, dem später berühmt gewordenen »Wolfsmann«. Obwohl der Abbruch ihrer Analyse eine depressive Verstimmung zur Folge hatte, kam Helene Deutsch gar nicht auf den Gedanken, Freud deswegen Vorwürfe zu machen. Sie nahm seine Begründung als durchaus plausibel an. Allerdings sollten wir auch nicht übersehen, dass die Zeit, die damals für eine Lehranalyse vorgesehen wurde, bedeutend kürzer war, als das heutzutage der Fall ist.

Es war also anscheinend nichts Auffälliges daran, dass Deutschs Lehranalyse bereits nach einem Jahr abgebrochen wurde, während ein Analysand heutzutage, der mit einer über Jahre seiner Ausbildung dauernden Analyse rechnet, hierin einen erheblichen Affront sehen würde. Auch scheint es Deutsch nicht besonders merkwürdig berührt zu haben, dass Freud ihr bereits während dieses einen Jahres der Lehranalyse Patienten überwies. Durch das von Kurt Eissler zu Recht scharf kritisierte Buch von Paul Roazen *Brudertier*[5] ist bekannt geworden, dass bereits in diesem ersten Jahr Viktor Tausk von Freud an Helene Deutsch überwiesen wurde. An wen, so fragt Eissler, hätte aber Freud, in jener Zeit und angesichts der geringen Zahl an Psychoanalytikern, Tausk übergeben sollen? In der Tat, die Situation damals unterschied sich von der aktuellen erheblich, was aber die Lage von Deutsch nicht weniger schwierig erscheinen lässt. Tausk nutzte bekanntlich seine Analyse bei Deutsch, von der er wusste, dass sie von Freud analysiert wurde, dazu aus, sein heftiges Ressentiment Freud gegenüber loszuwerden. Dementsprechend wurde auch seine Analyse abgebrochen, nachdem Freud seine analytische Arbeit mit Helene Deutsch beendet hatte. Deutsch war also manchen Kränkungen und Leiden durch ihren Vater, ihren väterlichen Geliebten und ihren Analytiker ausgesetzt, die sie aber alle entschuldigte oder mit dem Mantel der Liebe zudeckte. Welch' Wunder also, dass ihre Aggressionen und Rivalitätsbedürfnisse Frauen gegenüber dann um so stärker zutage traten.

Verglichen mit den autobiographischen Anteilen in *Psy-*

chologie der Frau hat in den Memoiren der alten Frau vieles seine ursprüngliche Bedeutung verloren, zumindest hat sich das subjektiv Wichtige, die – psychoanalytisch ausgedrückt – psychische Besetzung der Themen und menschlichen Objekte, verschoben. Eines scheint sich jedoch zeitlebens nicht verändert zu haben: Helenes Schuldgefühle und ihre Trauer darüber, sich in seinen ersten Lebensjahren nicht genügend um ihren Sohn gekümmert zu haben. Sie glaubte, sich ihrem Beruf widmen zu müssen, und überließ ihn einer Kinderschwester, die sich auch als seine Mutter fühlte und sich seiner ganz bemächtigte. Helene selber spielte in der Kinderstube die Rolle eines mehr oder weniger wohlgelittenen Gastes. Noch in hohem Alter meint sie, ihr sei damit etwas entgangen, das sich nicht mehr nachholen ließ. Diese Trauer, sich selber um etwas Unwiederholbares und Unersetzliches gebracht zu haben, mag dazu beigetragen haben, dass sie in ihrer Theorie die Mutterschaft als den Höhepunkt im Leben der Frau sieht. Beruf und Ehe vermochte sie relativ gut miteinander zu verbinden, die Verbindung von Beruf und Mutterschaft dagegen blieb für sie ein nicht zu lösender Konflikt.

Sie hatte immer wieder das Bedürfnis, für längere Zeit von zu Hause fortzugehen, was auch längere Trennungen von ihrem Sohn mit sich brachte. Meines Erachtens verbirgt sich hinter ihrem Verhalten, das Konflikte heraufbeschwört, die so nicht hätten durchlebt werden müssen, ihr Masochismus, d. h. ihre Schuldgefühle, die der Hass auf die eigene Mutter unbewusst in ihr erweckte. Sie durfte sich über Jahre nicht gönnen, was sie ihrer eigenen Mutter, indem sie ihr mit Ablehnung begegnete, verweigert hatte: Freude an der Beziehung zu ihrem Kind. Wenn heutzutage die Feministinnen Helene Deutsch als Vertreterin einer reaktionären Frauenideologie – mit der Idealisierung der Mutterrolle im Zentrum etc. – ansehen, sollten sie nicht vergessen, wie sehr solche Vorstellungen einerseits zeittypisch sind, andererseits von der persönlichen Lebensgeschichte geprägt werden.

Helene Deutsch kann gewiss nicht zu den konservativen oder gar reaktionären Frauengestalten ihrer Zeit gerechnet werden. Vielmehr gehörte sie zu den Frauen jüdisch-polnischer Herkunft aus gebildeter, gutbürgerlicher Familie, die sich früh für eine sozialistisch inspirierte Veränderung der Gesellschaft einsetzten. Rosa Luxemburg, Angelica Balabanoff, Bertha v. Suttner waren ihre Vorbilder. Es ist auch bekannt, dass gerade die Frauen östlicher Herkunft, Russinnen, Polinnen, wie eben Luxemburg und Balabanoff,[6] sich im Gegensatz zu ihren Geschlechtsgenossinnen im Westen viel weniger um den Feminismus als um die sozialistische Revolution kümmerten. Sie hielten es *expressis verbis* für Energieverschwendung, sich für die Frauenbewegung einzusetzen. Für sie hätte das geheißen, sich mit kleinlichen politischen Auseinandersetzungen zu befassen, anstatt alle Kraft auf den revolutionären Kampf zu konzentrieren. Balabanoff und mit ihr Deutsch glaubten, dass sich die Erkämpfung der Frauenrechte von den allgemeinen sozialistisch-revolutionären Zielen nicht trennen ließe.

Zur Zeit von Helene Deutsch beteiligten sich viele Frauen aktiv am revolutionären Kampf, fanden aber in der Revolutionsliteratur selten Erwähnung. Frauen, die als Nihilistinnen bezeichnet wurden, waren in ihrer Mischung aus Verachtung und rücksichtsloser Ablehnung bestehender kultureller Werte und Institutionen besonders rigoros. Ihr Mut und ihre moralische Entschlossenheit zu totalem Einsatz fielen auf, gerade wenn man sie mit ähnlichen Haltungen bei Männern vergleicht, die diesen Bewegungen ebenfalls ange-

hörten. Auch der prozentuale Anteil der Frauen an anarchis-
tischen Bewegungen der Gegenwart ist, wie wir wissen, relativ hoch. Bei diesen Frauen wird ein rigoroses Über-Ich
deutlich, ihr Einsatz ist konsequenter, und sie zeigen im Allgemeinen mehr Durchhaltevermögen als die Männer, mit denen sie zusammenarbeiten.

Viele Feministinnen – sie werden darin von Simone de
Beauvoir unterstützt – sehen in dem von der Gesellschaft als
natürlich gepriesenen »mütterlichen Instinkt« eine unerträgliche Fessel, die die Befreiung der Frau unmöglich macht.
Midge Decter erfasst das Typische solcher Einstellungen,
wenn sie betont, dass die Feministinnen nicht mehr nur um
Rechte kämpften, die denen der Männer entsprächen, sondern dass sie von der Gesellschaft die Befreiung vom Joch
des Gebärens und den damit verbundenen gesellschaftlichen
Einschränkungen erwarteten.

Auch Helene Deutsch erlebte die Mutterschaft, wie ich gezeigt habe, keineswegs als problemlos. Das hinderte sie, die
trotz aller Auflehnung Kind ihrer Zeit und deren Wertvorstellungen war, aber nicht daran, den Akt des Gebärens, das
Mutterwerden als den Höhepunkt im Leben der Frau anzusehen, für den die Frau gerne jede kreative Möglichkeit hin-
gebe. Dennoch scheinen manche Kampfziele und Ideale der
Feministinnen unserer Zeit nicht minder zeitgebunden einerseits und defensiv andererseits zu sein. Es ist mehr als verständlich, wenn sie sich gegen Klischees wie Mütterlichkeit
und Aufopferung als ureigene Bestimmung der Frau wehren.
Wir alle wissen, in welchem Ausmaß solche Forderungen an
weibliches Rollenverhalten vom Mann egoistisch ausgenützt
werden können. Dennoch besteht die Gefahr, dass aus der
antimütterlichen »Welle« eine Haltung wird, die liebevolle,
einfühlende, mitmenschliche Beziehungen schlechthin aus-

schließt – zumindest soweit diese den Mann betreffen. Das wird an einem Buch wie Alice Schwarzers *Der kleine Unterschied und seine großen Folgen*[7] deutlich. In den Berichten der von ihr interviewten Frauen kommt der Mann durchgehend schlecht weg. Einfühlung in ihn und seine Situation wird bewusst, zumindest aber unbewusst, eindeutig abgelehnt.

Apropos unbewusst: Wie bei allen Feministinnen gibt es im Grunde genommen auch bei Schwarzer die Vorstellung von unbewussten Motiven, die das Verhalten der Menschen irrational beeinflussen, nicht. Sie sieht in der verbalen Zusicherung einer Psychotherapeutin an ihre Patientin, die besagt, dass es ihr, Alice Schwarzer, mit ihren Befreiungsversuchen nicht anders ergangen sei als dieser, die wirksamste Behandlungsmethode, um die Grundlage für deren Emanzipation zu schaffen. Dass es unbewusste Identifikationen wie die Helene Deutschs gibt, Fixierungen an Verhaltensmuster, Ängste, Phantasien etc., die durch Erziehung über Jahrhunderte hinweg eingeprägt wurden und daher so schnell nicht aufzuheben sind, bildet für sie eine *terra incognita*, zumindest wird dieser Tatbestand gänzlich übersehen. Genauso wenig scheint Schwarzer zu bemerken, was sie eigentlich während ihrer Gespräche mit diesen Frauen macht, in welcher Weise sie sie beeinflusst. Mir scheint diese Art des Komplizentums der Autorin mit den von ihr interviewten Frauen unweigerlich dazu beizutragen, dass diese untergründige Schuldgefühle ihren Männern gegenüber entwickeln, weil sie sie entwertet, herabgesetzt, verraten etc. hätten. In der Folge verstärken sich masochistische Selbstbestrafungstendenzen, von denen Helene Deutsch uns so ausführlich berichtet.

Mit welchen Idealen identifiziert sich Schwarzer nun

aber? Die Ansichten von Helene Deutsch, ihre Vorstellungen von typischer Weiblichkeit und weiblicher Sexualität werden von Feministinnen abgelehnt und oft auch für Angriffe gegen die Psychoanalyse benutzt. Schwarzer wie alle Feministinnen unserer Zeit scheinen in Selbständigkeit, Leistungsfähigkeit, Unabhängigkeit, Erfolg verbindliche Leitvorstellungen zu sehen, wie sie unübersehbar und seit langem bereits für den Mann unserer westlichen Kultur gelten. Geht es also lediglich um eine Angleichung weiblicher an männliche Leitvorstellungen? Psychoanalytisch spricht man bei Angleichung des Machtlosen an Herrschaft ausübende Schichten und deren Leitvorstellungen von »Identifizierung mit dem Aggressor«[8]. Dann hätten aber phallisch-narzisstische Ideale wieder einmal den Sieg davongetragen. In ihrer falschen Identifikation hätte die Frau es dann versäumt, die »mütterlichen« Fähigkeiten der Einfühlung, Rücksicht, liebevollen Hilfsbereitschaft als vorbildlich für beide Geschlechter aufzurichten. Dennoch, das Buch *Der kleine Unterschied ...* vermittelt manches Wissenswerte über die Haltung der Frau in unserer Zeit, die Gespräche sind aufschlussreich, die Fähigkeit der Frauen, ihre Lage zu reflektieren, hat seit den Zeiten von Deutsch offensichtlich zugenommen. Die hilflose und defensive Reaktion der Männer auf diese Befreiungsversuche wirkt erschütternd und fordert im Grunde das Mitleid heraus.

Wie schon Helene Deutsch ist Alice Schwarzer überzeugt, dass es die Sexualität ist, die die Unterdrückung der Frau verewigt. Bei beiden stehen Psychologie und Physiologie, das Erleben und die psychische Verarbeitung der weiblichen Sexualvorgänge im Mittelpunkt des Interesses. Beide fragen, ob es einen vaginalen Orgasmus gebe. Ist sein Fehlen ein Zeichen weiblicher Minderwertigkeit? Nach Schwarzer gibt es den vaginalen Orgasmus überhaupt nicht, auch wenn einige ihrer Gesprächspartnerinnen angeben, solche Empfindungen durchaus erlebt zu haben. Die Kohabitation solle nur zum Zwecke des Kinderkriegens stattfinden. Sexuell viel befriedigender sei zumindest für die Frau der oral-genitale Verkehr oder die manuelle Reizung der Klitoris. Schwarzer ist der Überzeugung, dass die Verständigung von Frauen untereinander auch im Sexuellen größer und eher befriedigend sei als die zwischen den Geschlechtern.

Helene Deutsch kommt zu dem Schluss, dass die meisten Frauen keinen vaginalen Orgasmus erleben.[9] Die weibliche Form der Sexualität bestehe in einer langsamen und milden Entspannung nach dem Verkehr. Allerdings stellt sie dann doch, insbesondere im Kapitel über klimakterische Beschwerden, Frauen dar, die einen vaginalen Orgasmus in vollem Umfang erleben. Nachdem sie erfahren musste, dass auch psychotische Frauen intensive vaginale Orgasmen erleben, während manche gesunde und liebesfähige Frau den vaginalen Orgasmus nicht kennt, gab sie es endgültig auf, ihn als Zeichen psychischer Reife und Gesundheit zu bewerten. Neuere Untersuchungen haben mittlerweile zweifelsfrei ergeben, dass die psychosexuelle Reife nicht, wie als Erster Freud für die Psychoanalyse forderte, an der Fähigkeit zum vaginalen Orgasmus zu messen ist. Der sexuelle Ehrgeiz, die Besessenheit von sexueller Leistung, die Überbewertung des ausschließlich vaginalen Orgasmus werden gleichermaßen von Helene Deutsch wie von den verschiedenen feministischen Autoren der Gegenwart zu Recht kritisiert. Indem sich die Frau dem Meinungsdiktat vom rein vaginalen Orgasmus als Zeichen wahrer Weiblichkeit unterwarf, ging es ihr in dieser Hinsicht eher noch schlechter als vorher. Die viktorianische Frau brauchte sich ihrer Frigidität nicht zu schämen, sie entsprach – wie die gesellschaftliche Ungleichheit der Frau – den überlieferten normativen Vorstellungen. Die Zahl frigider Frauen ist seither nicht kleiner geworden, aber jetzt trifft dieser Mangel das Selbstgefühl der Frau besonders empfindlich.

Wenn heutzutage manche Feministinnen in Helene Deutsch die Vertreterin einer reaktionären Frauenideologie sehen und ihr übelnehmen, dass sie die Mutterrolle idealisiert und die masochistischen Unterwerfungshaltungen der Frauen als »typisch weiblich« bezeichnet, sollte weder das Zeittypische solcher Vorstellungen übersehen noch die persönliche Lebensgeschichte vernachlässigen, die Deutschs Ansichten prägten. Helene Deutsch kann nicht zu den konservativen oder gar reaktionären Frauengestalten ihrer Zeit gerechnet werden, im Gegenteil. Ihre Vorbilder waren Frauen, nach deren Ansicht sich der Kampf um die Rechte der Frau nicht von den allgemeinen sozialistisch revolutionären Zielen trennen ließ.

An den Zielen scheiden sich nach wie vor die Geister. Für viele Feministinnen ist die Sexualität der Ort, an dem sich die Unterdrückung der Frau abspielt. Andere, dem Sozialismus nahestehende Frauen sehen im Feminismus eine Ablenkung von politischen Zielen. Der Geschlechterkampf würde die Gesellschaft nicht grundlegend bestimmen und lenke nur von den eigentlichen revolutionären Aufgaben ab. Das möchte ich entschieden bezweifeln. Zu einer tiefergehenden gesellschaftlichen Veränderung im Sinne größerer Humanität gehört unabdingbar – und da haben die Feministinnen eine nicht zu überschätzende Aufgabe zu erfüllen – eine Veränderung in der Beziehung der Geschlechter zueinander. Diese wird nicht nur durch bessere ökonomisch-soziale Bedingungen zu erreichen sein. Erst das In-Frage-Stellen des eigenen Verhaltens, der vorherrschenden Ideale, vor allem aber die Kenntnis der unbewussten Motive des Handelns wird uns vor dem Zwang bewahren können, unter äußerlich veränderten und günstigeren Verhältnissen Gleiches stereotyp zu wiederholen.

Gretchen gestern und heute
Flucht in den Mord – Margaretha Brandt tötet ihr Kind nach der Geburt

Die als Kindsmörderin im Januar 1772 hingerichtete Susanna Margaretha Brandt ist ein Kind ihrer Gesellschaft, die ohne Einschränkung patriarchalisch-hierarchisch gegliedert war. Frauen waren rechtlos. Wenn sie aus den unteren Schichten stammten, gab es für sie keine Chance auf Verständnis und Einfühlung für tragische Situationen, die die Folge ihres Frau-Seins und ihrer Herkunft waren. Die Zeit, in der Margaretha lebte, pflegen wir als Zeit der Aufklärung zu bezeichnen. Das Wissen, die Erkenntnisse der Aufklärung drangen jedoch nicht bis in ihre Welt vor. Bildung gab es nur für die oberen Schichten und auch dort weit mehr für Männer als für Frauen. Aber auch den gebildeten Männern, die in diesem Prozess das Sagen hatten, sind Sprache und Denken der Aufklärung fremd geblieben.

Der Prozess gegen Margaretha Brandt erstreckt sich vom August 1771 bis zum Januar 1772. Am 14. Januar 1772 wird das Todesurteil an der Kindsmörderin vollstreckt. Die Hinrichtung findet auf der Hauptwache im Zentrum Frankfurts statt, der Urteilsspruch lautet: »Tod durch das Schwert«, das Todesurteil wird vom Scharfrichter »durch einen Hieb glücklich und wohl vollzogen«, wie es in den Prozessakten heißt. An der Hinrichtung nahmen zahlreiche Menschen teil, für die Frankfurter war es eine Art Volksfest.

Auch Goethe war Zeuge dieses Prozesses. Es scheint erwiesen zu sein, dass das Schicksal der Susanna Margaretha das Vorbild für die Gretchen-Tragödie im *Faust* gewesen ist. Mehrere Verwandte Goethes waren direkt oder indirekt am Prozess, dem Todesurteil und dessen Vollstreckung beteiligt. In Goethes Autobiographie *Dichtung und Wahrheit* heißt es: »… es fehlte mitten in der bürgerlichen Ruhe und Sicherheit nicht an gräßlichen Auftritten. Bald weckte ein näherer oder entfernter Brand uns aus unserm häuslichen Frieden, bald setzte ein entdecktes großes Verbrechen, dessen Untersuchung und Bestrafung die Stadt auf viele Wochen in Unruhe. Wir mußten Zeugen von verschiedenen Exekutionen sein …«[1] Zur Zeit des jungen Goethe gab es in Frankfurt außer der von Margaretha Brandt – Goethe war damals 22 Jahre alt – noch eine zweite Exekution, und zwar im Jahre 1758; da war Goethe neun Jahre alt. Vier Jahre vor seiner Geburt hatte 1745 eine weitere Exekution stattgefunden. In beiden Fällen handelte es sich, wie bei Margaretha Brandt, um ledige junge Frauen, die als Kindsmörderinnen zum Tode verurteilt wurden. Bei den Opfern, die, soweit bekannt, im 18. Jahrhundert in Frankfurt hingerichtet wurden, handelt es sich also nur um Frauen aus den unteren Schichten, die sich offenbar in ausweglosen Situationen befanden. (Liest man zum Vergleich die Biographie Goyas, so sind für Spanien 1772, also in der Zeit der Hinrichtung Margaretha Brandts, aber natürlich auch vorher viele grausame Exekutionen bekannt, die wie in Frankfurt vom Volk gefeiert wurden. Aber soweit ich das überblicke, handelte es sich immer um Männer, die als Aufständische oder Anführer einer Räuberbande im Kampf gegen die korrupte Herrschaft des Königshofs, des Adels und der Kirche das Land durchzogen.)

Obwohl Margaretha Brandt also 1772 in Frankfurt zur Zeit der Aufklärung hingerichtet wurde, blieb das Denken ihrer Zeit ohne Einfluss auf die Prozessführung und das Urteil, das über sie und ihre Tat gefällt wurde.[2] Wer war Margaretha Brandt? Sie war 24 Jahre alt, als sie starb, stammte aus der untersten Schicht einer im Frankfurt dieser Zeit äußerst hierarchisch gegliederten und nur in den oberen Schichten wohlhabenden Gesellschaft. Sie war Vollwaise, konnte weder lesen noch schreiben und arbeitete in einem drittklassigen Gasthaus als Dienstmagd, wo sie mit Hilfe von Alkohol von einem Gast des Hauses, einem Goldschmiedelehrling, verführt oder auch vergewaltigt wird. Den Namen des Vaters ihres späteren Kindes kennt sie nicht. Im Laufe der vielen Monate des gegen sie geführten Prozesses hat niemand sich auch nur die geringste Mühe gemacht, herauszufinden, wer der Vater ihres Kindes war.

Im Sommer 1771 war Margaretha Brandt ins, wie es heißt, »Gerede« gekommen. Mit den Worten, die in der Verhandlung immer wiederkehren: »Sie wäre die erste nicht«, wird sie schon vor dem Prozess zum Geständnis gedrängt, betont aber wiederholt ihre Unschuld. Unaufgeklärt, wie sie ist, glaubt offenbar auch ein Teil von ihr selber bis in die letzten Monate der Schwangerschaft, dass es sich um keine solche handelt, denn sie lässt sich, als ihre Schwester und ihre Wirtin sie verdächtigen, von einem Arzt untersuchen, der ihr merkwürdigerweise bestätigt, dass sie nicht schwanger sei, wobei es vom heutigen medizinischen Wissen her natürlich nicht mehr nachzuvollziehen ist, wie das möglich gewesen sein soll. Dennoch kündigt ihr die Wirtin kurzfristig am Tage der Niederkunft, und sie steht mittellos da. Erst als die Geburt einsetzt und sie das Kind am späten Abend in einem dunklen Nebengebäude der Wirtschaft, in der sie tätig ist, zur Welt bringt, ist ihr die Verleugnung ihres Zustands nicht mehr möglich. Sie ist buchstäblich von Gott und der Welt verlassen, niemandem wagt sie sich anzuvertrauen. Im Prozess sagt sie, sie habe ihr neugeborenes Kind getötet, um der Scham und dem Vorwurf der Leute zu entgehen.

Ob sie am Tod des neugeborenen Kindes tatsächlich schuld ist, bleibt letztlich unklar, denn sie gesteht vieles, was sie gar nicht getan hat, aus Angst vor der Folter, wie sie ihrem Verteidiger später sagt. Es scheint sich um eine Sturzgeburt gehandelt zu haben, das Kind ist auf den Boden gefallen und kann sich dabei die Verletzung am Kopf zugezogen haben, die bei der Obduktion als Todesursache festgestellt wurde. Der Verteidiger, der Einzige, der sich anscheinend in die Situation Margaretha Brandts einzufühlen vermag und zu einem aufgeklärten Denken fähig ist, hält es für nicht erwiesen, dass der Tod des Kindes tatsächlich auf die Mithilfe Margaretha Brandts zurückzuführen ist. Nach der Geburt des Kindes, nachdem sie den Tod des Kindes realisiert hat, hinterlässt Margaretha Brandt viele Spuren des Geschehens, bevor sie aus Frankfurt nach Höchst flieht. Noch am selben Abend wird ein Haftbefehl gegen sie ausgestellt – ihre Schwester hat sie angezeigt, und der Steckbrief wird in der Stadt ausgetrommelt. Für diesen zeichnet der Schreiber Johann Heinrich Thym, der neun Jahre lang der Hauslehrer von Johann Wolfgang und Cornelia Goethe war. Am 3. August 1771 kehrt Margaretha Brandt reumütig nach Frankfurt zurück, wird von der Wache am Bockenheimer Tor festgenommen und in das Gefängnis im Turm der alten Katharinenpforte in unmittelbarer Nähe von Goethes Elternhaus gebracht. Teilabschriften aus dem Prozess gegen sie haben sich in Goethe'schem Besitz befunden. Margaretha Brandt ist wie Gretchen im *Faust* ein Opfer, das die Folgen der Verführung allein zu tragen hat; nach dem Mann, der ihre ausweglose Situation verursacht hat, wird, um es zu wiederholen, in diesem Prozess kein einziges Mal gefragt.

Die Aufklärung hat das Leben von Margaretha Brandt nicht berührt. Sie, eine Analphabetin, kommt gar nicht auf den Gedanken, die gesellschaftlichen Vorurteile und ungerechten Verhältnisse in Frage zu stellen oder gar anzuklagen. Ihr Unwissen, die fehlende Einschätzung der Lage machen sie völlig unfähig, sich zu verteidigen. Auch den Veränderungen im eigenen Körper steht sie hilflos und unwissend gegenüber. So leugnet sie auch vor sich selber bis zuletzt, dass sie schwanger ist, und hält an dem Glauben fest, dass ihre Blutung nur deswegen ausgesetzt habe, weil sie sich über jemanden sehr geärgert hat. Sie ist davon überzeugt, dass sie in ihren Handlungen vom Teufel oder Heiligen Geist beeinflusst wird. Dass sie sich das Leben nehmen wollte, habe ihr der Teufel eingegeben, dagegen habe sie sich aber mit Erfolg gewehrt.

Während der einfühlungslosen und grausamen Vernehmung wird ihr das tote, bereits sezierte, wieder ausgegrabene Kind vorgeführt, und sie gesteht aus lauter Angst, dass dies ihr Kind sei, obwohl sie es nie gesehen haben kann, denn sie hat es abends in völliger Dunkelheit geboren.

Der Prozess – alles in ihm hatte seine »Ordnung« – entsprach dem Wertesystem der patriarchalisch-hierarchischen Frankfurter Gesellschaft um 1772. Außer dem Verteidiger scheint niemand zu psychologischer Einfühlung noch zu einer realitätsgerechten Einschätzung der Situation fähig zu sein. Alle anderen, natürlich ausschließlich Männer, die den Prozess leiten und die schließlich das Urteil fällen, sind – nach damaligen Maßstäben – »korrekt«, kommen aber überhaupt nicht auf den Gedanken, die psychische und soziale Situation der Angeklagten zu berücksichtigen. Der Verteidiger, der in seiner Verteidigungsschrift darauf aufmerksam macht, dass es keineswegs sicher ist, ob das Kind lebend geboren wurde, auch nicht, ob es während der Geburt starb oder zumindest lebensschwach war, ist in seiner Argumentation als Einziger ein Mensch der Neuzeit. Die übrigen Männer, die den Prozess führen, gehen zwar pedantisch genau vor, schrecken aber vor keiner Grausamkeit zurück, wenn denn nur die Wahrheit, so wie sie sie sehen, ans Licht kommt.

Dass das Bekenntnis unter Druck zustande gekommen ist und manches davon nicht stimmt, kann der Verteidiger aufzeigen. Die Angeklagte hat zum Beispiel nicht, wie zunächst zugegeben, ihr Kind mit der Schere verletzt. »Sie scheint«, so der Verteidiger, »überhaupt zu denjenigen Personen zu gehören, welche in Hoffnung der dadurch zu erlangenden milderen Strafe alles gestehen, worüber sie gefragt werden.« Ich gebe einen kurzen Ausschnitt aus der Verteidigungsschrift wieder: »Die Schmerzen vermehren sich, die Wehen nehmen überhand, sie nähert sich dem einer Sinnlosigkeit nicht unähnlichem Zustand einer Gebärerin, verbirgt sich in der Waschküche, wohin sie vorher schon mit der Asche zu gehen willens war, und verübt daselbst auf Eingeben des Satans die unglückliche Tat, welche sie bald nach der Hand so sehr bereuet und noch jetzt Tag und Nacht beseufzet. Man muß die unglückliche Situation, worin sich die Inquisitin befunden, in ihrem völligen Umfang überdenken, um sich die leichte Möglichkeit ihres Verbrechens … begreiflich zu machen. Von ihrer Brotherrin verstoßen, in der äußersten Armut, denn 30 Kreuzer machten nebst sehr wenigen schlechten Kleidungsstücken ihre ganze Habseligkeit aus: Unwissend, wer ihr Schwängerer war und außer Stande, solchen auszukundschaften, um von ihm den Unterhalt des Kindes zu erlangen, unvermögend, solches selbst zu ernähren: Der Schande und Verachtung der Welt bloßgestellt.«[3]

Der Verteidiger ist der Einzige, der von dem Mann spricht, der sie verführt hat. Von den Anklägern im Prozess nimmt niemand diesen Hinweis auf. Das Unglück, die absolute Hilflosigkeit, die totale Verlassenheit von Susanna Margaretha wird sonst in den Prozessakten nirgendwo erwähnt, auch nicht, dass sie freiwillig aus Mainz nach Frankfurt zurückkehrt, kein lasterhaftes Leben – wie es heißt – geführt hat und dass hier eigentlich nichts als Mitleid angebracht wäre.

Für das Gericht stand ausschließlich fest, dass hier eine Mutter zu richten ist, die ihr neugeborenes Kind umgebracht hat. Darauf steht die Todesstrafe, mildernde Umstände werden nicht in Erwägung gezogen. Der als »unbestechlich« bezeichnete Gerechtigkeitssinn der vier Syndici, die den Urteilsspruch zu fällen haben, ist immun gegen die Verzweiflung, in der die Beschuldigte sich befunden hat. Deren reale Situation zu begreifen sind sie außerstande. Für sie steht von vornherein fest: die gerechte Strafe für Kindsmord ist nur die Todesstrafe. Entsprechend bestrafen auch die zwei anderen Exekutionen im Frankfurt des 18. Jahrhunderts, 1745 und 1748, Kindsmörderinnen, die offenbar ein ähnliches Schicksal erlitten wie Margaretha. Dass in einer patriarchalischen Gesellschaft, die zudem eine ausgesprochene Klassengesellschaft war, eine junge Frau der unteren Schicht, völlig mittellos, der Schande einer unehelichen Geburt ausgesetzt, sich in einer Situation befand, die sie nicht zu bewältigen vermochte, darüber wird also kein Wort verloren, und kein Gefühl des Mitleids kommt auf. Frauen haben ihre Kinder in die Welt zu setzen, unter welchen Umständen auch immer, die Schuld der Männer bleibt unerwähnt. Wo kämen wir hin, wenn Frauen selber darüber entscheiden, ob sie ein Kind gebären wollen oder nicht. In solchen Prozessen sind

Männer bewusst oder unbewusst damit konfrontiert, dass über ihr Leben letztlich immer eine Frau entscheidet. Vielleicht sind sie auch deswegen unfähig, Mitleid für Margaretha zu empfinden.

Das Gericht bestand selbstverständlich nur aus Männern. Darauf, die Situation der Frau in dieser Gesellschaft kritisch und anklagend darzustellen, kommt nicht einmal der Verteidiger. Seine Argumente zugunsten seiner Mandantin werden als nebensächlich und nicht stichhaltig abgetan. Die Angeklagte hat gestanden und damit basta, eine gnädige Beurteilung ihres Falles kann überhaupt nicht in Erwägung gezogen werden. Syndicus Lauz, einer der vier Syndici, die das Urteil zu begründen und zu fällen haben, »kommt in seiner vom 23. Dezember 1771 datierten Begründung zu folgendem Schluss: ›Es bleibet also allemal richtig, daß Inquisitin ihre Schwangerschaft und Geburt verwegen und vorsätzlich verheimlichet, ihr lebendig gebohrnes und dafür überzeugend gehaltenes Kind mit Ausübung unmenschlicher Gewalt umgebracht habe, und daß sie dafür die in der Carolina verordnete poena ordinariam nicht nur verdienet, sondern auch diese Strafe noch zu schärfen bewegende Ursachen vorliegen. Weil aber doch dieselbe freywillig ihre böse Tat bekannt und dadurch die Untersuchung der Sache sehr erleichtert, und weil vielleicht ratione vitalitatis einiger Zweifel noch vorzuwalten scheinen möchte, und deswegen die Bekänntnuß der Inquisitin nur dahin anzunehmen seyn dürfte, daß, wie der Herr Defensor selbsten solches ausleget, das Kind nur schwach gelebet habe; so wolte ich in diesem Betracht dahin antragen, daß Inquisitin nur mit dem Schwerd vom Leben zum Tod gebracht werde.‹[4] Die drei anderen Syndici stimmen mit diesem Urteil uneingeschränkt überein.

Susanna Margaretha ist also ein Opfer der Vorurteile, der

Einfühlungslosigkeit, der Frauenverachtung einer unge-brochen patriarchalischen Zeit geworden. Im Vorwort des Buches über die Prozessakten schreibt der Verfasser Sieg-fried Birkner: »Die Argumente des Verteidigers, die Angst und Reue des hilflosen Mädchens, ihr Zusammenbruch bei der Urteilsverkündung, ihr Gnadengesuch ›da sie noch so jung sei‹, das alles kann die gestrengen Herren Syndiker und den Rat der Stadt nicht rühren.« Der Autor fügt hinzu: »Wie in der griechischen Tragödie die Macht der Götter vorge-führt wurde, so läßt sich an diesem Prozeß die Machtvoll-kommenheit der herrschenden Klasse zeigen, die im eigenen und göttlichen Namen den Urteilsspruch über ein einfaches Menschenkind fällt, dem das Wissen und die Chancen seiner Zeit vorenthalten wurden.«[5]

Zur gleichen Zeit, im Jahre 1772, schließt in Frankreich Denise Diderot das umfangreiche Werk der Aufklärung, die Enzyklopädie, mit dem letzten der 28 Bände ab. Die Revolu-tion des dritten, des bürgerlichen Standes von 1789 ist damit eingeleitet. In Frankfurt scheint man von diesen Ereignissen nicht allzu viel zu wissen. Das Gefühl, dass das Mittelalter dort noch vorherrscht, überkommt einen immer wieder beim Lesen der Prozessakten. Für die privilegierten bürgerlichen Schichten ist Frankfurt eine reiche Stadt. Die Heuchelei und die Vorurteile dieser Schichten waren, wie aus den Akten un-schwer zu erschließen ist, ungebrochen und von Aufklärung und Selbstkritik unberührt. Die Menschen der unteren Schicht im Frankfurt am Ende des 18. Jahrhunderts nehmen dementsprechend ihr trostloses Dasein gottergeben und ge-duldig an, darin von den Herrschenden wohlwollend unter-stützt. Wer zu den Unterprivilegierten gehörte, noch dazu als Frau, konnte in schwierigen oder tragischen Situationen mit keinerlei Mitleid oder Gefühlen der Gerechtigkeit rechnen.

Goethe war Zeitzeuge des Prozesses und der Hinrichtung der jungen Margaretha. Die Rolle des Gretchens im *Faust* lässt sich auf sein Miterleben dieser tragischen Ereignisse zurückführen, auch wenn die Darstellung des Lebens seines Gretchens mit dem der Dienstmagd Susanna Margaretha wenig Ähnlichkeit hat. Sein erster dramatischer Entwurf, der *Urfaust*, entstand nach der Hinrichtung von Margaretha Brandt, zwischen 1772 und 1775.

Wie wird heute mit Kindsmörderinnen, mit einem Gretchen unserer Zeit, umgegangen? Vor einigen Tagen las ich in der *Süddeutschen Zeitung* die Geschichte einer jungen Frau, die ihr Neugeborenes aus dem Fenster geworfen hat. Auch sie, in panischer Angst, den Ruf ihrer Familie mit Schmutz und Schande zu besudeln und dafür mit dem gesellschaftlichen Tode bestraft zu werden, wusste keinen anderen Ausweg. Sie ist 15 Jahre alt, eine Türkin, die wie Susanna Margaretha ihre Schwangerschaft bis zuletzt geheim halten konnte, ihr Kind auf der Toilette der Familienwohnung in die Welt setzte und, wie die Mutter nach der Geburt an die Toilettentür klopfte, sich nicht anders zu helfen wusste, als das Neugeborene aus dem ersten Stock der Wohnung in den Hinterhof zu werfen, wo das tote Kind am nächsten Tag gefunden wurde.

Die junge Türkin lebt in einer gespaltenen Welt. Einerseits hat sie eine streng moslemische Erziehung genossen, andererseits ist sie von der westlichen Kultur ihrer Umgebung geprägt. Ihre voreheliche Beziehung zu einem zehn Jahre älteren Mann, der inzwischen spurlos verschwunden ist – also auch darin mit dem Schicksal der Susanna Margaretha Brandt zu vergleichen –, wäre für die strenggläubige türkische Familie eine nicht zu bewältigende Schande gewesen. Der Vater der 15-Jährigen bestätigte vor Gericht, dass eine

solche »Blutschande« in seiner Heimat nur »mit Blut reinge-
waschen« werden könne.

Wie lautete das Urteil? Das Landgericht verurteilte das
Mädchen zu einer zweijährigen Bewährungsstrafe und
200 Stunden gemeinnütziger Arbeit, die Verteidigung hatte
auf Freispruch plädiert. »Obwohl sich der Vorsitzende Richter Klaus Forster zuvor in ungewöhnlich abfälliger Weise
zu dem Antrag des Jugendgerichtshelfers und der Verteidigung auf psychologische Betreuung des Mädchens geäußert
hatte – Forster wörtlich: ›Wir können schließlich nicht jedem Türken eine Therapie bezahlen‹ –, nahm das Schöffen-
gericht in sein Urteil doch noch eine entsprechende Weisung
auf. ... die Türkin (wird) zunächst einmal in einem von ka-
tholischen Nonnen geführten Internat zur Hauswirtschaf-
terin ausgebildet. Der Vorsitzende Richter kommentierte
diese Perspektive mit den Worten: ›Jetzt müssen also *Klos-
terschwestern* schon Musliminnen ausbilden.‹«[6] Man sieht,
auch die heutigen Richter haben ihre Vorurteile und sind,
was Frauen anbetrifft, nicht besonders einfühlsam. Männern geht es da besser. Ich erinnere nur an das kürzlich
erfolgte Urteil und dessen Begründung gegen den Alt- und
Neu-Nazi Deckert. Mehr Einfühlung, als ihm von seinen
Richtern zuteil wurde, kann sich niemand wünschen. Obwohl die Anklage eindeutig war – Volksverhetzung in Tat-
einheit mit Aufstachelung zum Rassenhass, Beleidigung und
Verunglimpfung des Andenkens Verstorbener, Auschwitz
sei eine Lüge –, wurde dem so Verurteilten bestätigt, dass er
eine charakterstarke, verantwortungsbewusste Persönlichkeit mit klaren Grundsätzen sei; seine politische Überzeugung, die ihm Herzenssache sei, verfechte er mit großem Engagement und erheblichem Aufwand an Zeit und Energie.
Mit anderen Worten: Hier wird ein Mann verurteilt, aber

ihm gleichzeitig bestätigt, dass das öffentliche Bekenntnis zu rassistischen Ansichten und politischen Aktionen und die damit einhergehende Volksverhetzung, die zu seiner Verurteilung führten, im Grunde Ausdruck einer charakterstarken, verantwortungsbewussten Persönlichkeit mit klaren Grundsätzen sei. Deutlicher kann sich wohl kaum ein Richter für die ›moralische‹ Berechtigung des Antisemitismus – und damit auch für deren Folge: den Holocaust – aussprechen. Es ist kaum anzunehmen, dass sich diese deutschen Richter aus Mannheim von denen in Frankfurt 1772 zur Zeit der Vernehmung von Margaretha Brandt wesentlich unterscheiden: Einfühlung gibt es für Täter, niemals für die Opfer.

Wer sich von seinem Opferdasein zu befreien versucht, wird verfolgt. Man denke an das Schicksal der Autorin Taslima Nasrin, die von islamischen Fundamentalisten mit dem Tode bedroht wird und fliehen musste. Aber auch in USA sieht es mit der Unabhängigkeit der Frau schlecht aus, wo Abtreibungsgegner Ärzte, die bereit sind, schwangeren Frauen in schwierigen Situationen zu helfen, mit dem Tod bedrohen.

Gretchen gestern und heute – sicherlich wäre ein Prozess wie den gegen Margaretha Brandt zur Zeit in Frankfurt nicht mehr möglich, aber die Folgen der Mischung aus Frauenverachtung einerseits und Angst vor der allmächtigen Frau andererseits, von der das Leben eines Mannes abhängig ist, lassen sich nach wie vor weltweit beobachten. Wo immer es möglich ist, versuchen Männer bis heute, Frauen in Abhängigkeit zu halten und sie zu unterdrücken. In manchen Kulturen ist, wie wir wissen, die patriarchalische Einstellung zur Frau, ihre rechtlose Lage aktueller denn je.

Goethe hat sich 1772 in den Prozess gegen Margaretha Brandt nicht eingemischt, von Empörung seinerseits ist nichts bekannt. Vielleicht hat er sich mit Hilfe der Figur des Gretchens, die trotz ihres tragischen Schicksals unantastbar in ihrer Unschuld und Güte bleibt – »das ewig Weibliche zieht uns hinan« –, von bedrückenden Gefühlen der Schuld befreien wollen. Aber wir sehen, die Zeiten haben sich nicht allzu sehr geändert, das Mittelalter und seine Vorurteile gibt es im Geist und in der Seele vieler Männer weiterhin auch bei uns.

II. GESCHLECHTER

Die Frau und die Macht
in einer neuen Gesellschaft

Kann es überhaupt eine »neue« Gesellschaft geben, ohne dass »Frau« mehr als bisher an Politik, Kultur, Öffentlichkeit und Berufsleben teilnimmt? Ich unterschätze gewiss nicht, was Frauen in den letzten Jahrzehnten an gesellschaftlicher Veränderung (und natürlich auch schon Jahrhunderte vorher) geleistet haben. Was sie getan haben, ist zweifellos von größerer Bedeutung, als manche es wahrhaben wollen. Aber es geht doch um Kontinuität. Wenn Frauen gesellschaftskritisch zu denken beginnen, wenn sie sich ihrer Geschichte bewusst werden, gegenwärtige und zukünftige Verhältnisse ändern wollen, beginnt für sie eine Arbeit an sich und an ihrer näheren und weiteren Umgebung, die ohne Ende, d. h. lebenslang währt.

Vielen Frauen ist mittlerweile auch klargeworden, dass sie, wenn sie wirklich an eine »neue« Gesellschaft glauben, die nicht mehr von den jahrtausendealten patriarchalischen Werten und Verhaltensweisen geprägt ist, selber Verantwortung, ja Macht übernehmen und Einfluss ausüben müssen. Gerade davor aber haben Frauen nach wie vor Angst. Macht an sich wird von den meisten Frauen verteufelt. Sie kann, ihrer Meinung nach, nur zu neuer Unterdrückung führen. Ist das wirklich so? Ohne Macht wird man nichts ändern können in dieser Welt, es geht doch darum, *was* man mit Einfluss oder Macht erreichen will, welche Ziele man wie verfolgt. Wenn Frauen ihre Angst vor der Macht schlechthin nicht überwinden, liegt es auch an ihnen, wenn die männliche Macht- und Prachtentfaltung mit ihren kriegerischen Exzessen weiterhin die Verhältnisse in der Welt bestimmt. Ist für Frauen die Macht kein Thema, werden auch die Geschichtsbücher bleiben, was sie bis heute sind: mehr oder weniger frauenlos.

Das Patriarchat, die Macht der Männer, gibt es seit Jahrtausenden. Dass ihm ein Matriarchat vorausging, ist wahrscheinlich, aber in welcher Form, konnte bisher nur ungenügend erforscht werden. Prähistorische Funde zeigen, dass Idole oft Frauen darstellen. Der Artemis-Kult in Ephesos (und an anderen Orten) mit den dort gefundenen Artemis-Statuen und Reliefs von Amazonen hat noch in den Zeiten von Paulus zu großen Auseinandersetzungen zwischen ihm und den Bewohnern von Ephesos geführt. Aber trotz dieses Kultes, trotz der weiblichen Götterbilder herrschten auch damals die Männer. Seit Entstehung der Schrift, seit Beginn einer historischen Überlieferung also, waren Frauen dem Patriarchat unterworfen, wenn es auch im Laufe der Jahrhunderte Unterschiede in der Machtverteilung der Geschlechter, der Erbfolge etc. gegeben hat. Die Vorherrschaft des Mannes wurde auf seine größere körperliche Kraft zurückgeführt. Mag dem so sein oder nicht, jedenfalls ist in unserer technisch-industriellen Welt die Macht von körperlicher Kraft unabhängig geworden. Warum ist es Frauen bisher dennoch nicht gelungen, die Herrschaft der Männer zu durchbrechen und die Macht mit ihnen zu teilen?

»Anstatt die Frauenfrage zu lösen, hat die männliche Gesellschaft ihr eigenes Prinzip so ausgedehnt, daß die Opfer die Frage gar nicht mehr zu fragen vermögen«[1]. Wer zu lange Opfer ist oder die Rolle des Opfers übernimmt, hört auf, sich vorzustellen, dass es etwas anderes als Machtlosigkeit für ihn oder sie geben kann. Es geht darum, sich zu weigern, Opfer zu sein, auch in der Selbstwahrnehmung. Hören wir also auf, Machtlosigkeit hinzunehmen und sie mit Schuldlosigkeit gleichzusetzen. Das Bedürfnis nach »Unschuld« und der Ruf nach dem »Schuldigen« fixiert Frauen an die Opferrolle, die unweigerlich infantilisiert, eine Rolle, die dann besonders peinlich ist, wenn sie von Frauen quasi »zelebriert« wird.

Wofür die Frauenbewegung seit ihrer Existenz kämpft, ist bekanntlich unterschiedlich. Einigen konnten sich im Laufe der beiden letzten Jahrhunderte die meisten der um ihre Freiheit ringenden Frauen darüber, sich für gleiche Bildungsmöglichkeiten, für politische und rechtliche Gleichstellung der Geschlechter sowie für gleichen Lohn bei gleicher Arbeit einzusetzen. Wenn es aber um ihre Rolle in der Gesellschaft oder um das »Wesen der Frau«, um »Weiblichkeit« geht, neigen Frauen bis heute dazu, sich den Werten der Männer und deren Weiblichkeits- und Männlichkeitsvorstellungen anzupassen.

Unsere mühsam errungene »Demokratie« blieb deswegen über lange Zeit eine Demokratie der Männer und ist es noch heute weitgehend. Zwischen Männern besteht – trotz aller Rivalitätskämpfe – offenbar eine starke homoerotische Bindung, die den Frauen fehlt. Macht und Erfolg machten erotisch, so heißt es im Volksmund. Ohne gemeinsamen Kampf um gesellschaftliche Macht gibt es offenbar wenig erotische Ausstrahlung, was auch heißt, wenig kraft- und lustvolle Bindung der Frauen untereinander.

Erst nach dem verlorenen Ersten Weltkrieg, der Niederlage einer ungebrochen hierarchisch geordneten Männerherrschaft, erhielten die deutschen Frauen das Wahlrecht. In Frankreich bekamen sie es 1944, zu einer Zeit, als auch dort die Niederlage einer Männergesellschaft unübersehbar geworden war. In der Schweiz, wo die Männer nie einen Krieg verloren haben, wurde das Frauenwahlrecht erst 1971 eingeführt, einige Kantone blieben noch bis vor kurzem davon ausgeschlossen.

Zur Unfähigkeit, die Frauenfrage zu lösen, trägt die Tradierung alter Vorurteile, die schon in der Kindheit verinnerlicht wurden, Grundsätzliches bei. Eine Erziehung, geprägt von gesellschaftlichen Vorstellungen über quasi angeborene »männliche« und »weibliche« Eigenschaften, produziert das geschlechtsspezifische Rollenverhalten und die bewussten bzw. unbewussten Methoden einer gesellschaftlichen »Arbeitsteilung« zwischen den Geschlechtern. Um sich zu befreien, geht es für Frauen deshalb darum, sich von tradierten Rollenvorstellungen und einer eingefahrenen Arbeitsteilung zu lösen. Mit der Übernahme der Opferrolle machen sie sich selber vor, für immer machtlos und für immer unschuldig zu sein.

Die neue Frau

Ich stelle einige Punkte zusammen, um anschaulich zu machen, was das ist: die neue Frau.

1. Eine selbständige, meist berufstätige Frau, die ihren Selbstwert nicht mehr von der Bestätigung durch den Mann und durch die von Männern vertretene Gesellschaft abhängig macht.

2. Eine Frau, die aufhört, ihre Weiblichkeit ausschließlich durch die Rolle der Ehefrau und Mutter bestimmen zu lassen.

3. Eine Frau, die sich zu den seit Jahrhunderten von Män-

nern gemachten gesellschaftlichen und familiären Werten kritisch verhält, also auch zu dem, was bisher unter »männlich« und unter »weiblich« verstanden wurde.

4. Diese neue Frau existiert, auch wenn das nach wie vor bestehende Patriarchat ihr Bestehen zu leugnen versucht.

Die Kritik an bisherigen Frauen- und Männerbildern macht sich in breiten Schichten der weiblichen Bevölkerung bemerkbar. Verhaltensweisen, Leitbilder und Lebensziele vieler Frauen haben sich geändert, wie das auch bei dem Streik der Frauen, der vor einiger Zeit in der Schweiz stattfand, deutlich sichtbar wurde. Auch eine nicht unbedeutende Zahl intelligenter Männer hat die Kritik der Frauen als berechtigt erkannt und sie sich zu eigen gemacht.

Was sind männliche, was weibliche Werte? Unter männlichen Werten verstand man bisher: Gefühlsabwehr, Durchsetzungsfähigkeit, Härte, Erfolg, Leistung, rigide Ordnung und Gesetzestreue, hierarchisches und »rationales« Denken, starkes Selbstwertgefühl und Chauvinismus. Von Frauen hingegen forderte man: Gefühle, Aufopferungs- und Hingabefähigkeit, Mütterlichkeit, vor allem Liebe für die Schwachen dieser Welt – die armen Ehemänner einbezogen –, aber nicht für Minderheiten, die gesellschaftlich abgelehnt werden oder Sündenbockfunktion haben. Zur begehrten Weiblichkeit, gesehen mit den Augen der Männer, gehört auch die Anpassung an bestehende Rollenbilder, Schönheit, »weibliche Attraktivität«, da diese ja den narzisstischen und beruflichen Wert des jeweiligen Gatten oder Geliebten steigert.

Machen wir uns nun klar, wozu diese Einteilung in »männliche« und »weibliche« Werte geführt hat. In der Familie kam es zur tyrannischen Infantilisierung vieler Männer und zu einer Vorwurfshaltung vieler Frauen, die mit Aufopferungssucht verbunden ist. Die Gesellschaft wurde von

Männern, d. h. von »männlichen Werten« beherrscht, die Meinung der Frauen war so gut wie gar nicht gefragt. Entsprechend entstand eine Hierarchie der Überordnung und Unterordnung, der eine Verschiebung von Aggressionen auf Minderheiten oder »Feinde« korrespondiert, d. h. hin zu paranoiden Projektionen in Feindbildern, die als wesentliche Grundlage für die Entstehung von kriegerischen Konflikten angesehen werden müssen.

Die Angst der Frau vor Liebesverlust

Rationalität und Erfolg um ihrer selbst willen führten zu einem Fortschrittsdenken. Ihre Folge waren und sind Kernkraftwerke, atomare Waffen und Umweltzerstörung. Diese »Werte« unterstützen das narzisstische Männlichkeitsgehabe, hinter dem die Impotenzangst des Mannes lauert und ihn deshalb in besonderem Ausmaß von der Bewunderung durch Frauen abhängig macht. Gleichzeitig legt der durchschnittliche Mann weit größeren Wert auf die Anerkennung und das Urteil in der ihn umgebenden Männerwelt, da diese in seinen Augen ja sowieso weit oberhalb der der Frauen rangiert. Bleibt dem Mann aber die Bewunderung der Frauen versagt, wird er leicht gewalttätig oder zu einem aggressiven Frauenverächter.

Frauen, wenn sie sich aus der Gesellschaft heraushalten lassen, neigen dazu, sich unkritisch mit den Idealisierungen durch die Männer zu identifizieren, die eindeutigen Zwecken dienen. Indem sie deren Idealisierung ihrer Mütterlichkeit und Aufopferung für die Familie teilen, tragen sie zur Verewigung der gesellschaftlichen Macht der Männer bei, d. h. zu deren destruktiver Politik und deren »wertfreier«

Wissenschaft, aber nicht nur das, sie tragen auch zu ihrer eigenen kontinuierlichen Entwertung als Frau bei.

Die von Männern – auch von Frauen – so viel gerühmte weibliche Friedfertigkeit und Mütterlichkeit, die es in dieser Unkompliziertheit natürlich sowieso nicht gibt, ist nun einmal kein Allheilmittel gegen männliche Gewalt oder gegen männliche Selbstidealisierung. Sie fördert nicht nur die männliche Selbstverborgenheit, sondern auch diejenige der Frauen. Wie schwer es aber ist, sich dem Trend einer Gesellschaft und deren von uns verinnerlichten Werten zu widersetzen, darüber sollte man sich als Frau keinen Illusionen hingeben. Denn Frauen, die sich offen um Einfluss, Verantwortung und Macht, um eine neue Definition von Weiblichkeit oder von männlichen und weiblichen »Tugenden« bemühen – sei es im Beruf, in der Politik, in der Familie oder zwischen den Geschlechtern –, leben gefährlich. Sie werden nicht nur von Männern, sondern oft auch von ihresgleichen abgelehnt und verfolgt. Leicht wird es Frauen gewiss nicht gemacht, aus dem ihnen aufgezwungenen, aber auch von ihnen selber verinnerlichten Opferdasein auszusteigen.

Im Patriarchat ist die Frau ein Mangelwesen, kein dem Mann entsprechender vollwertiger Mensch. Psychoanalytisch wird sie durch den Nicht-Besitz des Phallus definiert und ihre Kreativität auf Biologie reduziert. Aber berechtigter noch als der institutionalisierten Psychoanalyse kann man der Aufklärung diesseits und jenseits der Entdeckung des Unbewussten vorwerfen, dass sie fast ausschließlich eine Sache von Männern war. Ein Frauenzimmer sei weder fähig noch berechtigt, »Bürger oder Gesetzgeber« zu heißen, befand schon Immanuel Kant kategorisch. Die bürgerliche Gesellschaft war ein durch und durch männliches Gebilde:

Freiheit, Gleichheit, *Brüderlichkeit* hieß es. Wer versuchte, entsprechende Rechte für Frauen durchzusetzen, endete, wie an manchen Beispielen von Frauenschicksalen in der Französischen Revolution leicht darzustellen ist, auf dem Schafott. Aufklärung von Frauen, aktive Teilnahme an Politik und Geschichte machen sie nur »männlich« oder zu einer Art Megäre, heißt es dann. »Da werden Weiber zu Hyänen und treiben mit Entsetzen Scherz; noch zuckend, mit des Panthers Zähnen zerreißen sie des Feindes Herz«, so schrieb Schiller in seinem *Lied an die Glocke* über Frauen, die an der Französischen Revolution teilnahmen.

An Unterdrückung haben sich allzu viele Frauen gewöhnt, an »Liebesverlust« nur wenige. Von Frauen wird zudem gern behauptet, sie seien nur scheinbar die Unterdrückten, faktisch aber die Beherrschenden. »Die Frau ist der Hals des Mannes«, lautet ein bekanntes Sprichwort. Von ihr hänge es ab, wem oder was er sich zuwendet. Sie solle zumindest nach außen hin vom Mann abhängig bleiben, dann hätte sie immer noch genügend Macht, ihn indirekt zu beherrschen, eine Macht, die sich verbergen ließe und deshalb von der Gesellschaft anerkannt würde. Sie wird also einerseits zum Intrigieren aufgefordert, andererseits wird ihr gerade dieses vorgehalten und trägt zu dem Vorurteil einer charakterlichen Minderwertigkeit der Frau bei.

Konflikte auszutragen, sich offen zu behaupten heißt aber mit Liebesverlust rechnen zu müssen. Wenn Frauen dem Druck bürgerlicher Wertvorstellungen aus Angst vor Liebesverlust nachgeben, erleben wir ihre Rückkehr zu alten, ihnen von jeher aufgezwungenen Verhaltensmustern, wie dem der Wendung von Aggression gegen sich selber, der Neigung zu intrigieren oder zu masochistischen Klagen über ihre Ausbeutung.

Wie entsteht ein solcher Teufelskreis, und wie lässt er sich durchbrechen? Beide Geschlechter pflegen bei unserer Art der einseitigen mütterlichen Fürsorge in den ersten Lebensjahren mit der Mutter identifiziert zu sein. Die ursprüngliche Identifikation mit den mütterlichen Funktionen wird beim Mann frühzeitig unterbrochen, da von ihm, wie ich schon erwähnte, Durchsetzungsfähigkeit und Gefühlsunterdrückung verlangt werden. Bewusst oder unbewusst identifiziert sich aber auch die Mutter in unserer Gesellschaft mit diesen »Werten« und trägt dadurch das ihre zur typisch männlichen Entwicklung bei. Einerseits überlässt sie dem Mann die gesellschaftlichen Machtpositionen, andererseits erlaubt sie ihm innerhalb der Familie Regressionen auf kindlich-egoistische Bedürfnisse; sie ist die Mutter für alle – Kind wie Mann –, verachtet den Mann aber gleichzeitig für seine kindliche Tyrannei und klagt ihn deswegen an.

Zusammenfassend kann man also sagen, eine von tradierten Wertvorstellungen geleitete Erziehung produziert weibliches und männliches Rollenverhalten, familiäre und gesellschaftliche Arbeitsteilung und damit verbunden den geschlechtsspezifischen Umgang mit Macht. Die den Frauen durch ihre Erziehung nahegelegten Werte der »Weiblichkeit« haben aber natürlich auch ihre Vorzüge, denn Frauen lernen durch deren Verinnerlichung differenzierter mit ihren Gefühlen umzugehen. Der Kontakt zu ihrer Gefühlswelt ist gewöhnlich ungestörter als beim Mann. Sie können sich daher leichter als der Mann in andere Menschen einfühlen und den anderen als anderen wahrnehmen. Wenn sich solche Fähigkeiten mit Wahrheitsliebe und Durchsetzungsvermögen verbinden, lernen Frauen, Macht einsichtiger und menschenfreundlicher auszuüben, als es in der Männerwelt bisher fertiggebracht wurde. In der vom Männerwahn, von Paranoia und absoluter Verlogenheit besessenen Nazizeit war es die Neigung – der Männer wie Frauen verfielen –, sich unkritisch falschen Vorbildern, Männlichkeits- und Weiblichkeitswerten und Herrenrassenidealen hinzugeben, die zur Katastrophe führte und den Zusammenbruch einer humanen Orientierung einleitete.

Wer als Frau Einfluss gewinnen, wer unerträgliche gesellschaftliche Verhältnisse verändern will, muss also lernen, konfliktfähig zu werden, Macht und Verantwortung zu übernehmen. Solidarität unter Frauen ist gut, aber Solidaritätszwänge führen zu Konfliktscheu. Wie falsche von richtiger Solidarität, so müssen auch falsche von angemessenen Schuldgefühlen unterschieden werden. Der kritische Umgang mit uns selbst, unseren Gefühlen, unseren Traditionen, Werten und Erziehungsmustern ermöglicht es uns auch, dumpfen und projektiven von manchmal hellsichtig machendem Hass zu unterscheiden, d. h. zu erkennen, welche Gefühle wann berechtigt sind und welche Werte und Ideale Menschlichkeit unterstützen, statt letztlich in Dummheit, Engstirnigkeit und Unmenschlichkeit abzugleiten.

Weiblichkeit und Männlichkeit

Um ihre Macht zu erhalten, müssen die Unterdrücker die von ihnen Unterdrückten bekanntlich in Unwissenheit halten und vor ihnen die Zusammenhänge der jeweiligen Machtverhältnisse verbergen. Denk- und Lustverbote pflegen miteinander verbunden zu sein. Deshalb wurde Frauen über lange Zeit nicht nur der Verstand, sondern auch eine eigenständige Sexualität abgesprochen. Deshalb haben auch Frauen bis heute

Angst vor der Lust, sei es vor der Lust an der Sexualität, vor der Lust am Denken oder vor der Lust an der Macht. In diese Kategorie männlicher Unterdrückung gehört auch die Behauptung: »Frauen sind die besseren Menschen«. Hier wird mit Hilfe ihrer Überhöhung versucht, den Frauen die Teilnahme an allem, was Lust macht, vor allem aber die an der Macht zu verwehren.

Wenn sich beide Eltern an der Versorgung der Kinder beteiligen, wenn Kinder beiderlei Geschlechts ohne geschlechtsspezifische Vorurteile über typisch »weibliches« und »männliches« Verhalten erzogen werden, wird es eher möglich, dass Macht sich auf beide Geschlechter gleichmäßig verteilt. Ich weiß natürlich, dass sich familiäre Verhältnisse so einfach nicht in gesellschaftliche umsetzen lassen und dass nicht alle späteren Entwicklungen auf die Kindheit zurückzuführen sind. Die Gesellschaft ist kein Abklatsch der Familie, und wir sind nicht quasi schicksalhaft lebenslängliche Gefangene unserer Kindheit. »Das Unbewusste (bildet) sich immer neu; es gleicht einem Kontinent, der in ständiger Veränderung begriffen ist«[2], darin stimme ich mit Mario Erdheim überein. Die Erziehung der Frau zur Fähigkeit, Freude und Lust auch an gesellschaftlichem Einfluss zu entwickeln, ihre Weigerung, die jahrhundertealte Opferrolle zu übernehmen, kann den Umgang der Geschlechter jedoch um vieles aufrichtiger gestalten.

Wenn also beide Eltern gemeinsam die Fürsorge für ihre Kinder übernehmen, verliert die Mutter die absolute Macht, die sie natürlich nur in den Augen des Kindes besitzt und die ihr so viel Hass und falsche Idealisierung einbringt. Der Vater rückt den Kindern näher, die Abhängigkeit von der Mutter wird halbiert und damit auch der aus zu großer Abhängigkeit und entsprechender Enttäuschung stammende Hass ihr gegenüber, die unterdrückte Wut des nie voll befriedigten Kindes.

Tatsache bleibt, dass eine Frau, die Einfluss darauf zu gewinnen versucht, dass verhärtete Gesellschaftsstrukturen aufbrechen, damit rechnen muss, auch von der Frauenbewegung abgelehnt zu werden. Sie identifiziere sich mit männlichen Verhaltensweisen und erweise damit den Frauen keinen Dienst, so heißt es oft. Gesellt sich zu dieser Ablehnung noch eine falsche, oft von Neid diktierte Gleichheitsideologie hinzu, aufgrund deren eine Frau als unsolidarisch etikettiert wird, wenn sie auf diesem oder jenem Gebiet überdurchschnittliche Fähigkeiten oder ein besonderes Durchsetzungsvermögen entwickelt, werden Frauen auch durch ihresgleichen dazu gezwungen, ihre Fähigkeiten und ihren Verstand zu unterdrücken und ihre Aggressionen womöglich nur untereinander auszuleben.

Lernen mit Hilfe von Identifikationen, d. h. mit Hilfe von Menschen, die man achtet und die neues Wissen und neue Verhaltensweisen anbieten, prägt sich auf besonders lebendige Weise ein. Neid verhindert diese Art des Lernens. Dabei ist klar, dass man auch mit zunehmendem Alter auf das lustvolle Lernen durch Vorbilder nie ganz, aber doch zunehmend verzichten kann. Erwachsen-Werden, was immer das heißt, ist nicht selten damit verbunden, selber zum »Vorbild« zu werden oder gar werden zu wollen. Das wiederum erregt den Neid und die Rivalität anderer und fördert die narzisstische Rigidität der nach Vorbildhaftigkeit trachtenden Personen. Damit ist eine Art von Machtausübung und Machtlust verbunden, die deswegen so ungute Folgen hat, weil sie dem eigenen Narzissmus, der eigenen Eitelkeit dient und mehr oder weniger unbewusst oder auch bewusstlos ausgeübt wird.

Diesem Bedürfnis nach Vorbildhaftigkeit verfallen in unserer Gesellschaft Männer eher als Frauen. Indem sie es genießen, sich auf einen Sockel stellen zu lassen, verkümmern solche Fähigkeiten wie Humor und Selbstkritik. Geistig und psychisch beweglich bleiben doch nur Menschen, die sich die Lust am Lernen und an neuen Erkenntnissen, auch über sich selber, lebenslang zu erhalten vermögen.

Aber immer wieder müssen wir uns die Frage stellen, was das eigentlich heißt, »weiblich« oder »männlich« zu sein. Warum eigentlich kann es nicht Verhaltensweisen geben, die bisher Männern zugesprochen und nur ihnen erlaubt waren, die sich – von Frauen übernommen – auch günstig auf deren Kreativität auswirken können? Es ist klar, dasselbe muss umgekehrt auch für Männer gelten. Die Vielfalt menschlicher Verhaltensweisen sollte nicht unterdrückt, sondern wahrgenommen und gefördert werden.

Dass Frauen auch männliche Eigenschaften übernehmen könnten, ohne deshalb ihre »Weiblichkeit« zu verlieren, ist in letzter Zeit häufig diskutiert worden. Die männlich-weibliche Mischung, die Androgynie, ist – so steht es im Brockhaus – eine Scheinzwittrigkeit des genotypischen Mannes, bei dem typisch weibliche Geschlechtsmerkmale auftreten. Dem entspricht bei der Frau Gynandrie, d. h., sie ist genotypisch weiblich, weist aber männliche Geschlechtsmerkmale auf.

Im Mythos vom androgynen Menschen bei Platon ist mit »Androgynie« die Utopie eines dritten Geschlechts, eines »vollständigen« Menschen gemeint, der »Männlichkeit« und »Weiblichkeit« in sich vereint. Man kann darüber spekulieren, ob sich nicht hinter der Begriffswahl »androgyn« der Glaube verbirgt, dass der Mann feminine Eigenschaften braucht, um »Vollständigkeit« zu erreichen, was für die

Frau als nicht wünschbar gilt. Denn mit ihrer Übernahme von Eigenschaften und Verhaltensweisen, die im Gegenteil als männlich gelten, wurde sie bisher in der Gesellschaft nur als Mannweib abgelehnt und in der Psychoanalyse als »phallische Frau« beschimpft. Dabei ist klar, dass die mit »männlich« und »weiblich« verbundenen Vorstellungen wolkig bleiben sowie zeitlich und kulturell bedingt sind. Dies aber wollen manche Wissenschaftler nach wie vor nicht wahrhaben.

Unter männlichem und weiblichem, unter mütterlichem und väterlichem Prinzip verstehen Anthropologen und Psychoanalytiker immer noch menschliche Konstanten, die von gesellschaftlichen Einflüssen unabhängig sind. Die beiden psychischen Konfigurationen sind für sie weitgehend angeboren und bei beiden Geschlechtern in einem unterschiedlichen Mischungsverhältnis anzutreffen.

Es geht für den Mann nach wie vor darum, seine Herrschaft über die Frau aufrechtzuerhalten, um seine Angst vor der Regression in frühkindliche Abhängigkeit von der als allmächtig erlebten Mutter abzuwehren, aber eben nicht nur seine Angst, sondern auch seine Sehnsucht nach der frühen Symbiose. Vielleicht wurde, um diese Ängste abzuwehren, die von Männern erdachte Phantasie einer menschlichen Vollkommenheit als Androgynie bezeichnet, d. h. als ein im Ursprung männliches Wesen, das endgültig von Frauen unabhängig wird, indem es sich deren Weiblichkeit aneignet.

Auch das Problem, was »männlich« und was »weiblich« in der therapeutischen Technik und der Theorie der Psychoanalyse ist, scheint mir so leicht nicht lösbar zu sein. Ist die Psychoanalyse im Grunde eine von »weiblichen Fähigkeiten« (Empathie, passives Zuhören, Zugang zu Gefüh-

106

len und Phantasien) getragene Wissenschaft? Freud griff die weibliche Fähigkeit, den Bewegungen des Unbewussten, der Gefühls- und Phantasiewelt folgen zu können, begierig auf und fand mit deren Hilfe den Schlüssel zum Reich der Sprache des Begehrens oder auch, wenn man so will, zum Reich der Mütter.

Freud entdeckte während seiner Selbstanalyse seine genital-sexuellen Wünsche für die Mutter. Das Weib in ihm – seine Verinnerlichung »weiblicher Funktionen« – wurde von ihm weitgehend abgewehrt. Sein berühmter Kollege und langjähriger Vertrauter Sándor Ferenczi dagegen hatte, so möchte ich annehmen, Zugang zu seinen verinnerlichten »mütterlichen« Funktionen und versuchte, sie an seine Patienten weiterzugeben, um ihre Leiden zu mildern. Mit Ferenczis »weiblicher« Technik, die körperliche Zärtlichkeit nicht ausschloss, konnte sich Freud nicht anfreunden. Ferenczi selber wusste durchaus, welche Schwierigkeiten in der Therapie entstehen können, wenn die »Sprache der Zärtlichkeit« mit der »Sprache der Leidenschaft« verwechselt wird. Aber es kam zu keiner wirklichen Auseinandersetzung hierüber zwischen ihm und Freud. Ihre beiden unterschiedlichen Erkenntniswege ließen sich nicht miteinander versöhnen, sodass der tragische Bruch der Beziehung zwischen zwei genialen, zutiefst miteinander verbundenen Männern sich nicht vermeiden ließ.

Solche Brüche und Spaltungen innerhalb der Psychoanalyse leiten sich offenbar von einer unterschiedlichen Verarbeitung von Weiblichkeit im männlichen wie im weiblichen Psychoanalytiker her. Psychoanalytiker und Psychoanalytikerinnen haben deswegen, so scheint mir, in den letzten Jahrzehnten mehr über den Umgang mit weiblich-mütterlichen Anteilen im männlichen und weiblichen Analytiker nachgedacht als über beider »männliche« Anteile, die für Frauen nach wie vor als ablehnenswert oder neurotisch angesehen werden.

Aber nicht nur Männer, auch Frauen haben es schwer, mit der »Mutter in ihnen« integrierend umzugehen. Das innere Bild einer alles beherrschenden Mutter wird von ihnen nach außen auf die real existierende Mutter projiziert. Der Hass auf sie oder doch das Gefühl einer übermäßigen Abhängigkeit von ihr setzt sich von einer Generation zur anderen fort. Dieser unbearbeitete Mutterhass ist mitverantwortlich dafür, dass Frauen – oft unbewusst – Macht, Verantwortung, Einfluss ablehnen, weil sie fürchten, so zu werden, wie sie ihre Mutter in ihrer Phantasie erlebt haben.

Weiblich ausgeübte Macht und Zukunft

Die Sehnsucht nach der frühen Mutter-Kind-Symbiose kann jedoch auch bestehen bleiben, sodass die gegenseitige Verschmelzung als Liebeserfüllung angesehen wird, wie das in Teilen der Frauenbewegung manchmal der Fall ist. In der Idealisierung von Harmonie um jeden Preis, von masochistischer Lust oder der mütterlichen Opferrolle muss eine Rückkehr zu frühkindlicher Abhängigkeit und eine Entmündigung der erwachsenen Frau gesehen werden, so dass die Befreiung der Frau in Gefahr gerät, erneut unterzugehen. Der Kampf um die innere und äußere Emanzipation, der Kampf um eine neue Gesellschaft ist engstens mit der sich entwickelnden Fähigkeit der Frau zu Selbständigkeit, zu Entscheidungs- und Konfliktfähigkeit, zu Humor, Selbst- und Fremdkritik, zu Friedlosigkeit und, last not least, zur lustvollen Übernahme von Macht, Einfluss und Verantwortung verbunden, also mit

Eigenschaften, die bisher vielfach als »männlich« angesehen wurden.

Eine ganz andere Gefahr liegt in der Neigung mancher Frauen, sich als Teil des karrierebewussten Mannes zu erleben und dadurch seine Gefühlsabwehr, seine Macht und Größenphantasien, die sich mit Verfolgungsängsten und Sündenbocksuche paaren, zu zementieren. Wer die Macht hat, stellt sich nicht gern in Frage, wer sie aber als Frau zu erobern versucht, pflegt sich übermäßig in Frage zu stellen und verliert dadurch die realen Verhältnisse aus den Augen. Eine Frau kann daher gar nicht kritisch genug ihre sozialen Rollen und eigenen psychischen Reaktionen überdenken und sich fragen, ob ihre Angst vor eigener öffentlicher Macht und Einflussnahme berechtigt ist oder nicht. Dann widersteht sie auch der Neigung, sich als Teil des Mannes zu erleben.

Die Psychoanalyse hat dazu beigetragen, dass Erinnerungen, verdrängte Motive und Konflikte dem Bewusstsein der Menschen wieder zugänglich gemacht werden können. Sie hat hierdurch auch Frauen geholfen, sich ihrer Geschichte zuzuwenden und sich diese zu eigen zu machen, sie hat ihnen geholfen, Vergangenheit mit Hilfe der Erinnerung abzuschließen und in der Gegenwart zu leben. Faktisch sind sich Frauen zunehmend darüber im Klaren, dass sie mit der Wendung der Aggression gegen sich selbst und der daraus resultierenden Manipulierbarkeit durch Schuldgefühle nicht nur sich selbst schädigen, sondern hierdurch auch den verhängnisvollen Kreislauf von männlichem Aggressions- und Selbstidealisierungsverhalten aufrechterhalten. Das eine bedingt das andere. Da der Mann aus seiner Aggression offensichtlich tiefe narzisstische Befriedigung und Gratifikation durch Macht und Einfluss zu ziehen vermag und sich nicht ändern kann, vielleicht auch nicht will, haben Frauen begonnen, dieses seit alters her eingeschliffene Zusammenspiel von männlicher Macht- und Zerstörungslust und weiblicher Unterwerfungs- und Opferfreude zu durchkreuzen. Der in Jahrhunderten trotz aufgezwungener und schließlich verinnerlichter Unterwerfungslust und Resignation geschärfte Sinn der Frauen für Unterdrückung in jeder Form kann von ihnen positiv eingesetzt werden. Je mehr Frauen sich ihrer Unterdrückung bewusst sind und aufhören, sie unbewusst zu genießen, umso eher gelingt es ihnen, die von Männer »gepachteten« Machtpositionen zu erringen, um ihre vernünftigere, einfühlungsfähigere und objektbezogenere Einstellung zu vielen Fragen der Lebensgestaltung und der Politik zur Geltung zu bringen.

Es ist also höchste Zeit, dass Frauen ihre Angst vor Macht, Einfluss und Verantwortung überwinden, um sie anders, der Verinnerlichung einer ebenfalls jahrhundertealten Erziehung und moderner Nachdenklichkeit gemäß, d. h. weniger projektiv, aber dafür einfühlungsfähiger, kritischer und objektbezogener einzusetzen, als es in der jahrtausendealten Männergeschichte bisher der Fall war.

Gibt es sie also die »neue Frau« und damit auch die »neue« Gesellschaft? Solche Fragen sind nicht leicht zu beantworten, die damit verbundenen Überlegungen werden immer nur unvollständig sein. Ich fasse zusammen: Frauen zu Retterinnen zu machen dient nur ihrer Idealisierung und ihrer Entfernung aus der Wirklichkeit unseres Lebens. Auch wenn Frauen weniger zu Projektionen und Aggressionsverschiebungen neigen als Männer, so unterstützen sie doch, wenn sie eine unkritische Haltung zu deren Wertewelt und deren mit Gewalttätigkeit verbundener Feindsuche einnehmen, das männlich-narzisstische Imponier- und Selbstdarstellungsge-

110

habe. Versagen Frauen sich aber die Bewunderung durch die Männer und kämpfen sie für Gleichberechtigung, ziehen sie sich in kürzester Zeit die Aggressionen der gekränkten, auch verängstigten Männer zu und werden in deren Sündenbock- und Feindregister einbezogen.

Dennoch kann man beobachten, dass immer mehr Frauen es wagen, sich von der traditionellen männlichen Werte- und Denkwelt zu lösen und der Gesellschaft andere Werte entgegenzustellen. Ist also die Zukunft weiblich? Wenn wir unter Weiblichkeit die Einfühlung in den Andersdenkenden verstehen und nicht seine Verteufelung, wenn wir hoffen können, dass »weibliches« Denken Sachzwänge, die unseren Globus zu zerstören drohen, als Rationalisierungen durchschaut und damit die Vernunft der Männer wachruft, wäre das durchaus denkbar. Wir dürfen nicht vergessen, dass Rassenhass und Frauenverachtung in der Geschichte Hand in Hand gehen. Sie sind die Grundlage jedes Männerwahns. Nachdenkliche Frauen können diesen Wahn durchbrechen. Denn nicht die sog. »friedfertige Frau« sorgt für Frieden und permanente Aufklärung, sondern nur diejenige, die sich die falschen Werte und Projektionen eigener Phantasien auf andere mit ihren schrecklichen Folgen bewusst macht.

Es geht also nicht um eine »Rettung« der Welt durch Frauen, sondern um einen sehr nüchternen und kritischen Umgang mit dem, was einer Frau tagtäglich in Familie, Gesellschaft und Politik an »Werten« und den damit verbundenen Verhaltensweisen, Vorurteilen und Lebenslügen begegnet. Um es zu wiederholen: Nicht »weibliche Friedfertigkeit« führt zu einer Änderung der bestehenden Verhältnisse, sondern mit Nachdenken und Lust verbundene weibliche Selbstbehauptung und weibliche Teilnahme an Macht und Verantwortung. Eine Streitkultur ist notwendig, wie überhaupt Kultur sehr viel mit der Fähigkeit zu lustbesetzten geistigen Auseinandersetzungen zu tun hat. Und Kulturfähigkeit, eine neue Gesellschaft also, kann es nur geben, wenn Frauen nicht weniger als der Mann an ihr teilnehmen, wenn die Hälfte des Himmels und der Erde der Frau gehört.

Theoretische Probleme der Geschlechtsidentität im Lichte klinischer Beobachtungen

Identität, d. h. das Sich-eins-Fühlen mit seinem Geschlecht, seiner Rolle, seinen Idealen, gilt, oft ohne genügend nach deren Herkunft gefragt zu haben, bei vielen PsychoanalytikerInnen als wünschenswertes therapeutisches Ziel. Theodor W. Adorno, der sicherlich die Psychoanalyse anders verstanden hat als der Durchschnitt der praktizierenden Psychoanalytiker, setzt sich in der *Negativen Dialektik* (1966) mit dem Begriff der Identität auseinander und gibt Anstöße, die Probleme auch des psychoanalytischen Verständnisses von Identität offenzulegen. Er schreibt: »Insgeheim ist Nichtidentität das Telos der Identifikation, das an ihr zu Rettende; der Fehler des traditionellen Denkens, daß es die Identität für sein Ziel hält. Die Kraft, die den Schein von Identität sprengt, ist die des Denkens selber: die Anwendung seines ›Das ist‹ erschüttert seine gleichwohl unabdingbare Form. Dialektisch ist Erkenntnis des Nicht-Identischen auch darin, daß gerade sie, mehr und anders als das Identitätsdenken, identifiziert. Sie will sagen, was etwas sei, während das Identitätsdenken sagt, worunter etwas fällt, wovon es Exemplar ist oder Repräsentant, was es also nicht selbst ist.« Weiter heißt es bei Adorno: »Identität ist die Urform von Ideologie ... Identität wird zur Instanz einer Anpassungslehre«.[1]

Auch bei dem, was als »psychoanalytische Identität« begriffen wird, handelt es sich nicht selten um Ideologie, d. h., sie ist einem Denkmuster unterworfen, das weniger erklärungsstiftenden als normensetzenden Charakter hat. Das Denkmuster legt fest, was richtig und was falsch sein soll. Nicht selten folgt daraus die Unfähigkeit, anderes und neues Denken wahrzunehmen oder sich mit dem »anderen«, dem »fremden« Denken einfühlend zu identifizieren. Eine Art »Charaktermaske« kann entstehen oder eine von Abwehr geprägte Persönlichkeitsstruktur, die dem »Nicht-Identischen« mit Vorurteilen oder Projektionen begegnet.

Identität als Begriff hat psychoanalytisch bisher keine scharfe Begrenzung erfahren. Sigmund Freud hat den Begriff in seinen Theorien nicht verwendet. Was Erik H. Erikson Identität nennt, ergibt sich aus den vielfältigen Identifikationen in Kindheit und Jugend. Ein Mann beispielsweise, der vorwiegend weiblich identifiziert ist, kann sich gemäß diesem Begriffsgebrauch Eriksons unter Umständen durchaus mit sich identisch fühlen.

Heutzutage wird von geschlechtsspezifischer Identität gesprochen. Sie entwickle sich ab dem Alter von etwa eineinhalb Jahren. Mit etwa drei Jahren fühlt sich ein Mädchen meist als Mädchen und ein Knabe als Knabe. Von persönlicher Identität wird gesprochen, wenn sich jemand mit sich selber eins fühlt, mit seinen Idealen und Zielen in Einklang lebt und sich als relativ eigenständig und unabhängig gegenüber den von außen kommenden Erwartungen empfindet. Von sozialer Identität spricht man unter Psychoanalytikern, wenn man sich in Einklang mit einer größeren – z. B. der Nation – oder kleineren Gruppe und deren »Weltanschauung« fühlt.

Die ersten Anhänger der Psychoanalyse erlebten Zusammengehörigkeit im Sinne einer sozialen »Identität« keineswegs als Folge einer unkritischen Verlagerung des Ich-Ideals nach außen, auf einen Führer, wie es Freud in »Massenpsychologie und Ich-Analyse«[2] beschrieben hat, sondern als Vorstoß zu neuen Möglichkeiten des Denkens und Wissens. Die gemeinsame weitere Erforschung dieses Neulands begeisterte sie. Erst als eine Art Gruppenidentität entstand, kam es zu Spaltungen, die vielerlei Ursachen hatten, aber auch auf die unkritisch idealisierende Dynamik dieser Gruppenbildung und ihres Pendants, der Verteufelung abweichend Denkender, zurückzuführen sind. Nicht selten wurde aus der Metapsychologie eine Metaphysik und die Psychoanalyse zu einer Art Religion verzerrt, der man glauben musste und deren Glaubenssätzen man nicht widersprechen durfte, ohne als Abtrünniger zu gelten. Psychoanalytische »Identität« wurde gefordert.[3] Man übersah, dass Freud die Metapsychologie – die psychoanalytische Theorie samt der Theorie der Technik im weitesten Sinne – dauernden Änderungen unterworfen hatte. Auf der Basis klinischer Erfahrungen und kreativer Erkenntnisse hat er Teile seines Theoriegebäudes immer wieder ergänzt, verändert und weiterentwickelt.

An der schon zu seinen Lebzeiten vielfach umstrittenen Theorie der Weiblichkeit, die sich am Entwicklungsgeschehen in der ödipalen Phase orientierte, hielt Freud gleichwohl fest. Er wehrte Kritiker wie Karen Horney und Ernest Jones ab, die der Ansicht waren, dass sich Weiblichkeit und Männlichkeit schon vor der phallischen Phase, also auch vor der ödipalen Krise entwickelt hätten und biologisch bestimmt seien. Sie sprachen von »natürlicher«, biologisch bestimmter Weiblichkeit. Allerdings ließ Freud sich durch Analytikerinnen (Helene Deutsch, Jeanne Lampl-de Groot u. a.) davon überzeugen, dass die präödipale Phase für die Entwicklung der Weiblichkeit eine grundlegende Rolle spielt: »Auch beim Weib muß die Mutter das erste Objekt sein. Die Urbedingungen der Objektwahl sind ja für alle Kinder gleich.«[4] »Die präödipale Phase des Weibes rückt hiemit zu einer Bedeutung auf, die wir ihr bisher nicht zugeschrieben haben.«[5] Geschlechtsidentität ist also ein schwieriger Begriff, der leicht zu Ideologie entarten und einen Anpassungszwang – auch durch destruktiv-aggressives Verhalten – auf uns ausüben kann.

Heute geht man davon aus, dass das Kind den genitalen Geschlechtsunterschied spätestens gegen Ende des zweiten Lebensjahrs entdeckt, also viel früher, als Freud annahm. Robert Stoller[6] und andere Forscher stellten fest, dass die geschlechtsspezifischen Verhaltensweisen von Mädchen wie Jungen davon abhängig sind, wie ihr Geschlecht bei der Geburt bestimmt wurde, auch wenn diese Bestimmung dem biologischen Geschlecht nicht entsprach. Unterschiede des weiblichen und männlichen Verhaltens können demnach nicht nur als Folge der Wahrnehmung des anatomischen Geschlechtsunterschieds durch das Kind erklärt werden. Erziehung und elterliche Einstellung beeinflussen das geschlechtsspezifische Verhalten und die geschlechtliche Selbstbestimmung des Kindes mehr, als man lange angenommen hat.

Psychische Ursprünge des biologischen Geschlechts

Die Psychoanalyse war die erste umfassende Persönlichkeitstheorie, die den Versuch enthielt, die psychischen Ursprünge des biologischen Geschlechts zu erforschen.[7] Nach Freud gab es bei beiden Geschlechtern eine Art »primärer« Männlichkeit. Mädchen wie Knabe würden sich bis zur Entdeckung des Geschlechtsunterschieds in der phallischen Entwicklungsphase als kleiner Mann fühlen. Die psychische

Verarbeitung des biologisch-anatomischen Geschlechtsunterschieds leitete die Weiblichkeitsentwicklung des kleinen Mädchens ein. Diese Position Freuds war es vor allem, der Horney[8] und Jones[9] widersprochen haben, indem sie auf die Bedeutung der präödipalen Phase für die Entwicklung der weiblichen Geschlechtsidentität hinwiesen, auch wenn sie dann in weit engeren biologischen Kategorien dachten als Freud. Freuds Theorie handelt von psychischer Verarbeitung konflikterzeugender geschlechtlicher Reifungsvorgänge. Für ihn war das Erkennen der Penislosigkeit durch das kleine Mädchen – »die Anatomie ist das Schicksal«[10] – die Ursache dafür, dass es sich psychisch als Frau entwickelt.

Heute ist man zunehmend der Ansicht, dass das psychische Geschlechtserlebnis das biologische Geschlecht beherrscht und nicht – wie bisher vielfach angenommen wurde – die Biologie die Psyche. Die Geschlechtsidentität geht mit geschlechtlicher Selbstbestimmung Hand in Hand. Die Objekt- und Identifikationswahl des Kindes orientiert sich dann auch weitgehend an der im Wege der geschlechtlichen Selbstbestimmung zustande gekommenen Geschlechtsidentität.

John Money und seine Mitarbeiter unterschieden schon 1955 in ihren Studien über Hermaphroditismus[11] zwischen biologischem und psychischem Geschlecht. Ihren Forschungen nach besteht der erste und entscheidende Schritt in der Entwicklung des Geschlechtsbewusstseins darin, dass sich das Kind in Übereinstimmung mit dem ihm angeborenen, aber auch durch Erziehung vermittelten Geschlecht selbst als weiblich oder männlich bezeichnet. Die Geschlechterdifferenzierung, die sich im Allgemeinen bereits im Alter von achtzehn Monaten gefestigt habe, sei im Alter von ungefähr viereinhalb Jahren abgeschlossen. Für Ethel Person und Lionel Ovesey, für die im Vordergrund steht, wie psychisches und biologisches Geschlecht in ihrer Entwicklung zueinander ins Verhältnis treten, gibt es zwar das Gefühl einer biologischen Zugehörigkeit zu einem der beiden Geschlechter. Letztlich entscheidend sei jedoch das psychische Selbstbild und die Selbsteinschätzung des Individuums in Bezug auf seine Geschlechtlichkeit.

Einige psychoanalytische Autoren heben hervor, dass kognitive Leistungen, d. h. Lernerfahrungen, zur Bildung der Geschlechtsidentität beitragen. Lernerfahrungen würden psychisch stärkeren Einfluss ausüben als die primären Identifikationen mit weiblichen Vorbildfiguren. Anders ließe sich nicht erklären, warum z. B. ein kleiner Junge, dessen primäre Identifikationen weiblich sind, sich dennoch mit drei Jahren eindeutig als Junge fühle. Dieser Effekt sei die Folge zahlreicher Handlungsanweisungen und Verhaltensmuster, mit denen ihm vermittelt werde, dass er als Junge angesehen wird.[12]

Diese Erklärung birgt meines Erachtens die Gefahr, komplizierte psychische Vorgänge zu vereinfachen. Die Verinnerlichung von Sicherheit gebenden Funktionen der Mutter wirken sich allgemein strukturbildend aus und nicht nur im geschlechtsbestimmenden Sinne. Es gehört offenbar zu den normalen Phantasien eines dreijährigen Knaben, wie die Mutter Kinder zu bekommen, ohne dass sein Gefühl, ein Junge zu sein, gestört ist. Zwischen Identifikationen mit den Funktionen und Eigenschaften der Mutter und denen mit ihrem Körperbild sollte daher sicherlich unterschieden werden.

Der Ödipuskomplex wird Freud zufolge durch die Kastrationsangst des Knaben gelöst, die Entwicklung zur Weiblichkeit durch die Entdeckung des Mädchens, dass es bereits kastriert sei. Was die typische Entwicklung in der Frühzeit beider Geschlechter betrifft, ergänzen oder widersprechen zahlreiche psychoanalytische Theorien einander und im Hinblick auf die Auffassungen Freuds. Man ist sich darin einig, dass sich die Geschlechtsidentität im Laufe des zweiten Lebensjahrs zu etablieren pflegt. Aber schon früher fließen Erwartungen von weiblichem bzw. männlichem Verhalten in die Art des Umgangs mit dem kleinen Kind ein und bestimmen dessen Identitätsgefühle. So neigen beide Geschlechter in den frühen Kindheitsphasen zu Gewalttätigkeit und Aggressionen sowie zu einer paranoiden Verschiebung eigener angsterregender Gefühle nach außen. Beim Mädchen aber werden diese triebhaften Ausbrüche und Verhaltensweisen mit zunehmendem Alter mehr unterdrückt als beim Knaben.

Der Junge macht wie das Mädchen die von Melanie Klein sogenannte projektiv-spaltende und depressive Phase durch, in der ein Mensch entsetzt erkennt, dass er zerstören kann, was er eigentlich liebt. Nach Klein ist die orale Phase, in die die paranoid-schizoide und die depressive Position fallen, eine »weibliche«, weil eine in sich hineinnehmende. Die nährende Brust steht im Mittelpunkt der Triebbedürfnisse beider Geschlechter. Die Frau bleibt nach Klein – der weiblichen Biologie und Anatomie entsprechend – eine Aufnehmende. Sie werde nicht zur Frau gemacht, sondern als Frau geboren. Sie weiß unbewusst schon immer um ihr weibliches Genital, ihr Kinderwunsch ist angeboren und bestimmt ihr Leben. Vor allem dieses Wunsches wegen neidet sie der Mutter (nicht dem Vater) den Penis, den diese – der Phantasie der Frau entsprechend – in ihrem Leib beherbergt und ihr vorenthält. In ihren von Neid und Enttäuschung beherrschten Phantasien dringt sie zerstörend in das Innere der Mutter ein, um ihr den Penis zu rauben. Sie leidet deswegen unter einer

Vergeltungsangst (die Mutter könne sich rächen), die das Pendant der Kastrationsangst des Knaben sei.

Der Knabe, obwohl in seinen ersten Triebbedürfnissen auch weiblich aufnehmend an die Brust der Mutter gebunden, ist nach Überwindung dieser Phase von seiner Biologie und Anatomie her triebhaft dazu bestimmt, ausstoßend, eindringend, beherrschend zu sein. Die Frau ist – so Klein – nicht wie bei Freud ein verkümmerter Mann, sondern von Anbeginn an ein vollständiges weibliches Wesen, zum Kinderkriegen und zu entsprechend fürsorglich-sozialem, in sich aufnehmendem Verhalten vorbestimmt. Kulturelle und gesellschaftliche Aufgaben seien dem Mann seiner Anlage entsprechend vorbehalten. An ihnen nimmt die Frau nur ihn bewundernd teil.

Berücksichtigt man gesellschaftliche Faktoren, insbesondere die Erziehung, die bestimmten kulturellen Werten und Rollenvorstellungen entspricht, gelangt man zu einer anderen Auffassung als Klein. Für beide Geschlechter ist bei unserer Art der ausschließlich mütterlichen Fürsorge während der ersten Lebensjahre die Mutter das Liebes- und Identifikationsobjekt. Dem Knaben aber wird die Identifikation mit ihr und ihren Funktionen frühzeitig untersagt. Bei ihm fördert die traditionelle Erziehung mit den ihr zugrundeliegenden männlichen »Werten« und deren psychischer Verarbeitung die primitive Neigung, das Böse nach außen zu projizieren, d. h., sie unterstützt die projektiv-schizoide Position, während das Mädchen durch Verinnerlichung seiner Aggressionen eher zu Depressionen neigt. Das Ergebnis ist natürlich individuell unterschiedlich, denn geschlechtsspezifisch gelehrte und gelernte Verhaltensweisen widersprechen nicht selten den tieferen psychischen Vorgängen und Gefühlen, die vor der Umwelt verborgen werden, weil man sich ihrer schämt.

Freud glaubte, dass die Reaktion auf die Entdeckung des Geschlechtsunterschieds nicht nur für die Entwicklung der weiblichen Sexualität entscheidend sei, sondern auch für die Entwicklung eines »schwachen« Über-Ichs und sogenannter weiblicher Eigenschaften, wie Passivität, Masochismus und Narzissmus. Die frühen, präödipalen Verinnerlichungen der mütterlichen Strukturen haben zu dieser Zeit beim Mädchen aber bereits dazu beigetragen, ein strukturierteres Selbstbild aufzubauen, als es dem Knaben vergönnt ist. Ihm wird in ganz anderer Weise als dem Mädchen von der Außenwelt und von der Mutter selbst die Disidentifizierung mit der Mutter und ihren Funktionen abverlangt. Die Fähigkeit, ein Gedächtnis für frühe Erlebnisse und Gefühle aufzubauen, ist beim Knaben durch den erzwungenen Identifikationsabbruch häufig verkümmert. Die evokative Möglichkeit des Gedächtnisses, Objekte, d. h. mitmenschliche Beziehungen und deren tröstende und angstmildernde Funktionen nach Bedarf vor seinem inneren Auge zu wecken, kann aus den genannten Gründen beim Mädchen – trotz aller späteren Störungen durch die Identifikation mit den selbstentwertenden Einstellungen der Mutter – ausgeprägter sein als beim Knaben. »Frauen« – so hat Judith Kestenberg beobachtet – »(sind) oft zärtlicher, einfühlsamer, hingabefähiger als Männer, sind behutsamer im Streben nach Liebe. Meist weniger aggressiv, verlieren sie, wenn sie böse werden, die Fassung, was ihr Handeln unberechenbar macht. Aggressionen kehren sie tendenziell gegen sich selbst. Im Gegensatz dazu lenken Männer ihre Aggressionen eher nach außen, während sie in der Liebe mehr auf sich selbst als auf die Geliebte bedacht sind.«[13]

Ich komme noch einmal auf die Theorien von Horney zurück. Bei der Auseinandersetzung zwischen ihr und Freud ging es vor allem darum, wie der Penisneid beurteilt werden müsse und ob Weiblichkeit in erster Linie eine Art verhinderter Männlichkeit darstelle oder ob sie etwas Ursprüngliches, Angeborenes sei, das der phallischen Phase weit vorausgeht. Horney meinte, dass die Häufigkeit von Vergewaltigungsphantasien und von Ängsten vor der Verletzung der Vagina ein Anzeichen dafür sei, dass das Mädchen sich seiner Vagina sehr früh bewusst sei, auch wenn es diese Wahrnehmung später häufig unterdrücke. Jones unterstützte ihre Position. Freud stritt sie ab. Er hielt die Klitoris für das wichtigste Sexualorgan des Mädchens und erklärte das Aufgeben der Klitoris zu einer Folge des Penisneids. Für Horney war Penisneid nicht der Grund für die Hinwendung des Mädchens zum Vater, sondern das Ergebnis einer defensiven Flucht vor libidinösen und ödipalen Wünschen. Wie Zenia Fliegel ausführt, wurden die gegensätzlichen Auffassungen unter PsychoanalytikerInnen, die in der Auseinandersetzung über die Ursprünge von Femininität zutage traten, niemals wirklich geklärt.[14]

Heute hält man sowohl die Ansichten von Horney und Jones als auch die von Freud für unbefriedigend. Sie messen der Wahrnehmung der Genitalien und genitalen Empfindungen zu große Bedeutung bei und setzen Geschlechtsidentität fast ausschließlich mit dem Körper-Ich gleich. Beobachtungen an blinden Kindern, an Knaben, die ohne Penis, und an Mädchen, die ohne Vagina geboren wurden, zeigen, dass die Geschlechtsidentität der Kinder sich entsprechend dem Geschlecht entwickelt, das ihnen bei der

Geburt zugesprochen wurde. Geschlechtsidentität kann demnach nicht allein auf das Körperbewusstsein bzw. die Wahrnehmung des Geschlechtsunterschieds zurückgeführt werden.

Stoller entwickelte eine dritte psychoanalytische Geschlechtertheorie. Nach ihm machen beide Geschlechter eine Phase der primären Weiblichkeit durch, die er Protofemininität nannte.[15] Er führt diese primäre Weiblichkeit auf die ursprüngliche Identifikation des Kindes mit seiner Mutter zurück. Die Entwicklung zur Männlichkeit sieht er als reaktiv an, denn mit ihr würde versucht, eine ursprünglich weibliche Identifikation zu überwinden. Stoller stützt seine Theorie auch auf Beobachtungen von Greenson, der in der Disidentifikation mit der Mutter der frühen Kindheit die Bedingung für Männlichkeit sah.[16] Stoller ist wie Horney und Jones der Auffassung, dass das Geschlechtsbewusstsein von grundlegender Bedeutung für das sich ausbildende Selbstbewusstsein ist. Er glaubt jedoch nicht, dass sich Maskulinität und Femininität parallel entwickeln. Für ihn ist nicht Maskulinität, sondern Femininität der für beide Geschlechter erste natürliche Zustand. Der primären Femininität schreibt er zu, für Mann wie Frau ein notwendiger Bestandteil der sich entwickelnden geschlechtsspezifischen Identität zu sein.

Die primäre Femininität stellt den Knaben vor ein besonderes Problem. Es müsse bei ihm zu einer Disidentifikation kommen, damit er eine eigene maskuline Identität entwickeln kann. Greenson hatte einen fünfeinhalb Jahre alten Knaben behandelt, den er für einen transsexuellen Transvestiten hielt, stellte aber fest, dass der Knabe den Wunsch, die Mutter zu besitzen, mit dem Wunsch verwechselte, die Mutter zu werden.[17] Der Knabe wollte sich mit Hilfe seiner weiblichen Identifikation die affektive Bindung an die Mutter erhalten. Greenson betrachtete das Interesse des Knaben an den Kleidern seiner Mutter als »Scheitern der Individuation und Schutz vor der Trennungsangst«. Beim Knaben könne eine Fortdauer der Identifikation mit der Mutter die Festigung der männlichen Geschlechteridentität verhindern, während sie beim Mädchen die Entwicklung der weiblichen Geschlechtsidentität erleichtere. Neid sei eine der Hauptantriebskräfte für den Wunsch des Mannes, eine Frau zu sein, »ein Neid, den alle Kinder schon früh in Bezug auf die Mutter empfinden«.[18]

Stoller nimmt also an, dass Protofemininität ein »normales« Entwicklungsstadium für beide Geschlechter sei. Viele Attribute der Männlichkeit, »wie die Neigung, stark und unabhängig, hart, grausam, polygam, frauenfeindlich und pervers zu sein«, könnten daher »eine Reaktion auf die männliche Furcht vor der regressiven Anziehungskraft darstellen, die die frühere symbiotische Verschmelzung mit der Mutter ausübt«.[19]

Kleeman, für den, wie schon erwähnt, erklärungsbedürftig ist, dass ein normaler drei Jahre alter Junge eindeutig ein Junge ist, obwohl doch seine Hauptbezugsperson weiblich war, erhebt einen grundlegenden Einwand. Er bezweifelt, dass in der symbiotischen Phase, in der es noch keine Unterscheidung zwischen Selbst und Objekt gibt, so etwas wie Identifikation überhaupt möglich ist und dass sie zu einem geschlechtsspezifischen Verhalten beim Kleinkind führen kann.[20]

Zu bedenken ist, dass es viermal so viele männliche Transsexuelle gibt wie weibliche. Transvestiten findet man nur unter Männern, und gegengeschlechtliche Störungen treten bei Männern häufiger und früher auf als bei Frauen. Es hat demnach erhebliche Konsequenzen für die Geschlechterentwicklung, ob die erste Bezugsperson des Kindes demselben Geschlecht angehört wie das Kind oder dem anderen Geschlecht.[21] Stoller meint diesbezüglich, dass die schwere Aufgabe der Disidentifikation mit der Mutter, die dem Mädchen erspart bleibt, den Knaben anfälliger für Störungen der Geschlechteridentität macht. Person und Ovesey hingegen sehen im Vorgang der Disidentifikation den Prozess der Verselbständigung und Individuation, einen Prozess, den beide Geschlechter durchlaufen müssen. Beide müssen sich demnach gegenüber der Mutter disidentifizieren, um ein eigenes Ich aufzubauen. Wenn jedoch, so Person, der Vorgang der Individuation im Sinne Margaret Mahlers gestört wird, haben die Manöver, die das Kind im innerseelischen Bereich zum Ausgleich vollführt, für Knaben und Mädchen unterschiedliche Konsequenzen. Bei beiden Geschlechtern kann die Störung der Individuationsphase zu einer Borderline-Symptomatik führen, beim Knaben können sich jedoch zusätzlich psychosexuelle Störungen entwickeln.

Stoller glaubt, dass Femininität beim Knaben und Transsexualität als ihre Extremform dann entstehen, wenn die Mutter die glückselige Phase der Symbiose mit ihrem Kind zu lange ausdehnt. Er sieht in der Femininität dieser Knaben das Ergebnis einer Prägung, der die empfängliche und widerstandslose Protopsyche und das noch unfertige Zentralnervensystem des Kindes unterworfen werden. Diese Knaben betrachten sich als weiblich, obwohl sie doch anatomisch Knaben sind. Das Verhalten der Femininität des Kindes, gleichviel ob Knabe oder Mädchen, wird jedoch erst im Alter von einem Jahr sichtbar. Die vorangegangene Phase wird für den Beobachter niemals manifest. Ob es eine protofeminine Phase bei beiden Geschlechtern gibt, bleibt daher unbeweisbar.

Nach Person und Ovesey bringt Stoller beobachtbares Verhalten und subjektive Identität durcheinander. Nun ist allerdings häufig zu beobachten, dass zwischen Eigenidentität und Verhalten eine Diskrepanz besteht; von femininem Verhalten kann nicht ohne weiteres auf feminine Identität geschlossen werden. Das Denkmodell der Individuation scheitert demnach seinerseits daran, dass in ihm nicht genügend zwischen der Entstehung femininen Verhaltens und der Entstehung einer femininen Identität unterschieden wird. Auch wenn die erste Bezugsperson des Kindes weiblich ist, sagt das biologische Geschlecht noch nichts darüber aus, von welchen femininen Eigenschaften die biopsychische Umgebung des Kindes bestimmt ist. Man sollte nie biologisches und psychisches Geschlecht verwechseln.

Anders als Stoller haben Ovesey und Person[22] die Hypothese aufgestellt, dass Femininität bei Transsexuellen auf Phantasien über die symbiotische Verschmelzung mit der Mutter zurückgeht, die als Schutz vor der Trennungsangst entwickelt werden. Sie haben außerdem nachgewiesen, dass die Geschlechterkern-Identität bei Transsexuellen ambivalent, also nicht eindeutig weiblich ist. Diese Ambivalenz müsse das Ergebnis eines Konflikts sein und lasse sich daher nicht auf einen konfliktfreien Ursprung der Femininität zurückführen, wie Stoller meine. Dieser Konflikt entsteht gewöhnlich während der Separations-Individuationsphase und hat Verzerrungen des Selbstbildes und Störungen der Objektbeziehungen zur Folge. Sowohl Mädchen als auch Knaben können, um die Trennungsangst zu überwinden, zu der Phantasie der Verschmelzung mit der Mutter Zuflucht nehmen, um eins mit ihr zu sein, sie zu besitzen und genau wie sie zu sein. Genauso wie bei Männern können sich auch bei Frauen symbiotische Phantasien entwickeln. Tatsächlich kommt es in der klinischen Praxis häufig vor, dass Patientinnen darüber klagen, sie redeten mit der Stimme ihrer Mutter oder verhielten sich wie ihre Mutter. Ein solches Verhalten, das im Allgemeinen unter dem Oberbegriff der negativen Identifikation zusammengefasst wird, ist für das Gefühl der Eigenständigkeit bedrohlich, aber ohne Bedeutung für die Geschlechteridentität, die bei Männern beeinträchtigt sein kann, aber nicht sein muss.

Zusammenfassung

Da die Ursprünge der Geschlechterdifferenzierung schon vor der phallischen Phase liegen, kann Freuds Geschlechtertheorie nicht uneingeschränkt zutreffen. Für Freud ist Maskulinität der natürliche Zustand, für Stoller Femininität. Person stimmt mit Horney darin überein, dass Femininität und Maskulinität sich parallel entwickeln, aber nicht mit Horneys Behauptung, dass das psychische Geschlecht aus angeborener Heterosexualität hervorgeht. Die sexuelle Objektwahl ist offensichtlich eher erworben als angeboren. Die geschlechtliche Selbstbestimmung des Kindes geht im Einvernehmen mit dem ihm angeborenen Geschlecht vor sich und hat sowohl unbewusste als auch bewusste Komponenten. Die meisten Untersuchungen stimmen darin überein, dass die Geschlechterdifferenzierung bereits gegen Ende des ersten Lebensjahrs zu beobachten und unter normalen Umständen bis zum dritten Lebensjahr abgeschlossen ist. Die Geschlechterkern-Identität hingegen entsteht durch konfliktfreie Lernerlebnisse und nicht durch Konflikte. Wenn sie sich einmal gefestigt hat, wird sie für die Wahl eines zur Nachahmung und Identifikation geeigneten Objekts bestimmend.

Die Bedeutung, die in der Psychoanalyse genitalen Empfindungen, genitaler Eigenstimulation, der Entdeckung des
sexuellen Unterschieds, der Kastrationsangst, dem Penisneid
und dem Ödipuskomplex als konstitutiven Faktoren für das
psychische Geschlecht ursprünglich beigemessen wurde,
wird durch die neueren Untersuchungen nicht geschmälert.
Jedoch sieht man in allen diesen Faktoren jetzt sekundäre
Momente, die zu früheren Einflüssen in der Geschlechtsdif-
ferenzierung hinzukommen. Freuds Behauptung, die ödipale
Phase sei ausschlaggebend für die unterschiedliche Entwicklung der beiden Geschlechter, ist richtig. Seine Darstellung
setzt jedoch stillschweigend voraus, dass das Kind zu diesem
Zeitpunkt bereits eine angemessene Geschlechterkern-Identität entwickelt hat.

Die frühen Objektbeziehungen sind bei den Geschlechtern
verschieden und haben einen maßgeblichen Einfluss auf bestimmte Attribute von Femininität und Maskulinität. Diese
Attribute entstehen, sobald das Kind Selbst und Objekt unterscheiden kann, und werden in den präödipalen Identifikationen und Phantasien wirksam. Die Kinder müssen erst lernen, welchem Geschlecht sie angehören, und sich mit dem
entsprechenden Elternteil identifizieren, damit die ödipale
Phase für sie beginnen kann. In diesem Sinne kann man sagen, dass das psychische Geschlecht der Sexualität in der
Entwicklung vorausgeht und diese organisiert und nicht
umgekehrt.[23] Person ist der Auffassung, dass das psychische
Geschlecht, das seinerseits das Ergebnis von Erfahrungen
nach der Geburt ist, die Objektwahl und die sexuellen Phantasien organisiert. Money schreibt: »Die Symbolik der erotischen Vorstellungen und Wünsche ist durchaus weiblich und
im Einklang mit der Erziehung und der psychosexuellen
Identität (bei Frauen mit dem AGS-Syndrom, adrogenitales

Syndrom). Der unweibliche Aspekt liegt nur in der niedrigen Erregungsschwelle, der Häufigkeit der Erregung und der Zahl der sexuellen Begegnungen, die sich daraus ergeben können.«[24]

Alles in allem gibt es keinen Beweis dafür, dass der ursprüngliche Geschlechtszustand Maskulinität ist, wie es Freud behauptet, oder Femininität, wie Stoller meint, oder dass das psychische Geschlecht angeboren ist, wie Horney und Johns glauben. Normale Geschlechterkern-Identität entwickelt sich aus dem angeborenen und durch Erziehung vermittelten Geschlecht. Sie ist konfliktfrei und entsteht durch Wahrnehmung und Erfahrung. Anders verhält es sich mit der Geschlechtsrollen-Identität – sowohl der normalen als auch der abnormen –, die durch den Körper, das Ich, die Sozialisation und durch Objektbeziehungen zum anderen Geschlecht geprägt ist. Im Gegensatz zur Geschlechterkern-Identität stellt sie eine psychische Errungenschaft dar, die mit seelischen Konflikten befrachtet ist.

»Es besteht ein tiefer untergründiger Hass der Männer auf die Frauen«

Sie stellen am Anfang Ihres Buches »Die friedfertige Frau« die These auf, »daß der das Weltgeschehen dominierende Mann in sich einen unveränderbaren, von der Evolution entwickelten Todestrieb, einen Zerstörungsmechanismus trägt, der ihn zwingt, alles, was er mit der rechten Hand aufbaut, mit der linken wieder umzustoßen und schließlich sich und den ganzen Globus zu vernichten.«[1] Warum sind Männer so zerstörerisch und aggressiv?

Darum geht es in meinem Buch. Wenn wir allein in diesem Jahrhundert auf die geschichtlichen Ereignisse zurückschauen, stellen wir eine Zunahme an Gewalttätigkeit, Vernichtung und Vernichtungspotential fest. Und überall in dieser Welt haben bisher vorwiegend die Männer regiert. Dennoch gebe ich – wenn auch wider besseres Wissen – zu, dass auch ich hoffe, die Männer werden die Welt letztlich doch nicht zerstören.

Werden die Frauen das verhindern, indem sie sich ändern?

Die Männer werden sich nicht von sich aus ändern. Es geht ihnen doch verhältnismäßig gut. Sie haben die Macht. Fast überall in der Welt haben sie die Möglichkeit zu bestimmen, was Frauen zu tun haben, wie sie sich verhalten sollen, wie ihre Eigenschaften sein sollen, damit sie einen Mann für sich gewinnen usw. Darauf zu warten, dass die Männer sich ändern, ist wohl zwecklos. Ich fühle mich aber missverstanden, wenn Sie meinen, nur die Frauen müssen sich ändern. Indem Frauen sich ändern und nicht länger so naiv auf die Wertvorstellungen von Männern und deren Forderungen in Bezug auf weibliche Verhaltensweisen eingehen, besteht die Möglichkeit, dass die Männer sich ändern. Wir Frauen müssen den Männern die Pistole auf die Brust setzen und sagen: ›So, wie ihr heute seid, sind wir nicht mehr bereit, zu tun und zu denken, wie ihr es wollt.‹

Frauen müssen also auch aggressiver werden?

Nach allem, was wir aus der Psychoanalyse wissen, sind bei beiden Geschlechtern von Geburt an aggressive Potentiale vorhanden, die jederzeit geweckt werden können. Sie sind auch notwendig, um Aktivität, Selbständigkeit und Abgrenzungsfähigkeit zu entfalten. Nur hat sich in unserer Gesellschaft über Jahrhunderte hinweg offensichtlich eine Art »gesellschaftlicher Arbeitsteilung« entwickelt. Danach lernen schon Mädchen und Jungen in der Familie, im Kindergarten, in der Schule und im späteren Leben, aggressive Impulse jeweils anders zu verarbeiten und zu äußern. Das Ergebnis ist eine Trennung der gesellschaftlichen Praxis in männliche Durchsetzungs- und Eroberungsmentalität mit all den bekannten, heute allerdings ins Extrem getriebenen zerstörerischen Konsequenzen auf der einen Seite und der bewahrenden, sich aufopfernden, dienenden weiblichen Einstellung auf der anderen Seite. Es ist höchste Zeit, diese Arbeitsteilung zu durchbrechen.

Psychoanalytiker sagen, Männer könnten ihr aggressives Verhalten gar nicht abbauen. Sehen Sie das auch so?

Ja. Wir leben in einer Welt, in der Rivalität und Konkurrenz eine zentrale Rolle spielen. Die ganze Männlichkeitserziehung zielt auf Rivalität und Durchsetzungsvermögen. Durch die Erziehung schon der Jungen wird die Neigung, aggressiv zu sein, gefördert.

Welche Erklärung hat die Psychoanalyse hierfür?

Die Theorien, die Sigmund Freud aufgrund seiner Praxis erarbeitet hat, werden in diesem Zusammenhang meines Erachtens immer Gültigkeit haben. Danach begehrt das männliche Kind in seiner Phantasie seine Mutter und hasst den Vater bis hin zum Wunsch, ihn umzubringen. Aber der Sohn fürchtet auch die Strafe des mächtigen Vaters. Er hat Angst vor körperlicher Vernichtung. Kastrationsangst kommt auf. Aus dem Grund verinnerlicht der Sohn dann die Verbote und Gebote des Vaters. Er macht sie sich zueigen und lenkt dadurch die vernichtende Aggression gegen den Vater auf sich selbst, gegen sein Begehren. Um daran nicht zugrunde zu gehen, sucht er nach »Sündenböcken«, mit deren Hilfe er die eigenen abgewehrten angsterregenden Aggressionen wieder nach außen verschieben kann. Dieses Modell lässt sich nur auf die Psyche des Mannes anwenden und erklärt seine Neigung zu aggressivem Verhalten.

Wie wird Aggression bei Mädchen verarbeitet?

Das Mädchen kann keine Kastrationsangst entwickeln, weil das entsprechende äußere Organ fehlt. Aber auch bei Mädchen entstehen Gefühle der Rivalität gegenüber der Mutter, weil auch es den Vater liebt. Das Mädchen ist aber sozusagen hin- und hergerissen, denn es will ja auch die Liebe der Mutter nicht verlieren. Es muss sich daher der Mutter liebend und helfend zuwenden. Weil es in seiner Situation die Aggressionen, die sich in ihm regen, nicht nach außen wenden darf, entwickelt es der Mutter gegenüber Schuldgefühle. Die gesamte Erziehung führt bei der Frau dazu, dass sie sehr viel mehr Angst vor Liebesverlust hat als vor körperlicher Vernichtung. Man liebt es nicht, dass Frauen aggressiv sind. Männer müssen es sein. Frauen dürfen das nicht. Die Frau muss alles tun, was man von ihr verlangt, um Liebe zu gewinnen. Das führt dann einerseits auch dazu, dass eine Frau sich wirklich mehr um andere bemüht. Andererseits versucht sie später alles, um sich die Liebe des Mannes zu erhalten.

Darum duldet sie auch seine Zerstörungswut und seine Aggressionen?

Sie bewundert seine Leistungen und unterstützt ihn im Konkurrenzkampf. Sie identifiziert sich mit ihm, weil sie so an seiner Macht teilhaben kann, was ihr gelingt, indem sie sich seine Liebe durch die Übernahme seiner Wertvorstellungen und durch Unterwürfigkeit sichert. Und hier ist der Punkt, an dem die Frau sich ändern muss, an dem sie ihre Friedfertigkeit aufgeben muss, um den Mann zu ändern.

Sie weisen in Ihrem Buch darauf hin, dass vor allem die Mutter sich ändern muss. Was muss sie tun?

Sie muss sich insofern ändern, als sie den Mann zwingt, eine andere Rolle in der Familie zu übernehmen.

Müssten Mütter nicht dafür sorgen, dass ihre Töchter viel mehr Selbstbewusstsein entwickeln können?

Wie soll die Mutter das denn können, wenn sie ihrer Tochter nicht selbst beweist, dass sie dem Vater bzw. ihrem Mann gegenüber selbstbewusst ist und ihn zwingt, seine Rolle zu ändern? Mit wem soll sich die Tochter denn identifizieren? Eine Mutter, die wie selbstverständlich alles Männliche idealisiert, dem Vater wie selbstverständlich alle Macht außerhalb der Familie überlässt, ihm in der Familie aber erlaubt, sich gehenzulassen, Launen auszuleben und geradezu kindliche Verhaltensweisen zu zeigen, verwirrt ihre heranwachsende Tochter. Denn ihr bleibt nicht verborgen, dass die Mutter den Vater wegen seines launischen und infantilen Verhaltens in der Familie verachtet.

Die Tochter bemerkt bald, dass alles Weibliche in der Gesellschaft schlechter bewertet wird. Auch die Mutter hat ja nur in der Familie, nicht aber draußen etwas zu sagen wie der Vater. Will die Tochter nun aber wie der Vater und der Bruder werden, entgeht ihr ja in der Reaktion der Mutter auf ihr Bestreben auch nicht die geheime Verachtung des Vaters durch die Mutter. Die Tochter, die aus so einer Familie hervorgeht, fühlt sich einerseits den Männern überlegen. Andererseits wird ihr nahegebracht – und das akzeptiert sie auch –, dass sie als Frau unfähig sei, sich durchzusetzen, dass sie den Männern im beruflichen, intellektuellen und geistigen Leben hoffnungslos unterlegen sei.

Die Mutter kann eine solche Familienkonstellation ändern, indem sie ihren Mann, den Vater, zwingt, sich auch um die Kinder zu kümmern, so dass diese sadomasochistische Struktur der Familie – Macht und Ohnmacht, Verwöhnung und Aufopferung – von vornherein weniger ausgeprägt ist.

Wie sieht denn eine Erziehung aus, die diesen Verhaltenswei-sen entgegenwirkt?

Die Mutter soll ihre Tochter nicht anders erziehen als ihren Sohn. Töchter wie Söhne müssen lernen, sich in einen anderen Menschen einzufühlen und sich ihm gegenüber entsprechend zu verhalten. Vor allem darf das Mädchen nicht allein zur Hilfeleistung in der Familie erzogen wer-den. Während der Junge zum Spielen geht und sich »männ-lich aggressiv« ausleben darf, muss das Mädchen der Mut-ter z. B. im Haus zur Hand gehen. So soll es nicht sein. Mädchenerziehung darf nicht anderen Wertvorstellungen folgen als die der Jungen. Voraussetzung dafür ist aber auch, dass Mann und Frau in der Familie ihre Rollen aus-handeln, gegenseitiges Verständnis und gegenseitige Ach-tung üben.

Wenn die Mutter ihre traditionelle Rolle in der Familie auf-geben soll, muss sie aber ein hohes Maß an Distanz zu ihrer eigenen Erziehung und letztlich zu sich selbst üben können.

Selbstverständlich. Der Prozess wird auch nicht immer ein-fach verlaufen. Aber nur, wenn sich die Frau die unbewuss-ten Motive und Ursachen ihres Verhaltens gegenüber dem Mann und ihren Kindern bewusst macht, werden neue Ori-entierungen und Verhaltensweisen möglich. Denn es ist ja keineswegs naturgegeben, dass eine Frau dem Mann unter-legen ist. Dass sie sich so fühlt, ist Ergebnis eines falschen Er-ziehungsprozesses.

Machen solche Erkenntnisse nicht auch Angst?

Ich würde denken, dass sie eher Ärger auslösen oder eine gewisse Traurigkeit. Manche Frau könnte auch die Einsicht gewinnen: ›Ich habe meinem Mann bisher gar nicht damit geholfen, dass ich in ihm den Egoisten gefördert und seine Ellbogenmentalität in der Gesellschaft unterstützt habe.‹ Frauen sind viel eher in der Lage, sich selbst in Frage zu stellen und sich zu ändern, weil sie von klein an durch andere viel häufiger kritisiert und in Frage gestellt werden als Männer. Sie verkraften solche Erkenntnisse. Außerdem habe ich gar keine Angst, Angst zu erzeugen. Denn dann bewegt sich doch etwas! Ich will zum Nachdenken anregen. Wenn eine Frau das nicht will, ist es ihre Sache.

Werden die Männer so einfach hinnehmen, dass Frauen ihre dienende und aufopfernde Rolle in der Familie und in der Gesellschaft ablegen?

Wenn wir Frauen 'mal in irgendeiner Weise aufstehen oder männliche Verhaltensweisen in Frage stellen, wird uns das immer vorgehalten. Man wirft uns Männerhass vor. Dabei ist es doch schon seit Jahrhunderten die Frau, die gehasst, abgelehnt, erniedrigt und sogar als Hexe verbrannt wurde. Es besteht seit eh und je ein tiefer untergründiger Hass der Männer auf die Frauen.

Woher kommt dieser Hass?

Jeder Hass, der Frauenhass wie auch der Männerhass der Frauen, ist für bestimmte Psychoanalytiker letztlich nichts anderes als der Hass auf die Mutter und deren Macht über das hilflose Kind. Die verdrängten kindlichen Phantasien von der Allmacht der Mutter bleiben unbewusst im Erwachsenenalter bestehen und erzeugen dann letztlich den Hass. Der Mann überträgt diesen Hass später auf die Ehefrau, deren Unselbständigkeit der Mann als Erleichterung und als seinen Hass mindernd erlebt.

Finden wir nicht heute viele Familien, in denen es ganz anders zugeht?

Natürlich finden wir auch zahlreiche andere Familienstrukturen, z. B. Mütter, die sich, wie der Mann, an die moderne Gesellschaft angepasst haben und vorwiegend nach Selbstverwirklichung und Einfluss im Beruf sowie nach Partnerschaft streben. Allerdings gelingt es auch heute nur wenigen Frauen, leitende Positionen einzunehmen und in die männliche Gesellschaft einzudringen. Viele Frauen merken, wie wenig ihnen ihre Opferrolle in der Familie einbringt. Denn jeder sensible, von seiner Kultur nicht gänzlich deformierte Mensch wird auch bei Frauen offene Auseinandersetzungen und Selbstbehauptung gegenüber einer Aufopferungs- und Demutshaltung vorziehen, die Schuldgefühle und Abhängigkeit auslöst.

Besteht nicht die Gefahr, dass Frauen, die sich »emanzipieren«, einfach das aggressive Verhalten der Männer kopieren?

Es besteht schon die Gefahr, dass Frauen Macht ähnlich nutzen wie die jetzigen »Machthaber«. Aber es besteht ja auch die Möglichkeit, dass sie nachdenken und ganz andere Verhaltensweisen einbringen. Das können sie aber nur, wenn sie die Macht dazu haben. Es wäre also völlig falsch, den

Frauen die Macht vorzuenthalten, weil sie sie vermeintlich doch nur wie Männer missbrauchen.

Welche Chance hat die Frauenbewegung, in der Gesellschaft etwas in Gang zu bringen, Mann und Frau zu ändern?

Sicherlich ist die Hoch-Zeit der Frauenbewegung, die ja als einzige die Studentenbewegung überlebt hat, vorbei. Aber sie wirkt untergründig erstaunlich stark weiter. Denn viele Frauen, die sich früher bewusst gegen die Frauenbewegung gestellt haben, übernahmen von ihr mehr, als sie vielleicht selbst wahrhaben wollen.

Ist Solidarität unter Frauen überhaupt möglich?

Den Frauen wird kritiklose Anpassung, Mangel an Kampfgeist und an entschlossenem Einsatz für ihre eigenen Rechte vorgeworfen. Das sind aber Verhaltensweisen, die der Frau als schwächerem Teil der vom Mann beherrschten Gesellschaft über Jahrhunderte aufgezwungen worden sind. Vorbedingung für die Befreiung aus solchen Verhaltenszwängen ist die Befreiung der Frau aus sozialer, ökonomischer und familiärer Unterdrückung.

Ist die Chance, dass sich Frauen aus solchen Zwängen befreien, nicht ebenso wie Eigentum und Bildung schichtspezifisch verteilt?

Alle sozialen Bewegungen, die mit Reflexion, Selbstreflexion und mit dem Erwerb neuer Kenntnisse zu tun haben, stehen geistig der bürgerlichen Schicht näher als anderen Schichten – dem Besitzbürgertum aber wohl weniger als dem Bildungs-

bürgertum. Ich denke, wenn Frauen in den oberen Besitz-
schichten einmal aufmerksam darauf werden, mit welcher
Rücksichtslosigkeit und nach welchen Idealen ihre Männer
handeln, dann müssen sie auch sehen, welches Unrecht und
Unglück damit verbunden sein kann und welche Ungleichheit und Unmenschlichkeit dadurch geschaffen wird. Aber
aus diesen Kreisen findet kaum eine Frau in die Frauenbewegung. Arbeiterinnen sind gegenüber der Frauenbewegung
aufgrund ihrer täglichen Erfahrung von Ungleichheit und
Diskriminierung viel aufgeschlossener. Die sogenannte bessere Bildung kann auch hemmen. Da sind die Normen dann
weniger tief verinnerlicht als intellektuell »eingebildet«. Das
Sich-selbst-in-Frage-Stellen ist kaum möglich, weil man ge-
fühlsmäßig dumm geworden ist, viel dümmer oft als beispielsweise eine einfache Frau aus dem Volk.

*Sehen Sie Anzeichen dafür, dass die Gesellschaft auf dem
Wege zu mehr »Fraulichkeit«, zu einem anderen Denken
und Verhalten ist, so dass Ungleichheit, Unterdrückung und
Zerstörung aufhören?*

Es gibt zwar Männer, die rein äußerlich Frauen nachma-
chen – die lange Haare tragen, sich vordergründig homose-
xuell verhalten, körperlich sich zur Schau stellen usw. –, aber
das alles hat nichts mit einem tatsächlichen Einstellungs-
wandel zu tun. Die sogenannten Softies sind – wenn man genau hinsieht – genauso egozentrisch wie »Supermänner«.
Dennoch: Die Männer sind auf dem Wege, sich zu ändern.
Immer häufiger sind Männer bereit, Hausarbeit zu übernehmen, mit ihren Frauen zeitweilig die Rollen zu tauschen
und sich mit ihnen die Kindererziehung zu teilen. Ich will damit nicht sagen: ›Wie schön, jetzt wickelt Papa auch mal die

Kinder und kocht sogar – wie nett!‹. Ich meine vielmehr: Männer ändern ihre Wertvorstellungen und ihre Verhaltensweisen. Und das liegt daran, dass sie zunehmend von den Frauen in Frage gestellt werden. Der Wunsch nach neuen Formen und Inhalten von »Väterlichkeit« wird in der jungen Generation immer stärker. Die Autoritätsrolle des Vaters, in der Selbstkritik rigide abgewehrt ist, wird zunehmend in Frage gestellt. Väterlichkeit im Sinne eines Verantwortung übernehmenden, einfühlenden Vaters, der auf die Klischees von »Männlichkeit« nicht mehr hereinfällt, lässt sich in privaten, familiären Bereichen immer häufiger beobachten. In vielen Bereichen von Wirtschaft und Politik jedoch dominiert nach wie vor die »Männlichkeit« im traditionellen Sinn. Allerdings gibt es zunehmend mehr Frauen, die sich nicht mehr anpassen, die sagen: ›So geht es nicht mehr weiter!‹ Wenn aber bestimmte Verhaltensweisen nicht mehr wie eine fraglose Selbstverständlichkeit in einer Kultur gültig sind, können sie auch nicht mehr so bruchlos übernommen werden. Frauen und Männer können nicht mehr so sein wie vor dreißig oder vierzig Jahren. Es ist höchste Zeit, die überkommene gesellschaftliche Arbeitsteilung zwischen Mann und Frau zu durchbrechen.

Das Gespräch führte Meinhard Schmidt-Degenhard

III. INDIVIDUELLE UND
KOLLEKTIVE TRAUER

Trauer und angrenzendes seelisches Erleben

Persönliche Erinnerung

Gefragt nach meiner frühesten ganz persönlichen Erinnerung an Tod und Trauer, fällt mir merkwürdigerweise etwas ein, was mit Tod wenig, aber mit Verlust viel zu tun hat. Das ist alles sehr kompliziert. Mein Vater war schon ungefähr 50 Jahre alt, als ich geboren wurde, und er war damals schon krank. Als Landarzt hatte er ein sehr anstrengendes Leben. Mein Großvater war ein national gesinnter Däne, der nach der Wiedervereinigung 1920 auf der deutschen Seite, in Flensburg, eine Bank für die dort lebende dänische Minderheit gründete, was quasi eine Ehrensache für ihn war. Als mein Großvater starb, war das der erste Todesfall, an den ich mich erinnere, er war schon 97 Jahre und ich sechs oder sieben Jahre alt. Sein Tod war weniger mit Trauer als mit freundlicher Erinnerung an diesen sehr sympathischen Mann verbunden. Nach seinem Tod übernahm ein Vetter meines Vaters die Bank, der dazu offenbar unfähig war, jedenfalls ging die Bank pleite. Mein Vater verlor nicht nur sein Geld, sondern seinem Erleben nach auch seine Ehre. Außerdem war er nicht mehr jung, hatte fünf Kinder und war, wie gesagt, krank. Er reagierte mit einer schweren Depression. Das hat mein Leben sehr beeinflusst, weil ich erkannte, dass auch Eltern nicht unzerbrechlich sind. Ich erinnere nur, wie mein Vater seinen Kopf auf den Esstisch legte und anfing, bitterlich zu weinen. Das erschütterte mich zutiefst. Da wusste ich, sicher bist auch Du nirgendwo.

Als ich meinen Mann verlor, war ich schon 65. Mein Mann war über viele Jahre krank. Es war ein langer Abschied. Der schmerzliche Prozess begann, als ich erkannte, wie krank er war. Es war schwer und hat Jahre gedauert, bis ich gelernt hatte, das zu ertragen. Denn ich verlor die Möglichkeit des Gesprächs mit dem Menschen, mit dem mich das Gespräch als wesentlicher Teil unseres Lebens verband. Hat mir da mein Beruf genutzt? Ich weiß es nicht, obwohl ich meinen Beruf doch gewählt habe, weil Einfühlung in mich und andere etwas war, das mir lag und mich interessierte, solange ich denken kann. Schon in früher Kindheit war die nicht seltene Traurigkeit meiner Mutter etwas, das ich unbedingt ergründen musste. Die Angst vor dieser Traurigkeit stand im Zentrum meines kindlichen Lebens. Meine Mutter bekam oft Migräne, und ich wusste, diese Migräne hat irgendetwas damit zu tun, dass sie eine Sehnsucht überfiel, die nicht mehr erfüllt werden konnte. Dies zu wissen war für mich sehr schmerzhaft.

Das Traurig-Sein anderer stößt ähnliche Gefühle in uns selber an, denen wir aber entfliehen möchten. Diese Gefühle zu ertragen lernt man vielleicht in meinem Beruf etwas besser. Natürlich geht in einem Psychoanalytiker nichts anderes vor als in jedem anderen Menschen auch. Aber eins ist klar: Psychoanalytiker haben gelernt, sich mit ihren Gefühlen, Phantasien, Verhaltensweisen zu konfrontieren. Bevor sie diesen Beruf ergreifen und Psychoanalysen durchführen, hat jeder von ihnen selber eine Analyse durchgestanden. Ich bin jetzt 76 Jahre alt, aber ich meine, mich daran zu erinnern, was und wie ich als Kind und als Jugendliche gefühlt habe. In der Nazizeit habe ich enge Freunde verloren, und die Traurigkeit gehörte quasi zum Leben. Schon relativ früh habe ich daher gelernt, traurige Menschen zu ertragen. Sich solchen Gefühlen zuzuwenden gehörte später unabdingbar zu dem Beruf, den ich mir gewählt hatte.

Wenn wir gelernt haben, unsere Gefühle wahrzunehmen, nehmen wir auch unsere Gefühle dem Patienten oder der Patientin gegenüber wahr und erfahren aus der Art, wie wir innerlich reagieren, manches von dem, was die Patienten bewegt. Auch in der eigenen Analyse sind wir mit der Ambivalenz in unserer Gefühlswelt so oft konfrontiert worden, dass diese Seite unserer selbst uns nicht mehr schockiert, wie es jedoch einem Menschen ergeht, der sich erstmals mit Gefühlen bei sich auseinandersetzt, die er ablehnt und deswegen verdrängen muss.

Ambivalenz

Wenn wir jemanden verloren haben, kann das einen unerträglichen Schmerz auslösen. Wir wissen aber, jedem Erwachsenen, oft auch Kindern, stehen wir ambivalent gegenüber. Trotz allem Schmerz wegen deren Tod spüren wir manchmal eine merkwürdige Erleichterung, die uns peinlich ist. Nicht nur ich habe während des Krieges ein Gefühl des Triumphs erlebt, verbunden mit ausgesprochenen Schuldgefühlen, wenn ich nach einem Bombenangriff am Leben geblieben war, obwohl viele andere starben. Sigmund Freud hat in seiner Arbeit *Trauer und Melancholie*[1] die Folgen solcher Ambivalenzgefühle nach Verlusten dargestellt. Sie sind manchmal die Ursache dafür, dass sich eine Melancholie entwickelt. Die Melancholie wird abgelöst durch eine manische Phase, für die Triumphgefühle bekannt sind.

Zur Trauerarbeit gehört der Umgang mit Ambivalenz. Je stärker die Abwehr gegen das Wahrnehmen solcher zwiespältiger Gefühle, um so größer ist die Gefahr, dass die Trauer in Melancholie umschlägt. Das Gefühl der Erleichterung muss verdrängt werden, denn es macht unerträgliche Schuldgefühle. Die an den Toten gerichteten Anklagen werden gegen das eigene Ich gekehrt, die Selbstanklagen der Depressiven sind bekannt. Ein Tier kann sich zwar erinnern, wenn es sich dem Gegenstand oder der Umgebung, die ihm bekannt ist, unmittelbar gegenüber befindet, es kann aber so wenig wie ein sehr kleines Kind Erinnerungen willentlich hervorrufen. Erst in einem bestimmten Alter vermag ein Kind sich an sein eigenes Verhalten zu erinnern, daran, weshalb es sich so verhalten hat und wie die Ereignisse damals verlaufen sind.

Diese Art Erinnerung gehört zur Trauerarbeit. Sie ist ein spezifisch menschlicher Prozess, mit dem wir während unseres Lebens immer wieder konfrontiert sind. Wir müssen immer wieder Abschied nehmen von den verschiedenen Phasen unseres Lebens, von der Kindheit, von der Jugend, und müssen lernen, für uns selber verantwortlich zu werden. Das alles geschieht durch Trauerprozesse. Wenn wir ins mittlere Alter kommen, gilt es, die Midlife-Crisis zu bestehen, vom Alter und seinen Abschieden ganz zu schweigen.

Wut

Abschied zu nehmen von verschiedenen Lebensphasen, Abschied von einem Partner, der sehr krank ist, ist schwer. Lange habe ich mich gewehrt zu erkennen, dass der unmittelbare Kontakt mit meinem Mann nicht mehr wie früher möglich war. Nur, wenn dann die Endgültigkeit des Abschieds unabweisbar geworden ist, kann man sich innerlich noch so sehr dagegen wehren und weiß doch, wie aussichtslos es ist, sich zu weigern. Oft kämpft man dann mit anderen Menschen, für andere Dinge und Inhalte, um irgendetwas zu haben, womit man sich noch auseinandersetzen kann. Die Wut ist ohne Zweifel ein Teil der Trauer. Dieses Hadern mit seinem Schicksal ist bekannt, gerade auch dann, wenn Eltern ein Kind verlieren; das darf doch einfach nicht wahr sein. Ich erinnere mich auch an die Wut, die uns während der Nazizeit überwältigte, während des Krieges mit seinen unsinnigen Toten, seinem qualvollen Sterben. Das war keine stille Trauer, vielmehr eine hilflose Wut. Wut gehört sicherlich zur Trauer.

Ich neige wenig zu Idealisierungen. Wenn ich zurückdenke, glaube ich, dass ich eigentlich seit vielen Jahren niemanden mehr idealisiert habe. Das bedeutet nicht, dass ich ihn oder sie nicht geliebt habe. Für mich gehört eine Idealisierung nicht zur Liebe, aber vielleicht ist das eine Idealisierung meiner selbst. Verklärung der Verstorbenen beobachtet man oft. In ihr ist auch die Wut darüber abgewehrt, verlassen worden zu sein. Zwar gehört es zu meinem Beruf zu versuchen, sich über Illusionen im Klaren zu werden, über solche, zu denen man selbst neigt, wie auch über Illusionen bezüglich anderer Menschen, die man verloren hat. Aber unabhängig davon habe ich es eigentlich als Verpflichtung empfunden, Menschen, die mir nahestanden, nicht zu verklären, vielleicht um sie nicht zu verlieren.

Viele Menschen werden melancholisch, weil wir auch wütend auf die Verstorbenen sind, darauf, dass sie uns verlassen haben. Ungeschützt wird man alleingelassen. Nur, was kann man mit dieser Wut anfangen? Sie zu äußern ist unmöglich. Wem seine Wut bewusst ist, den quälen meist Schuldgefühle. Wenn man sich dann noch daran erinnert, dass es dem oder

der Toten gegenüber auch zwiespältige Gefühle gab, müssen diese weggeschoben werden, oder sie führen zu depressiven Selbstvorwürfen. Du bist nichts wert, du bist schuldig, hast nicht genug getan, und vieles mehr. Das kann der Beginn einer Melancholie sein, von der man sich nur mit Hilfe von Trauerarbeit erholt.

Trauerarbeit

Mit dem Begriff der Trauerarbeit wird in der Psychoanalyse ein seelischer Vorgang bezeichnet, der auf den Verlust eines nahestehenden Menschen folgt; Trauerarbeit ist eng mit Erinnerungsarbeit verbunden, man führt sich Szenen aus dem Leben mit dem verstorbenen Menschen noch einmal oder viele Male vor Augen. In der Trauer- und Erinnerungsarbeit ist, wie ich schon sagte, ein jeder auch mit Wut und Schuldgefühlen konfrontiert. Er oder sie erinnert sich nicht nur an den anderen, sondern auch an die eigenen Gefühle, das eigene Versagen, die eigenen Zwiespältigkeiten. Langsam lindert sich der akute Schmerz über den Verlust. Das Interesse an der Außenwelt wird wieder wach, mit der Zeit gelingt eine Loslösung von dem verstorbenen Menschen, mit dem man sich gleichzeitig partiell identifiziert. Eine langsam sich vollziehende Gegenüberstellung mit der Wirklichkeit dieser Vergangenheit geht vor sich.

Schmerz

Wenn man an die Milderung eines Wundschmerzes denkt, der an die Grenzen des Erträglichen geht, ist es beruhigend zu wissen, dass der Schmerz mit der Zeit vergeht. Die Trauer um das verlorene Glück kann bodenlos sein, vor allem wenn man glaubt, an dem Verlust mitschuldig zu sein. Aber auch das Erinnern hieran verliert erst im Laufe der Trauerarbeit seinen stechenden Schmerz, und da ist es ebenfalls gut, dass die Zeit die Wunden heilt. Aber die Erinnerung an diesen Schmerz bleibt. Das Wissen über diesen Schmerz mag Menschen am Leben halten, wie Zähne, die ihren Nerv verloren haben und nicht mehr schmerzen, tot sind. Wenn auch die schmerzenden Erinnerungen nicht mehr so intensiv erlebt werden, dass man am liebsten auf der Stelle sterben möchte, glaube ich doch, dass ein Mensch ohne das Wiedererleben seiner Schmerzen geistig und seelisch nicht mehr lebendig ist. Trauerarbeit ist ein Stück weit auch Selbsterhaltungsprozess.

Sein Kind von sich gewiesen zu haben, als es des Schutzes vor KZ-Schergen bedurfte[2], ist ein Erlebnis, so unerträglich, dass man sich von ihm mit Hilfe der Trauer, der stetig wiederholten Erinnerung nicht – auch nicht langsam – zu lösen vermag. Ein solches Erlebnis führt auch zu der Vorstellung, dass dieses völlig hilflose Kind, zumal wenn es geschlagen wurde, Schuldgefühle hat, zu denen es keine Distanz entwickeln kann. Es muss jenseits dessen liegen, was ein Mensch ertragen kann, wenn einer Mutter ein Kind unter solchen Umständen genommen wird. Solche Ereignisse, die in Auschwitz zum Alltag gehörten, können nicht durch Trauerarbeit »bewältigt« werden.

Der Tod eines Kindes, die beschriebene verzweifelte Situation, das sind sicherlich Erlebnisse, die man nur vergessen, nur verdrängen wollen kann. Wenn man sich an sie erinnert, erzeugen sie immer wieder so akute Schmerzen, dass man glaubt, wahnsinnig zu werden. Menschen, die solche Situationen erlebt haben, hilft nur Verdrängung. Diejenigen, die in Auschwitz waren und ihre Verwandten verloren haben, gerade Mütter mit Kindern, müssen verdrängen, um am Leben zu bleiben. Doch handelt es sich um einen fragilen Prozess, der jederzeit zusammenbrechen kann. Diese Menschen geraten an den Rand des Suizids, an den Rand des Wahnsinns.

Bei den Tätern ist das anders. Wir wissen ja, dass es für die Täter viel leichter ist zu verdrängen als für die Opfer. Das waren erwachsene Menschen, deren Über-Ich durch die Naziideologie korrumpiert war. Wer tun konnte, was in den KZs täglich getan wurde, war zur Einfühlung, zur Identifizierung mit den Opfern unfähig. Das korrumpierte Über-Ich hat offenbar eine völlige seelische Verhärtung zur Folge. Solche Menschen erinnern sich auch nicht an die eigenen Verletzlichkeiten, was zur Trauerarbeit gehören würde. Sie werden offenbar zu Menschen, die mit Erfolg ablehnen, eigene Gefühle, sofern sie anders sind als die vorgeschriebenen, zu kennen. Ihre Verleugnung ist total, wie später auch die Abwehr der Erinnerung. Sie haben ja nicht ihr Liebstes verloren, sondern nur »unwertes Leben« umgebracht, was man aber nicht kann, ohne auch seine Gefühlswelt, sein ganzes Wissen um eigene Schmerzen totgeschlagen zu haben.

Verdrängen muss natürlich ein jeder von uns, wenn er an Erlebnisse der Vergangenheit oder auch der Gegenwart erinnert wird, die er nicht zu ertragen vermag, die ihn in abgrundtiefe Depressionen oder in Selbsthass stürzen würden. Manchmal geht es auch nur um Peinlichkeiten, die den Selbstwert attackieren und die man daher um jeden Preis abwehren muss.

Traurigkeit, Trost, der Andere

Trauerarbeit hat etwas mit Verlust, aber nicht ausschließlich mit dem Verlust eines Menschen durch den Tod zu tun. Sie kann sich natürlich auch auf den Verlust der Jugend, der Schönheit und der Anerkennung, der Freuden der Liebe usw. beziehen. Auch braucht es sich nicht um aktuelle Verluste zu handeln. Gefühle der Traurigkeit haben oft etwas mit schmerzlichen Erinnerungen zu tun oder mit momentanen Kränkungen, die vergangene wachrufen. ›Ich weiß nicht, was soll es bedeuten, dass ich so traurig bin …‹.[3] Die Ursache einer Verstimmung mag auch in einer Enttäuschung über sich selber zu suchen sein. Eine Konfrontation mit sich ist dann angezeigt.

Trauer bringt auch Trost, sie kann befreiend wirken, langsam gibt es wieder so etwas wie eine Zukunft. Der Lebenslauf ist nun einmal so, dass man alt wird und stirbt und dass man Menschen verliert. Wenn das dem Lauf des Lebens entspricht, lässt es sich auch ertragen. Diesen Lebenslauf hinzunehmen und ihn bewusst zu erleben ist ein Stück Befreiung. Auch in diesem Sinne ist Trauer Befreiung. Was bedeutet Trost denn? Mit der Trauer kommt es zu einer langsamen Lösung von dem oder der Verlorenen. Wir trösten uns selber. Es gibt Unterschiede in den Graden der Trauer und der Art des Trostes. Ein anderer Mensch kann uns trösten, wenn er bereit ist, mit uns die Trauer zu ertragen, ein Außenstehender nur, wenn er wirklich bereit ist, mit dem Trauernden gemeinsam dessen Verzweiflung durchzustehen, auch dann, wenn der Trauernde vorerst jede Hilfe ablehnt. Nur langsam, nachdem Trauer durchgestanden wurde, stellt sich ein Gefühl der Erleichterung ein. Manchmal findet man Hilfe auf diesem mühsamen Weg. Das ist auch das Wesen der Psychotherapie und der Psychoanalyse, dass man jemanden findet, mit dem man sein Leben gemeinsam überarbeitet und dann Distanz zu seinen Problemen findet. Mit dieser Erfahrung der tröstlichen Erleichterung nach tiefer Bedrückung ist wahrscheinlich auch die Fähigkeit verbunden, sich zu freuen. Die Lust am Feiern nach dem Begräbnis, die sich in der Sitte vom Leichenschmaus offenbart, hat auch etwas mit dem Gefühl der Erleichterung nach tiefer Bedrückung zu tun.

Die Trauer erinnert uns an die eigene Vergänglichkeit und Hilflosigkeit. Wir sind ja dem Tod gegenüber absolut hilflos. Jeder Mensch wird hilflos geboren, da greift dann irgendein mütterliches Wesen ein und versucht, diese Hilflosigkeit ein Stück weit erträglich zu machen. Gleichzeitig gibt es auch den Hass auf die eigene Hilflosigkeit und auf Menschen, von denen wir allzu abhängig sind, die uns deswegen hilflos oder unsere Hilflosigkeit uns bewusst machen.

Unsterblichkeit

Mit dem Kopf weiß zwar jeder, dass er nicht unsterblich ist, aber das Gefühl geht andere Wege. Ich habe die Erinnerung an meine mit Schuldgefühlen erlebten Triumphgefühle erwähnt, wenn ich nach schweren Bombenangriffen überlebt hatte. Irgendwie ist jede Rettung aus lebensgefährlichen Situationen eine Bestätigung der eigenen Unsterblichkeit. Vielleicht sehnen sich viele Menschen, die es offenbar nicht lassen können, sich ohne Not in Gefahr zu begeben, nach solchen Erlebnissen des Triumphes. Jeder Mensch denkt insgeheim, zumindest bis zu einem bestimmten Punkt seines Lebens, dass er so etwas wie der erste Unsterbliche in dieser

Schöpfung sein wird, bis er dann nach und nach in den weiteren Jahren seines Lebens zu ahnen beginnt, dass das eigene Leben schneller vergangen ist, als ihm lieb ist und bevor er gelernt hat, seine Verluste und Versäumnisse zu betrauern. Ich kenne das Gefühl, dass mein Leben eines Tages zu Ende sein wird, solange ich denken kann. Aber daneben gibt es eben auch das Gefühl der Unsterblichkeit.

Doch kann sich niemand, glaube ich, den eigenen Tod vorstellen. Man kann sich nur vorstellen, was man erlebt hat, obwohl es Berichte gibt, nach denen Menschen, die dem Tode nahe waren, zu wissen glauben, was Sterben ist.

Renommieren und Vergänglichkeit

Sicherlich, mit zunehmendem Alter, mit der Nähe des Todes hört das Renommieren auf. Je mehr man sich mit der Wirklichkeit des Lebens, mit seiner Vergänglichkeit auseinandersetzt, desto belangloser und lächerlicher erscheint jedes Renommieren. Die Zeit meiner Jugend war davon erfüllt. Die Nazis waren eine einzige Angeberbande, da gab es nur noch Renommieren. Das tausendjährige Reich, das nie untergeht! Zu erkennen, dass man stirbt, dass man schwach wird, dass man Kriege verlieren kann, das gab es für die Nazis nicht, entsprechend natürlich auch keine Erziehung zur Trauerfähigkeit. Demzufolge waren die Nazis zu Einsicht unfähig und verleugneten die Realität.

Ohne Zweifel betrauert man sich selber da, wo man versagt hat, beruflich z. B., wenn es um die Anerkennung durch andere geht, was mit Scham zu tun hat. Sicherlich trauert man um sich auch, wenn man Menschen gegenüber versagt hat, die man sehr liebt. Dieses Versagen stellt nicht nur das

Selbstwertgefühl unmittelbar in Frage, es löst auch die schmerzlichsten Schuldgefühle aus. Renommieren ist dann nur noch lächerlich. Dabei denke ich an meinen verehrten Lehrer Freud, der ein Genie, aber auch ein sehr ehrgeiziger Mensch war. Er war zu klug, um zu renommieren, aber er legte den größten Wert auf die Priorität seiner Ideen. Freud hat zunehmend die Brüchigkeit eines solchen menschlichen Ehrgeizes entdeckt.

Die Kunst des Trauerns, die Kunst des Wissens vom Tod, die Kunst des Sich-immer-wieder-Klarmachens, dass Schwäche und Vergänglichkeit auf jeden von uns zutreffen, ist mir zugänglich. Von der Ars moriendi, der Kunst des Sterbens, weiß ich wenig, sie ist mir begrifflich recht fremd. Bei Schwerkranken erlebte ich, dass sie, je kränker sie wurden, zunehmend unfähiger waren, sich selbst zu beobachten. Das war besonders auffällig, wenn sie in der Zeit vorher, im Laufe ihres Lebens viel vom Tod gesprochen, viel an den Tod gedacht hatten. Der körperliche Abbau ist oft mit einem Abbau der geistigen Kräfte verbunden.

Frauen und Männer

Die Frauen werden im Hinblick auf die Rollen, die sie im Leben übernehmen müssen, zwar anders erzogen als Männer. Da hat sich manches geändert, aber in den Tiefen unserer Seele haben wir immer noch recht festgefahrene Urteile über das, was wir als männlich und was wir als weiblich ansehen. Jungen dürfen nicht weinen, müssen mit Gefühlen sparsam umgehen, Mädchen dagegen sollen gefühlvoll und vor allem mütterlich sein, um nur eine recht allgemeine Einstellung zu nennen, die jedoch von früh an die Entwicklung prägt –

nach wie vor. Das heißt auch, dass Frauen sich ihrer Trauer später eher hingeben dürfen als Männer. Wenn man auf eine Beerdigung geht, dann sieht man viele Frauen, aber sehr wenige Männer, die weinen.

Das sind Klischees, zumindest Verallgemeinerungen. Aber um bestimmte Entwicklungen darzustellen, die doch unterschiedlich sind, muss man sie erst einmal zuspitzen und zeigen, dass es nach wie vor eine geschlechtsspezifische Erziehung gibt, die sich auf den Umgang mit Gefühlen, d. h. auch auf Trauer auswirkt.

Was den Umgang mit Emotionen im beruflichen Leben betrifft, habe ich bei meinen Aufenthalten in den USA von den Frauen dort viel gelernt: Sie argumentieren sachlicher als wir und sind deshalb durchsetzungsfähiger. Es ist schwer, diese Distanz, diese Sachlichkeit sich gegenüber zu erlernen, ohne seine Spontaneität zu verlieren. Männer lernen auch langsam, emotionaler sein zu dürfen, als es bisher der Fall war. In ihren Familien allerdings konnten sie sich im Großen und Ganzen immer mehr gehen lassen als Frauen, durften launischer sein als sie. Aber im beruflichen Leben haben, glaube ich, beide Teile etwas gelernt, wenn es auch immer noch große Unterschiede in der Fähigkeit gibt, sich durchzusetzen.

Kommen wir auf die Frage der Fähigkeit zu trauern zurück. Beim Anblick der Bilder von dem grausamen Krieg in Bosnien sahen wir viele weinende Frauen, Männer kaum. Der Krieg wird von Männern geführt, die Grausamkeiten gehen fast ausschließlich von Männern aus. Obwohl Jugoslawien zu Europa gehört, beobachtet man dort die primitivsten Männlichkeitsriten. Die Frauen werden nach wie vor vergewaltigt, man will damit den Gegner erniedrigen, aber darin äußert sich auch der Urhass auf die Mutter, von der jeder Mann ursprünglich so abhängig war und ohne die er das Licht der Welt nicht erblickt hätte. Die Aufklärung, auch die durch die Psychoanalyse, ist in diese archaische Gefühlswelt nur sehr partiell oder gar nicht vorgedrungen.

Ich denke schon, dass Männer mit Schuldgefühlen anders umgehen als Frauen. Wenn z. B. ein Mann seine Frau verliert, an der er sehr gehangen hat, kann man oft beobachten, dass er sich in relativ kurzer Zeit einer anderen Frau zuwenden wird. Er hat weniger als Frauen gelernt, allein zu sein und sich mit seinen Gefühlen auseinanderzusetzen. Angesichts eines Abgrunds an Schmerzen laufen Männer eher davon als Frauen. Eine Frau wird ihren schmerzlichen Gefühlen, ihren Erinnerungen noch lange nachhängen, öfter als der Mann depressiv werden.

Freud zufolge leidet der Mann vor allem unter Kastrationsangst, die Frau unter der Angst vor Liebesverlust. Kastrationsangst ist ja im Grunde eine narzisstische Angst, entmannt zu werden. Erfolglos zu sein, von Gefühlen überwältigt zu werden kann auch als eine Entmannung erlebt werden. Und Frauen, denen von Kindheit an beigebracht wird, dass Geliebt-Werden für sie die Hauptsache ist, können sich von dem Streben danach oft ein Leben lang nicht lösen. Sie begeben sich in eine Art Abhängigkeit nicht nur von Männern, sondern auch von ihrer Mutter.

Es gibt so etwas wie Angst vor der Angst vor Liebesverlust und Wut auf die eigene Abhängigkeit. In der Folge kann es zu einem aggressiven Daueraufbegehren kommen. Jedenfalls ist der Wert der Frauen vom Geliebt-*Werden* abhängiger, als es bei Männern der Fall ist. Bei Männern zählt die Leistung, die Fähigkeit, sich verteidigen zu können, einen Beruf aufzubauen und stark zu sein. Sie werden wegen ihrer Erfolge anerkannt und brauchen Bewunderung. Wer aber geliebt werden muss, dem kann man – wegen seiner Abhängigkeit von anderen – leicht Schuldgefühle machen. Wann immer Kinder versagen, der Mann krank wird, was auch immer schiefgeht, die Mutter ist schuld. Der Vater bleibt weitgehend ausgespart bei diesen Schuldzuteilungen.

Am Ende jeder Trauerarbeit steht Befreiung, nämlich die langsame Loslösung von einer schmerzlichen Bindung, die es nicht mehr gibt. Angesichts des eigenen Sterbens hört man auf zu renommieren, braucht man kein Mann mehr zu sein, der stark ist und nicht traurig sein darf. Da braucht man auch keine Frau zu sein, die immer eine gute Mutter war, sich opferte und immer schön war. Trauern heißt, mit dem Tod konfrontiert zu sein. Nur was diesem Ende gegenüber zählt, ist noch von Bedeutung. Auch Trauern ist nichts anderes als Konfrontation mit der Realität, was auch heißt: Konfrontation mit der Erinnerung, Konfrontation mit dem eigenen Verhalten, durch Wahrnehmung der eigenen Gefühle. Der psychoanalytische Prozess: Erinnern, Wiederholen und Durcharbeiten hat viel mit Trauerarbeit gemeinsam. Das Durchdenken dessen, was in der psychotherapeutischen Beziehung geschieht, trägt zur Erkenntnis der eigenen Person bei. Da wiederholt man vieles von einem Verhalten, das man auch anderen Menschen entgegenbringt, überträgt auf den Analytiker oder die Analytikerin Gefühle, die oft aus früheren Lebensperioden stammen. Ich denke, für einen Menschen, der Interesse an sich selber, an Selbsterkenntnis, an Selbstkritik hat, gibt es auch sonst genügend Gelegenheiten, etwas über sich zu lernen, durch seinen Partner oder seine Partnerin, durch Selbstwahrnehmung und durch Beobachtung anderer. Der sensible Umgang mit sich und anderen hat zur Folge, dass man ein Gespür für eigene und fremde Gefühle entwickelt.

Kollektive Trauer

In dem Buch *Die Unfähigkeit zu trauern*[4], 1967 erschienen, haben Alexander Mitscherlich und ich versucht, den Unterschied zwischen individueller Trauer und dem darzustellen, was wir unter kollektiver Trauer verstanden haben. Der Ansatz mag für viele nicht überzeugend gewesen sein. Ich glaube aus eigenem Erleben, dass kollektive Trauer die persönliche Trauer prägt oder mit ihr verschmilzt. Das lässt sich aus dem Umgang mit Nationalgefühlen ersehen und auch aus dem Erleben meiner Patienten. Aber der Verlauf oder die Abwehr kollektiver Trauerarbeit ist natürlich theoretisch und empirisch keineswegs so genau zu untermauern, wie das bei der persönlichen Trauer möglich ist, wo man jeden Schritt in einer langen Behandlung verfolgen kann. Dass aber auch ein ganzes Volk trauert, dessen Angehörige das Erleiden enormer Verluste miteinander teilen, ist wahrscheinlich, auch wenn in ihm aus Abwehr von Schuld und Scham versucht wird, Erinnerung und Trauer zu verdrängen.

Trauer heißt ja: wie geht man mit Verlusten um. Verlust an Menschen, aber auch an Menschlichkeit, Verlust an Idealen, an Wertgefühlen aufgrund seiner Zugehörigkeit zu einer Nation. Ob man will oder nicht, wir sind doch alle davon abhängig, dass das Kollektiv, zu dem wir gehören, in der Welt und vor uns selber einen gewissen Wert hat. Kann man diese Verluste eines kollektiven Werts und deren Verarbeitung mit individuellem Verlust und dessen Folgen vergleichen? Ich glaube, ja.

Kollektive Trauer der Deutschen hätte bedeutet, ein Gefühl der Zusammengehörigkeit zu schaffen, das, da das Verdrängen des Vergangenen Vorrang hatte, nie entstehen konnte. Nach der vernichtenden Niederlage waren die Deutschen zentral in ihrem Selbstwert getroffen. Die Abwehr des Erlebnisses einer melancholischen Verarmung des Selbst war daher zunächst die dringlichste Aufgabe der Psyche. Eine in ihrem Wahn bloßgestellte, der furchtbarsten Verbrechen überführte Bevölkerung, die sich im weitesten Sinne des Wortes von Traumata und Zerstörung umgeben sah, war so geschockt, dass sie sich zunächst nur um sich selber kümmern konnte. Die Naziperiode wurde derealisiert, sie verschwand wie ein Traum. Natürlich ist der Versuch, sich von der quälenden Erinnerung an Schuld und Scham abzusetzen, ein allgemeines menschliches Bedürfnis. So ist auch die Unfähigkeit zur Trauer um den Verlust eines kollektiven Ich-Ideals das Ergebnis einer Abwehr von Schuld, Scham und Angst. Zu einem Problem wird dieser Sachverhalt erst dadurch, dass auch in den Jahrzehnten nach Kriegsende, bis heute keine adäquate Trauerarbeit um die Mitmenschen erfolgte, die durch unseren Wahn und unsere Taten in Massen getötet wurden. Die Fähigkeit zu trauern würde bedeuten, sich zu erinnern und schmerzlichen Abschied zu nehmen von dem, was wir geliebt und verloren haben.

Die Verarbeitung von Verlusten kann auf unterschiedliche Weisen geschehen. Freud hat diesbezüglich zwischen Trauer und Melancholie unterschieden, um nur zwei Verarbeitungsmöglichkeiten zu erwähnen. Wenn es um den Verlust des Selbstwerts eines Volkes geht – und darum handelt es sich ja bei der kollektiven Trauer –, besteht die Gefahr, dass über der Verzweiflung, der Melancholie, der alle verfallen, auch der kollektive Halt verloren geht. Es hat ja nicht jeder persönliche Schuld auf sich geladen. Das Gros der Deutschen hat nicht persönlich Juden umgebracht, hat sich vielleicht nur nicht abgewendet, als in der Kristallnacht, was damals schon jeder Mensch sehen konnte, Juden auf die Straße gezerrt, Geschäfte geplündert und unschuldige Menschen misshandelt wurden. Die Deutschen sind als Soldaten in den Krieg gezogen, wer sich wehrte, hatte keine Chance. Vielleicht sind sie sogar begeistert in den Krieg gezogen, wenngleich die Begeisterung sehr viel geringer war als zu Beginn des Ersten Weltkriegs. Sich an seine Verhaltensweisen, an seine Ideale, an seinen Hitlerwahn zu erinnern angesichts eines total verlorenen Krieges, angesichts von Auschwitz, von zerbombten Städten, des Verlusts der kollektiven »Ehre«, wie sollte man da in der unmittelbaren Schocksituation nach dem Krieg die seelische Kraft aufbringen, sich Reaktionen der Trauer gemeinsam zu stellen? Warum aber nicht später, nachdem es den Menschen viel besser ging? Tatsache ist, dass sich mit dem Wirtschaftswunder Verdrängung und Verleugnung eher noch verfestigten und die Unfähigkeit zu trauern unübersehbar wurde.

Eine deutsche Art zu lieben

Was das Buch berühmt gemacht hat, war das erste Kapitel mit der Überschrift »Die Unfähigkeit zu trauern – womit zusammenhängt: eine deutsche Art zu lieben«. Für die Entwicklung einer kollektiven Unfähigkeit zu trauern ist eine deutsche Art zu lieben Voraussetzung: nämlich nur lieben zu können, wenn man vorher einen Menschen (den Führer!), eine Sache, eine Nation idealisiert hat. Bei der Trauer um die Naziperiode kann es nicht nur um den gemeinsamen Verlust kollektiver Selbstachtung gegangen sein, sondern es waren der Hitlerwahn und die kollektive Selbstüberhöhung unter Verlust von Menschlichkeit überhaupt, was uns unfähig machte, uns mit den Opfern zu identifizieren und sie zu schützen. Dieser Ausfall an Mitgefühl, den wir bis heute immer wieder beobachten, ist psychologisch doppelt begründet. Die Ideologie der Nazis wird zwar seit 1945 offiziell abgelehnt. Das bedeutet aber nicht, dass man eine sichere innere Distanz zu ihr gefunden hätte. Dazu hätte man sich ganz anders mit diesen »Idealen« und ihrer Herkunft auseinandersetzen müssen. So haben sich Teilstücke dieses Weltbildes voller Verirrungen vor allem deshalb erhalten, weil sich weder die erste noch die nachfolgenden Generationen ihrer direkten oder vermittelten Schuld stellten, sondern alle ihre Energie in den Dienst des Abwehrens von Schuldgefühlen stellten.

Wir haben uns mit unserer Erklärung dieses Verlaufs weitgehend an Freuds Aufsatz über *Massenpsychologie und Ich-Analyse*[5] gehalten. Das heißt, die Mitglieder eines bestimmten Kollektivs identifizieren sich mit Hilfe einer gemeinsamen Heldenfigur untereinander. Der »Führer« fungiert als ihr gemeinsames Ich-Ideal. Von der Verpflichtung diesem gemeinsamen Ideal gegenüber durfte keiner sich lösen, das war Verrat und damit sein Ende. Hierin äußert sich die eindeutig religiöse Seite dieser Naziideologie, wie vielleicht jeder Ideologie. Bei den Franzosen, Engländern, Dänen, die keine »verspäteten Nationen«[6] waren, hatten sich wohl mit Hilfe langwieriger Identifizierungen und aufgrund ihrer Geschichte, ihrer Helden und Ideale, ihrer alltäglichen Werte gemeinsame Gefühls- und Denktraditionen gefestigt, in denen man so etwas wie Volkscharaktere erkennen mag.

Deutschland, die verspätete Nation, litt immer unter Selbstwertproblemen, verstärkt durch den verlorenen Ersten Weltkrieg. Im 17. und 18. Jahrhundert, bevor Deutschland Nationalstaat wurde, legten wir auf Kultur und Menschlichkeit großen Wert. Wir hatten die größten Philosophen, die wunderbarsten Musiker, große Dichter. Dichter, Denker und Musiker pflegen jedoch keinen Völkermord zu predigen, sondern Menschlichkeit. Mit dem aufkommenden Nationalismus gewannen andere Werte Einfluss. Heroismus, nicht Humanität stand ganz oben auf der Werteskala. Alles, was sich mit Krieg und Sterben verband, was das Vaterland zu Macht und Glanz verhalf, wurde hochgeschätzt. Nationalisten mit ihren Idealisierungen und Verteufelungen liegt das viel näher. Sie deklarieren sich ohne Umschweife, wie wir das erlebten, zur Herrenrasse, die mit anderen als »unwert« erklärten »Rassen« je nach Belieben und Wertvorstellungen verfahren darf.

Man brauchte, um zusammenzuhalten, offenbar einen gemeinsamen Feind, auf den man alles Böse, allen Selbsthass projizieren konnte. Gut, der Antisemitismus hat eine sehr komplizierte Geschichte, und ihn gab und gibt es nicht nur in Deutschland. Aber das Bedürfnis, sich zu idealisieren, war in der »verspäteten Nation« als Abwehr gegen Minderwertigkeitsgefühle besonders stark. Entsprechend mussten andere entwertet werden. Ist einem Volk das gelungen und hat es den vergötterten Führer erschaffen, der solche Bedürfnisse und Ressentiments zu nationalen Tugenden erklärt, die allein Deutschland retten würden, dann kommt es zu einer kollektiven Gestimmtheit, die den Hintergrund bietet, vor dem selbst Völkermord möglich wird. Jeder Krieg ist eigentlich ein Massenmord. Beim Völkermord durch die Deutschen wurde ein jeder, ob Mann, Frau oder Kind, als »lebensunwert« erklärt; sie gehörten einer Rasse an, die es zu vernichten galt, die Schuld an allem Übel in der Welt hatte. Keiner hatte eine Chance, sich gegen diese absolute Übermacht zu behaupten.

Der autoritäre Charakter des »Nach unten treten, nach

oben buckeln« mag als Folge der erniedrigenden Gehorsamkeitsdressur das Seine beigetragen haben. In einer autoritären Gesellschaft, in der immer einer oben ist und einer unten, gibt es sehr viel Erniedrigung. Die resultierende Selbstverachtung muss durch Entwertung anderer, möglichst Schwacher einerseits und andererseits totale Idealisierung von Personen, die vom Alltag möglichst weit entfernt sind, ausgeglichen werden. Unter Hitler war der Sadomasochismus ein nicht zu übersehender Charakterzug vieler Deutscher. Ohne Hitler und seine Führung, der man sich hierzulande mit so viel Begeisterung unterwarf, wäre Völkermord sicherlich nicht möglich gewesen. Mit der deutschen Art zu lieben war eine Liebe gemeint, die an die Bedingung geknüpft ist, das Objekt der Liebe idealisieren zu können. Ambivalenz der Gefühle war nicht tragbar; jemanden zu lieben, dessen Schwächen und Fehler sichtbar waren, schien kaum machbar. Hitler durfte z. B. nicht heiraten, keine Frau lieben, er musste, abgesichert durch gottähnliche Eigenschaften und Wunderglauben, das abgehobene Ideal bleiben, das die Deutschen aus ihm machten, musste sich in seinen Ressentiments völlig dem Volk anpassen, durfte keine menschlichen Bedürfnisse zeigen. Niemand durfte sich kritisch über den Führer äußern, und wer es doch tat, war erledigt.

Die deutsche Art zu lieben verlangt also, zu idealisieren. Indem ich jemanden liebe, der ein Ideal ist, erfasst sein Glanz auch mich. Mit dem größten Führer aller Zeiten werde auch ich, wird mein Volk zum größten Volk aller Zeiten. Auf diese Weise konnten Gefühle der Minderwertigkeit gemildert und abgewehrt werden.

Zur individuellen Entscheidungs- und Handlungsfreiheit, zur Zivilcourage wird in einer solchen Gesellschaft kaum jemand erzogen, weswegen auch die »Zuschauer« in der Nazizeit so selten Eigeninitiative entwickelten. Ich fand den Film »Schindlers Liste« so wichtig, weil da ein Held dargestellt wird, der gleichzeitig viele Schwächen und Fehler hatte. Es kommt eben nur darauf an, dass ein Mensch sich in furchtbaren Zeiten seine Fähigkeit zur Humanität zu erhalten vermag.

Lehren

In das Buch über *Die Unfähigkeit der Deutschen zu trauern* sind eigene Erfahrungen eingegangen, nämlich das Erleben, in welchem Ausmaß Trauer, Erinnerung und Konfrontation mit der Vergangenheit befreien können – nicht nur von Vorurteilen, sondern auch vom Selbsthass. Und ich denke schon, dass mit diesem Buch der Wunsch verbunden war, nicht nur im sadistischen Sinne den Deutschen den Spiegel vors Gesicht zu halten, sondern auch einen Weg aufzuzeigen, wie man in die Gesellschaft der Völker zurückfinden kann, als Nation von Menschen, die ihre Menschlichkeit wiederentdeckt haben, die begonnen haben, sich mit ihren falschen Idealen von Herrenrassenwahn, »Reinheit« und Perfektionismus auseinanderzusetzen, mit »Idealen«, die Korruption und Grausamkeit ohne Ende möglich machten.

Die traurige deutsche Geschichte, die Menschheitskatastrophe, lässt sich nicht ungeschehen machen. Ich halte es für normal, wenn man bis heute das Bedürfnis verspürt, um den Verlust von Menschlichkeit solchen Ausmaßes zu trauern. Ein Volk, das hohe Kultur gerade auch in Bezug auf Humanität im Laufe der Jahrhunderte nachzuweisen vermag, sich dann einem Wahn ausliefert, der das Leben von Menschen als unwert erklärt und den Völkermord möglich macht, fällt tief, wenn es mit der absoluten Zerstörung seiner humanen Kultur konfrontiert ist. Ein Band der Mitmenschlichkeit wurde zerrissen, auch wenn die heutige Jugend keine persönliche Schuld daran mehr trifft. Wir weinen, wenn wir traurige Geschichten hören oder lesen, in denen Schlimmes geschieht, in denen unschuldige Menschen auf furchtbare Weise sterben müssen. Es ist unsere Geschichte, über die wir heute trauern.

Deshalb würde ich sagen: Ihr, meine lieben Enkelkinder, lebt in Deutschland, ihr seid deutsch, ihr sprecht deutsch, ihr nehmt teil an der deutschen Kultur, der deutschen Geschichte, sie gehört zu euch, und Auschwitz gehört zur deutschen Geschichte. Eure Geschichte besteht nicht nur aus den Jahrhunderten vor dem Zweiten Weltkrieg und der Zeit danach, sondern auch aus dem barbarischen Massenmord unter Hitler. Wenn ihr euch mit dieser Geschichte nicht auseinandersetzt, kann sie sich wiederholen, sie ist eine Realität, diese Geschichte, an der auch die Menschen nach Hitler schwer tragen. Ihr seid nicht schuld an dieser Geschichte, aber ihr gehört zu dieser Geschichte. Wenn ihr sie nicht durcharbeitet, wenn ihr sie nicht aufnehmt, wenn ihr euch mit ihr nicht konfrontiert, wird sie umso mehr auf euch lasten, und ihr werdet nicht aus der Geschichte lernen können. Außerdem, sobald ihr einen Fuß außerhalb deutscher Grenzen setzt, wird man sich euch gegenüber an diese Geschichte erinnern. Ihr könnt sie vergessen wollen, aber dann müsst ihr euer Denken ändern, und die Wirklichkeit um euch herum dürft ihr dann nur begrenzt wahrnehmen.

Eine »deutsche Art zu lieben« heißt, um es zu wiederholen, nur unter der Bedingung lieben zu können, dass man seine Mitmenschen idealisiert. Vorbedingung dafür ist, dass der oder die anderen so sind, wie wir glauben zu sein oder glauben, sein zu müssen. Idealisieren oder entwerten, das sind zwei Seiten derselben Münze. Den anderen als anderen zu lieben fällt uns schwer, und trauern kann man wahrscheinlich nur, wenn man jemanden geliebt hat, den man als einen Menschen wahrnehmen konnte, der anders war als man selber; den man geliebt hat, obwohl oder gerade weil er oder sie anders war und man im Laufe des Trauerns die Verinnerlichung der oder des Verlorenen als Bereicherung erlebt.

Wenn wir jemanden lieben, nur weil wir ihn idealisiert haben, kann diese »Liebe« so abrupt beendet werden, wie sie begonnen wurde. Sie ist ohne Bestand, weil nicht vermocht wurde, den anderen als anderen wahrzunehmen und zu achten, sondern weil ihre Basis aus projizierten Selbstidealen oder abgewehrtem Selbsthass zusammengesetzt ist.

Grenzüberschreitungen

Zum Thema »Grenzüberschreitungen« fallen mir widersprüchliche Inhalte und unmittelbar mein Leben betreffende Erinnerungen ein. Ich bin in einem Ort geboren, der nahe der Grenze zwischen Dänemark und Deutschland lag. Diese Grenze habe ich seit meiner frühen Kindheit unzählige Male überschritten. Sie bedeutete mir weit mehr als nur die konkrete territoriale Abgrenzung zweier Länder voneinander. Grenzüberschreitung war für mich mit der damit wechselnden Konfrontation zweier unterschiedlicher nationaler Einstellungen verbunden, die nicht immer freundlich, ja oft feindselig entwertend einander gegenüberstanden. Dänemarks einziger Gegner in den letzten Jahrhunderten war Deutschland, gegen das es im 19. Jahrhundert zwei Kriege verlor. Nach dem zweiten deutsch-dänischen Krieg 1864 musste Dänemark ein Drittel des bis dahin zu ihm gehörenden Territoriums abgeben.

Ich möchte zunächst ein wenig auf meine Kindheit und Jugend eingehen, um die vielfache Bedeutung von Grenzüberschreitungen, wenn auch auf sehr persönliche Weise, zu veranschaulichen. Meine Mutter war Deutsche, mein Vater Däne. Für ihn, wie für Gleichgesinnte und seine seit Generationen dänisch gesinnte Familie, war die Wiedervereinigung mit einem kleinen Teil des 1864 verloren gegangenen Gebiets aufgrund der Volksabstimmung von 1920 Anlass zu Freude und Genugtuung. Die preußische bzw. deutsche

Herrschaft in Nordschleswig bzw. Sonderjylland zuvor war repressiv gewesen wie im Elsass. In den Schulen durfte nur deutsch unterrichtet werden, mein Vater musste in Flensburg sein Abitur machen und in Berlin studieren, um in seiner Heimat seinen Beruf als Arzt ausüben zu können. Sein Vater war Lehrer und Besitzer eines Gutshofs zugleich. Er gründete nach der Wiedervereinigung 1920, als Flensburg durch die Volksabstimmung an Deutschland gefallen war, die »Südschleswigsche Bank«, um die dänische Minderheit dort zu unterstützen. Von dem meinem Vater in Flensburg gebliebenen Geld, das 1930 durch Brüning »eingefroren« wurde, d. h. nur in Deutschland ausgegeben werden konnte, habe ich die Jahre bis zum Abitur und später mein Studium in Deutschland bezahlen können.

Meine Mutter war eine Deutsche und verehrte Bismarck. Der wiederum war nach dem verlorenen Kriege von 1864 nicht nur für den großen Gebietsverlust Dänemarks verantwortlich, sondern auch für die Unterdrückung der Dänen in der Heimat meines Vaters. Dass die Ehe meiner Eltern nicht konfliktfrei verlaufen konnte, war also durch die Probleme von Grenzen und deren einengende oder auch zur Überschreitung verleitende Wirkung quasi vorprogrammiert.

Vor einigen Jahren wurde mir anlässlich einer Diskussion über »Die Unfähigkeit zu trauern«[1] von Alexander Mitscherlich und mir vorgeworfen, der Inhalt dieses Buches sei nicht frei von untergründigem Hass auf die Deutschen. Das sei wahrscheinlich darauf zurückzuführen, dass ich mich mit meinem dänischen Vater identifiziert hätte. Ich habe das, nachdem ich mich jahrelange daraufhin befragt hatte, ob mich meine Affekte und mögliche unbewusste Motive beeinflussten, energisch zurückweisen können. Mein Vater hat zwar die Nazis verabscheut, aber so wenig wie ich die Deutschen jemals gehasst. Ich selber habe mich viel mehr als mit meinem Vater mit meiner Mutter identifiziert und mich wie sie als Deutsche gefühlt. Sie hat mir die deutsche Kultur nahegebracht. Das Volk der Dichter und Denker war für sie das Größte in der Welt – das Idol schlechthin. Als ich 1932 nach Deutschland kam, stand ich aber absolut naiv einer mir fremden Mentalität gegenüber. Meiner Mutter mag ich es daher später unbewusst übelgenommen haben, dass mir im Laufe der Nazizeit das Idol meiner Kindheit – unvorbereitet, wie ich war – so völlig verloren ging und damit natürlich auch ein wesentliches Stück meines eigenen Werts. Seine Illusionen, eigene Begrenztheit und Kritiklosigkeit, seine Vorurteile zu erkennen und wahrzunehmen, welche Opfer der nationalistische Wahn zur Folge hatte, ist für jeden denkbar schmerzlich und war es auch für mich. Aber die Trauer über diese Verluste ist wahrscheinlich die Vorbedingung dafür, über seinen Schatten, seine Denkbarrieren springen zu lernen, sich grenzüberschreitend in den anderen als anderen einzufühlen, Mitleid mit den Opfern eigener Projektionen zu haben und dem Bedürfnis wiedergutzumachen zu folgen, wo immer es möglich ist.

Die Grenze zwischen der BRD und verschiedenen Ländern im Osten Europas trennte bis vor wenigen Jahren Welten voneinander. Das hat sich seit einiger Zeit grundlegend geändert. Haben sich hierdurch aber auch Mentalitäten verändert? Oder haben die beiden sich jahrzehntelang bekämpfenden politischen und gesellschaftlichen Welten Überzeugungen, die in der gemeinsamen Vergangenheit wurzeln, nur wenig verändert? Im Osten ist eine Vision von Menschlichkeit – der Sozialismus –, der ja ursprünglich Gleichheit und Gerechtigkeit für alle Menschen bringen sollte, endgültig zusammengebrochen. Dass diese Menschheitsidee mit den Mitteln einer Diktatur durchgesetzt werden sollte, war ihr Untergang. Der unmenschliche Stalinismus war, wenn man so will, eine einzige Grenzüberschreitung. Aus mehr Menschlichkeit wurden hemmungslose Unterdrückung und Gewalt. Aber woran, so müssen wir uns dennoch fragen, ist die Diktatur im Osten letztlich zugrunde gegangen? An ihrer Heuchelei und Unmenschlichkeit oder an ihrer ökonomischen und psychologischen Fehlkalkulation? 1989, als die Mauer fiel, konnte vor niemandem mehr geheim gehalten werden, dass es den Menschen im kapitalistischen Westen viel besser ging als den Menschen im Osten. War es die Freiheit, nach der man sich im Osten am meisten sehnte, oder war es der Wohlstand des Westens, nach dem es die Menschen verlangte? Ich frage weiter: Ist es heute nach dem eindeutigen Sieg des Kapitalismus das Geld, das Finanzkapital, das die Welt regiert, oder sind es Freiheit und mitmenschliche Einfühlung, die sich im Leben der Menschen Raum verschafft haben?

Darüber nachzudenken, weshalb die Umsetzung der Idee des Sozialismus diese schon in ihren Anfängen pervertierte, so dass sie heute in allen politischen, ökonomischen und menschlichen Bereichen mehr oder weniger zugrunde gegangen ist oder geradezu verteufelt wird, forderte nicht nur Jorge Semprun in seiner 1994 in der Frankfurter Paulskirche vorgetragenen Friedenspreisrede. Diese Aufgabe verlangt eine Erinnerungs- und Denkarbeit, der sich jeder von uns stellen muss.

Die Deutschen – so sagte Semprun – seien das einzige europäische Volk, das beide unheilvollen Diktaturen dieses Jahrhunderts am eigenen Leibe unmittelbar erlebt habe. Das ist wahr und doch nicht wahr, schon deshalb, weil die Geschichte der DDR sich von der Geschichte der Sowjetunion grundlegend unterscheidet. Die Gründung der DDR kurz nach und als Antwort auf die Gründung der BRD im Jahr 1949 ist in keiner Weise mit der russischen Revolution und der Entstehung der Sowjetunion zu vergleichen. Die Teilung Deutschlands in zwei Staaten war – wie wir alle wissen – eine Folge des verlorenen Zweiten Weltkriegs. Sie war Ausdruck der beginnenden Feindseligkeiten zwischen Ost und West, des Kalten Kriegs zwischen den Siegermächten und ihren Verbündeten oder Satelliten. Die kommunistische Diktatur im Osten Deutschlands hatte mit einer Revolution nichts zu tun, sie war ein Diktat der russischen Siegermacht, wie die BRD, die neue deutsche Demokratie, ein Produkt der westlichen Siegermächte war.

Auch der Vergleich der DDR mit dem »Dritten Reich« ist absurd. Ich erinnere daran, wie verschieden die Vorbedingungen für die Errichtung dieser beiden Staaten waren. Mit Hilfe des »Ermächtigungsgesetzes« (Gesetz zur »Behebung der Not von Volk und Reich«), dem alle Parteien außer den Sozialdemokraten am 24. März 1933 zustimmten, konnte Hitler die Herrschaft des Nationalsozialismus in Deutschland nach innen und außen legalisieren. Diese Situation unterscheidet sich grundlegend von derjenigen, in der sich Deutschland nach der totalen Niederlage, zur Zeit der Gründung der DDR befand. Da gab es weder im Osten noch im Westen so etwas wie Selbstbestimmung. Ich wiederhole diese allseits bekannten Tatsachen deswegen, weil wir bis heute leider dazu neigen, auch zwischen der DDR und dem »Dritten Reich« Parallelen zu ziehen.

Dieser schiefe Vergleich trägt dazu bei, die psychologische Verständigung zwischen Ost und West zu erschweren. So wird die Stasi mit der Gestapo gleichgesetzt, was sich aber nicht aufrechterhalten lässt. In die Fänge der Gestapo zu geraten hatte meist die Einweisung ins KZ und unter Umständen den Tod zur Folge. Allenfalls mag der Vergleich insofern zutreffen, als die Angehörigen dieser beiden aufeinanderfolgenden deutschen Staaten offenbar eine gewisse Lust verspürten, einander zu denunzieren. Das mag eine Folge alter autoritärer Bedürfnisse sein, sich beim mächtigen »Vater« beliebt zu machen. Die »vaterlose Gesellschaft«[2], die Alexander Mitscherlich bereits in den sechziger Jahren diagnostizierte, scheint doch immer wieder von neuem Autoritarismus durchbrochen zu werden.

Die über vierzig, ursprünglich von einer Siegermacht aufgezwungenen Jahre der wiewohl von Antifaschisten begründeten Diktatur in Ostdeutschland sind letztlich ohne Krieg und Massenmord verlaufen und friedlich zu Ende gegangen. Der fast 45 Jahre während, real existierende Sozialismus im Osten, eine Folge des überaus gewalttätigen Kriegs mit mehr als 50 Millionen Toten, lässt sich beim besten Willen nicht mit den vorhergehenden zwölf barbarischen Jahren des Nazireichs, ohne deren Existenz die DDR nach dem Krieg ja nie entstanden wäre, vergleichen. Der Fall der Mauer 1989, eine der wichtigsten Grenzüberschreitungen unserer jüngsten Geschichte, war die Folge des ökonomischen Zusammenbruchs der Sowjetunion und der diese stützenden, psychisch tief reichenden Überzeugungen. Ich erwähne das, um darauf aufmerksam zu machen, dass trotz Überschreitung, trotz der Aufhebung von Landesgrenzen die psychischen Grenzen bestehen bleiben konnten. Noch heute verstehen sich »Ossis« und »Wessis« häufig nicht besonders gut. Der erwähnte falsche Vergleich zwischen 45 Jahren einer erzwungenen Diktatur im Osten Deutschlands und zwölf Jahren einer von fast allen Parteien legalisierten, vom größten Teil des deutschen Volks gewählten und bejubelten Diktatur trägt dazu bei, dass »wir« im Westen uns in die Situation derer im Osten, die wir nur behaftet mit vielen Vorurteilen wahrzunehmen bereit sind, kaum einzufühlen vermögen.

Was den Mangel an Einfühlung in die Situation unserer Schwestern und Brüder im Osten anbetrifft, so hängt diese nicht nur mit einer Geschichtsklitterung in Bezug auf die DDR zusammen, sondern auch damit, dass keine Sensibilität dafür aufgebracht wird, was nach dem Zusammenbruch der Naziideologie mit der darauf folgenden, zunächst aufgezwungenen Ideologie des »real existierenden Sozialismus« im Laufe der Zeit psychisch gemacht wurde. Sie wurde, zumindest teilweise, verinnerlicht. Das Leben von zwei Generationen, deren Erfahrungen und deren Vergangenheit, hat vom Westen aus gesehen kaum einen Wert. Das bedeutet natürlich für die, die es trifft, eine schwere psychische Kränkung, angesichts deren es Politiker nicht verwundern sollte, dass die PDS noch lange nach der Wende (»diese Kommunisten«, wie sie Herr Weigel mit dem Vokabular des Kalten Krieges verächtlich beschimpfte) in den neuen Bundesländern einen solchen Zulauf erhielt. Auch wir im Westen haben uns mit der Demokratie, dem Denken der Siegermächte, gegen die wir doch kurz vorher noch einen überaus blutigen Krieg geführt hatten, identifiziert und daraus viel Positives für unsere Entwicklung bezogen.

Das durch Einfühlungslosigkeit geprägte Verhalten von Mensch zu Mensch kommt einer psychologischen Grenzüberschreitung nahe. Die Grenzen des anderen nicht zu achten, seine für ihn seit vielen Jahren gewohnten Denk- und Verhaltensweisen schlicht zu entwerten, ist eine Art psychologischer Hausfriedensbruch, ein taktloser, im psychologischen Sinne auch gewalttätiger Umgang mit der seelischen

Verfassung des anderen. Wir im Westen haben psychologisch nicht angeklopft am östlichen Hause, haben nicht gewartet, haben nicht versucht, uns deren Bewohnern verständlich zu machen und sie zu verstehen, sondern wir sind quasi eingebrochen und haben verlangt, dass sie nach 45 Jahren völlig unterschiedlicher gesellschaftlicher und individueller Lebensgewohnheiten sich genauso verhalten und denken sollen wie wir.

Zurück zur Forderung Jorge Sempruns in seiner Friedenspreisrede, wir Deutschen seien das einzige Volk, das beide Diktaturen des 20. Jahrhunderts am eigenen Leib durchgemacht habe und deswegen wie kein anderes dazu verpflichtet sei, diese Katastrophen des 20. Jahrhunderts zu verstehen und zu untersuchen. Dass diese Forderung nur beschränkt erfüllbar ist, habe ich darzustellen versucht.

Was wir aber können, ist Folgendes: verstehen, in welcher Form die Ostdeutschen den Sozialismus, ihre Diktaturerfahrungen verarbeitet haben und wie weit und wie tief diese spezifischen Erfahrungen mit dem Erleben und den Folgen der vorhergehenden Diktatur, dem Hitlerreich, zusammenhängen könnten. Mit anderen Worten: Wir Deutschen, ein großes Volk mittlerweile im Zentrum Europas, werden durch die Verarbeitung unserer Erinnerungen bzw., wie ich auch sagen würde, durch unsere Trauerarbeit, dazu beitragen müssen, dass das gegenwärtige Jahrhundert die Katastrophen des 20. Jahrhunderts nicht wiederholt. Das 20. Jahrhundert ist, so fürchte ich, das grausamste und destruktivste Jahrhundert seit unserer christlichen Zeitrechnung gewesen, wenn nicht überhaupt. Trotz aller Aufklärung war es von Vorurteilen, Projektionen und Wahnideen geprägt. Man erinnere sich nur daran, dass Denise Diderot 1772 das umfangreiche Werk der Aufklärung, die Enzyklopädie, mit dem letzten der 28 Bände abschloss. 160 Jahre später, ab 1933 war von Aufklärung nichts mehr zu spüren. Die apokalyptische Vorstellung, dass das Böse im Blut liegt, führte zu dem kaltblütigen, mit allen Mitteln geplanten und durchgeführten Mord an Millionen hilfloser Frauen, Kinder und Männer. Die für diese Verbrechen verantwortliche Diktatur Hitlers ist beiden deutschen Staaten bekannt, auch wenn nur noch wenige Überlebende aus dieser Zeit unmittelbare Zeugen sind.

Ich erinnere daher nochmals daran, dass 1945 alle Deutschen, im Osten wie im Westen, mit dem völligen Zusammenbruch ihrer »Ideale« konfrontiert waren. Hitler war tot, Deutschland lag in Trümmern, die Deutschen wurden mit den unvorstellbaren Verbrechen konfrontiert, die die Nazis, die SS verübten, aber auch Teile der deutschen Wehrmacht, ohne die Hitler seinen Angriffskrieg gar nicht hätte führen können. In der Mehrzahl verhielten sie sich dennoch, als ob es das »Tausendjährige Reich« und seine Verbrechen nie gegeben hätte, eine Haltung, die sich mit Beginn des Kalten Krieges und dem Wirtschaftswunder im Westen noch verfestigte. Mit dem Führerwahn brach die Idealisierung der gefallenen Soldaten als »Helden« zusammen. Die Männer, Väter und Söhne, aber auch die Frauen und Kinder in den bombardierten Städten waren umsonst gestorben. Diese Wahrheit zu ertragen war schwer, sie wurde wie der Völkermord wenn nicht verdrängt, so doch entwirklicht. Den sinnlosen Tod von so ungezählten Menschen zu betrauern schien nicht möglich zu sein.

Nach ihrem ersten Besuch in Deutschland sprach Hannah Arendt schon 1950 von einer Weigerung der Deutschen zu trauern. Was aber kann man unter Trauern verstehen? Trauer heißt, sich zu erinnern, seinen Verlust vor Augen zu haben, sich mit ihm auseinanderzusetzen, sich mit den Schmerzen zu konfrontieren, die der Verlust bereitet. Dazu war offenbar der größte Teil der Deutschen in Anbetracht der Sinnlosigkeit einerseits und der Grausamkeit andererseits, mit der die zu betrauernden Toten gestorben waren, nicht fähig. Sich dieser Sinnlosigkeit und Destruktivität gegenüberzustellen, sich mit ihr auseinanderzusetzen hätte wahrscheinlich zur Folge gehabt, dass eine schwere Depression den Lebenswillen vieler damals lebender Menschen endgültig gebrochen hätte. Gegen das Gefühl einer totalen Wert- und Sinnlosigkeit mussten offenbar Abwehrmechanismen wie Verleugnung, Verdrängung, Derealisierung aufgebaut werden.

Was hat all das mit dem Thema der Grenzüberschreitung zu tun? Wenn es je eine Grenzüberschreitung der solidarischen Achtung des Menschen vor der Würde des anderen Menschen gegeben hat, dann ist sie in diesen zwölf Jahren des Hitlerreichs geschehen. Die Nazitäter, hinter denen der größte Teil des kriminalisierten Volkes steht, das den Solidaritätsbruch, d. h. die Aufhebung der Achtung des Mitmenschen vollzogen hat, werden heute oft mit individuellen kriminellen Tätern einer durchschnittlich bürgerlich-demokratischen Gesellschaft gleichgesetzt. Dass die Täter zur Zeit Hitlers mit den Kriminellen einer bürgerlich-rechtlichen Gesellschaft wenig zu tun hatten, wird bis heute übersehen. Die Täter in Auschwitz waren zugleich Massenmörder und Ungeheuer und denkbar angepasste Bürger der Hitlerdiktatur. Sie waren Kinder- und Tierliebhaber, neigten zur Sentimentalität, das Vaterland stand für sie über allem. Demgegenüber waren Gewissensfragen sekundär, wenn nicht überhaupt lächerlich. Wenn es um Menschen ging, die Opfer der Nazipropaganda und deren Projektionen waren, gab es für diese kein Gefühl der Mitmenschlichkeit mehr. Einen solchen katastrophalen Bruch der Solidarität durch kaltblütig geplante, mitleidlos technisierte Vernichtung zwischen allen, die ein menschliches Antlitz tragen, hat es in der Geschichte der Menschheit noch nicht gegeben. Menschen, die sich in die Opfer dieser Projektionen einzufühlen vermochten und wagten, sich mitleidend für sie einzusetzen, wurden als Verbrecher angesehen und nicht selten auch mit dem Tod bestraft.

Als Folge unserer Abwehr einer kritischen Trauer- und Erinnerungsarbeit und damit auch von Einfühlung sind wir uns dessen wenig bewusst, dass die Täter sich anders und an anderes erinnern als die Opfer, wie auch die Nachkommen der Täter sich anders und an anderes erinnern als die erste und zweite Generation der Opfer. Von ihnen leiden viele bis in die Gegenwart unter der Erinnerung der tödlichen Bedrohung, der Vernichtung und Erniedrigung. Diese Angst hat das Leben mancher unter ihnen für immer seelisch zerstört. Schicksal und Geschichte Israels sind von der Erinnerung an den Völkermord nach wie vor in hohem Maße beeinflusst.

Nicht nur den Tätern und Mitläufern, auch ihren Kindern und Enkeln fällt das Vergessen leichter. Sie waren nicht dem Trauma der totalen Hilf- und Machtlosigkeit ausgesetzt. Dafür leiden sie unter den Folgen einer nicht verarbeiteten Schuld der Eltern und Großeltern, die sie unbewusst übernehmen, aber gleichzeitig abwehren, weil sie ihren Selbstwert zu sehr bedroht. Die zwiespältigen Gefühle, die die Nachkommen für die sich selbst belügenden Elternfiguren empfinden, ist wiederum Anlass zu weiteren Schuldgefühlen und eigener Entwertung, da Kinder sich mit dem Wert oder Unwert, den sie ihren Eltern geben, unweigerlich identifizieren, auch wenn sie diese Identifikation abwehren oder in ihr

Gegenteil zu verkehren versuchen. Als Folge stellt sich oft ein untergründiger quälender Selbsthass ein, von dem sich viele junge wie auch ältere Menschen nur durch Verschiebung auf andere, Ausländer, Juden, Asylbewerber, zu befreien vermögen. Anstatt uns selbst, verachten wir dann oft genug auch unsere »Geschwister« in den neuen Bundesländern.

Dass wir unsere Gefühle von Schuld und Scham, ganz zu schweigen von Selbsthass, zu verdrängen suchen, dass Täter wie Opfer ohne partielle Verdrängung nicht leben können, dessen bin ich mir jedoch sehr bewusst. Dass die nachfolgenden Generationen heute verlangen, an den unmenschlichen Taten ihrer Vorfahren nicht schuld zu sein, ist verständlich, aber – um es zu wiederholen – schützt sie das Betonen der eigenen Unschuld vor der narzisstischen Angst, als Deutsche nichts wert zu sein? Die historische Verantwortung kann uns und ihnen niemand abnehmen. Das ist tragisch, aber wir müssen uns damit abfinden.

Grenzüberschreitungen im zerstörerischen Sinne gab es im Deutschland unserer jüngeren Vergangenheit mehr als genug. Diese Vergangenheit zu vergessen wäre lebensgefährlich, ihre unmenschlichen »Ideale«, ihre Einfühlungsunfähigkeit und Vorurteile könnten unsere Seele von neuem beherrschen. Man kann das nie wissen. Schließlich und endlich war es ein Kulturvolk, das mitten im 20. Jahrhundert erneut der Barbarei verfiel, das dem Denken und Nachdenken abschwor. Es wäre ein sträflicher Leichtsinn, heute zu behaupten, so etwas könne nie wieder passieren. Erinnerung befreit, und zwar deswegen, weil wir so leicht nicht wiederholen können, was uns bewusst bleibt, womit wir uns konfrontiert und auseinandergesetzt haben. Ohne Erinnerung bleibt die Zukunft der Vergangenheit verhaftet.

178

Ich habe aber nicht vergessen, dass es positive Grenzüberschreitungen gibt, sicherlich nicht nur die Aufhebung der Grenze zwischen Ost- und Westdeutschland, sondern auch die Aufhebung, zumindest das Bemühen um die Aufhebung von Grenzen und Begrenzungen in unseren Köpfen, in unserem Denken, von denen unser Handeln bestimmt wird. Diese Art der denkenden Grenzüberschreitungen hatte sich die Aufklärung zu ihrer Aufgabe und ihrem Ziel gemacht. Dass sie dabei oft allzu rational, ja rationalisierend vorging, wie wir Psychoanalytiker sagen würden, hat zur weitergehenden Aufklärung der Aufklärung geführt, nämlich der Aufklärung über das Unbewusste, über die Tatsache verdrängter Motive, die den Verhaltensweisen, dem Handeln, den festgefahrenen Vorurteilen, dem Denken überhaupt oft zugrunde liegen und diese bestimmen.

Der Begriff der Enttabuisierung wird, wenn es darum geht, eine Überschreitung bisheriger Grenzen des kritischen Denkens in aufklärerischer Absicht zu wagen, vielfach positiv verwendet. Allerdings begreifen sich heute auch manche konservativ-nationale Politiker, Historiker und nicht nur sie als mutige, aufgeklärte Tabubrecher, wenn sie es unternehmen, die Epoche des Nationalsozialismus innerhalb der Geschichte einzuordnen und sie als verständliche oder notwendige Folge welthistorischer Ereignisse zu relativieren. Aber zwischen diesen »Tabubrechern« und der Infragestellung von Tabus im aufklärerischen Sinne liegen Welten. Für die Aufklärer ging und geht es darum, sich mit Denkhemmungen und Vorurteilen auseinanderzusetzen, Probleme offen zu besprechen, an erstarrten Idealen, die längst nicht mehr der Wirklichkeit entsprechen, Kritik zu üben, was natürlich in der DDR wie in jeder Diktatur kaum möglich war, aber oft genug auch von Politikern abgewehrt wird, denen es durchaus möglich ist, die Wirklichkeit so zu sehen, wie sie ist, und auf diese Weise überholte Tabuisierungen aufzulösen. Tabus im Hinblick auf den Völkermord aufbrechen zu wollen geschieht dann in der Absicht, die Wirklichkeit dieser Vergangenheit erneut zu leugnen bzw. die Gesellschaft dazu aufzufordern, doch keine Scheu mehr davor zu haben, »gesundes Volksempfinden« (beispielsweise Ausländern und Juden gegenüber) zu äußern, was auch heißt, Projektionen und Vorurteile als rechtmäßig zu erleben. In der Folge solcher falsch verstandenen »Aufklärung« können dann rohe Gefühle und primitive Denkweisen sich wieder unverhüllt äußern.

Hamburg am 3. Mai 1945 –
Befreiung und Konfrontation mit den Folgen der nationalsozialistischen Verbrechen

Als Hamburg am 3. Mai 1945 kampflos an die Britische Armee übergeben wurde, hielt ich mich im Süden Dänemarks auf. Zwei Tage später, am 5. Mai 1945, erlebte ich – quasi als Grenzgängerin zwischen Deutschland und Dänemark geboren (mein Vater war Däne, meine Mutter Deutsche) – die Befreiung Dänemarks von deutscher Besatzung. Die Kapitulation der deutschen Wehrmacht war seit langem erwartet worden. Seit der Kriegserklärung an die Vereinigten Staaten am 11. Dezember 1941, spätestens seit der Schlacht von Stalingrad im Winter 1942/43 und längst vor der Landung der Alliierten in der Normandie am 6. Juni 1944 war der Krieg für alle jene, die die Realität zu sehen bereit waren, verloren. Doch der Wahn des totalen Krieges hat noch im letzten Kriegsjahr weit mehr Menschenleben gekostet als in allen Kriegsjahren davor. In den Konzentrationslagern ging das Morden, auch nachdem die Gaskammern im Herbst 1944 weitgehend gesprengt worden waren, weiter. Erst im Januar 1945 rückten sowjetische Truppen in Auschwitz ein.

Der 5. Mai in Dänemark verlief relativ friedlich. In dem kleinen Ort, in dem ich geboren bin, wurden alle, die mit den Deutschen kollaboriert hatten, verhaftet und in Gefängnisse oder in Lager verbracht. Dazu gehörten auch Mitglieder der deutschen Minderheit, die sich während der Besetzung durch die Deutschen »illoyal« (wie es hieß) verhalten hatten. Mit meiner Mutter von früh an identifiziert, fühlte ich mich der deutschen Minderheit zugehörig, zumindest bis 1932, als ich mit fast 15 Jahren nach Flensburg auf das Oberlyzeum geschickt wurde. Dort war ich ab 1933 mit den Nazis konfrontiert, sah den Opportunismus und die Gleichschaltung vieler meiner Lehrer und Lehrerinnen, was mir nicht besonders zusagte, sah die Misshandlung Andersdenkender und »Nicht-Arier«, erlebte die Willkür der Erschießungen beim »Röhm-Putsch« 1934. Es ließ sich nicht mehr leugnen, dass mein Vater recht hatte, wenn er Hitler einen Verbrecher nannte. Darin stimmte auch meine Mutter bald mit meinem Vater überein. Ihm zuzugestehen, dass er recht hatte, geschah, nicht ohne dass es schmerzte, denn über lange Zeit waren sowohl ich wie sie der Meinung gewesen, dass die deutsche Kultur die höchste und die deutschen Menschen die besten der Welt seien. Meiner Mutter mag ich es deswegen übelgenommen haben, dass mir das Idol meiner Kindheit während der Nazizeit verloren ging und damit auch ein Grundpfeiler meines Selbstwertgefühls.

Als ich aufgefordert wurde, mich zur jüngeren Geschichte Hamburgs zu äußern, wurden gegen mich gleichzeitig Einwände der Art vorgebracht, ich sei keine Hamburgerin, würde also, wenn man so will, vom hanseatischen Geist nichts verstehen. Das stimmt natürlich, aber nur partiell, denn immerhin wurde meine Mutter in der Nähe von Hamburg geboren. In jungen Jahren war sie lange Zeit mit einem aus alter »hanseatischer« Familie stammenden Hamburger verlobt, der kurz vor der Eheschließung an Schwindsucht verstarb, aber ihre große Liebe blieb. Bis zu ihrem Lebensende stand sein Bild auf ihrem Schreibtisch. Das war weder für mich noch für meinen Vater einfach, ich glaube, wir litten beide unter schmerzlicher Eifersucht, denn es bestand ja keinerlei Aussicht, diesen Rivalen je zu besiegen. Auch war ich 1937 in Hamburg-Langenhorn zum Arbeitsdienst eingezogen, den ich absolvieren musste, um die Erlaubnis zum Studium in Deutschland zu erhalten. Als mein Vater davon erfuhr, wollte er sich von meiner Mutter scheiden lassen. Immerhin hat das Schicksal meiner Mutter dazu beigetragen, dass ich nicht selten in Hamburg war, auch eine Zeitlang in Hamburg studiert habe. Ich erwähne dies alles nur, um Verständnis dafür zu erbitten, dass ich trotz der berechtigten Einwände gern bereit bin, mich mit dem alten Hanseatengeist, auf den die Hamburger so stolz sind, zu identifizieren, auch wenn mir natürlich klar ist, dass diese Einstellung einer Nicht-Hamburgerin so leicht nicht akzeptiert wird.

Das alles würde zu weit führen, aber nachdem ich die Arbeit von Joist Grolle über Hamburgs »Schwierigkeiten mit der Vergangenheit«[1] gelesen habe, hat mich beeindruckt, wie sehr die Hamburger bis heute ihren Stolz auf ihre hanseatische Tradition, auf den Hamburger Geist brauchen, schon allein, möchte ich annehmen, um sich mit der Berufung auf den Geist dieser Stadt von den Verbrechen der Nazizeit distanzieren zu können. Das ist durchaus einfühlbar, bringt uns aber im Verständnis dessen, weshalb wir trotz und mit all der Tradition und Kultur so tief der Barbarei verfielen, leider nicht weiter

Zurück zum 5. Mai in Dänemark und zum 3. Mai in Hamburg: In den größeren Städten Dänemarks verlief die Kapitulation natürlich nicht so friedlich wie in dem kleinen Ort, in dem ich lebte. Mein Bruder, Mitglied des dänischen Widerstands (wie ich mit meiner deutschen Mutter so hatte er sich mit seinem dänischen Vater identifiziert), war nicht begeistert darüber, dass z. B. in Kopenhagen jede »Feldmatratze« – wie man dort die Frauen nannte, die sich mit deutschen Soldaten eingelassen hatten – kahlgeschoren durch die Straßen gehetzt wurde. Sieger zu sein, den Feind erledigt zu wissen lässt auch nicht immer die besten Eigenschaften des Menschen zu Tag treten, nicht einmal in einem so relativ menschenfreundlichen und friedlichen Land, wie es Dänemark in den letzten Jahrhunderten gewesen ist.

Dass sich am 3. Mai die deutsche Wehrmacht in Hamburg kampflos ergab, war auch dem Reichsstatthalter und Gauleiter Karl Kaufmann zu verdanken. Diese Dankbarkeit der Hamburger dem Gauleiter Kaufmann gegenüber sollte dann im Laufe der darauf folgenden Jahre in der Auseinandersetzung mit Dr. Kurt Detlef Möller und dessen Arbeit über die Kapitulation *Das letzte Kapitel*[2] zu einem Problem werden.

Der bei weitem größere Teil der Deutschen hatte sich bekanntlich mit dem Hitlerismus identifiziert und glaubte bis in die letzten Kriegsjahre hinein an den Endsieg. Der 3. Mai brachte das Ende aller Siegeshoffnungen, aller Ideale und Wünsche, für die viele Deutsche über Jahre gekämpft und große Opfer gebracht hatten. Dass der Krieg zu Ende war, dass nicht mehr geschossen wurde und keine Bomben mehr fielen, war natürlich eine Befreiung. Dennoch: Man stand den Folgen eines Wahns gegenüber, die Verbrechen der Nazis und von Teilen der Wehrmacht, ohne die Hitler seinen Krieg nicht hätte führen können, wurden offenbar. Der Völkermord, was in den Konzentrationslagern geschehen war, was man nicht hatte wissen wollen, mit all dem wurde nun ein jeder konfrontiert.

Elias Canetti schreibt zu dieser Zeit: »Der Zusammenbruch der Deutschen geht einem näher, als man es sich zugestehen mag. Es ist das Maß der Täuschung, in der sie gelebt haben, das Riesenhafte ihrer Illusion, das Blindmächtige ihres hoffnungslosen Glaubens, was einem keine Ruhe gibt ... Was ... sind sie ohne ihren furchtbaren militärischen Glauben? Wie sehr fühlen sie ihre Ohnmacht, da es für sie nichts als Macht gab? Wohin können sie noch fallen? Was fängt sie auf?«[3] Wann hatte sich je, wie 1945 im Mai, vielen Menschen ihr Gestern ähnlich plötzlich entfremdet? Aber das Leben ging weiter.

In Hamburg wurde früher als in anderen deutschen Großstädten versucht zu klären, unter welchen Umständen die Kapitulation herbeigeführt worden war. Der Streit darum, wem oder welchem Umstand man für die kampflose Übergabe Hamburgs Dank zu zollen hatte, wie die Ereignisse von wem gesehen werden sollten, sind typisch für die weitere Auseinandersetzung nicht nur der Hamburger, sondern aller Deutschen mit ihrer Vergangenheit. Ich möchte diese Auseinandersetzung in Hamburg deshalb kurz rekapitulieren.

Im April 1946 wurde der Senat auf Antrag der FDP-Fraktion ersucht, eine chronologische Darstellung der Ereignisse im April und Mai 1945 zu erarbeiten, um sie der Öffentlichkeit zugänglich zu machen. Archivrat Dr. Kurt Detlef Möller wurde beauftragt, diese Untersuchung durchzuführen. Die Möller'sche Untersuchung befasste sich vor allem mit der Kapitulationsgeschichte Hamburgs, ohne den Terror und die Unterdrückung durch die NS-Gewalthaber (Kaufmann war seit 1933 Gauleiter) in Hamburg eingehend zu berücksichtigen. In der Hamburger Bevölkerung erinnerte man sich an ein unmittelbar vor der Kapitulation verbreitetes Flugblatt des Gauleiters Kaufmann. Er erklärte darin, Herz und Gewissen geböten ihm, Hamburg vor sinnloser und verantwortungsloser Vernichtung zu bewahren. Die Aktion hatte dafür gesorgt, dass es gewisse Sympathien für diesen Mann gab. Um einer Legendenbildung über den seinerzeitigen Gauleiter Kaufmann und Gleichgesinnten entgegenzutreten, forderte die SPD nach der Veröffentlichung der Untersuchung von Möller, dass nicht nur die Ereignisse im April und Mai 1945 zu untersuchen seien, sondern auch die vorangegangene Entwicklung seit 1933 einbezogen werden solle.

Über die grausige Vergangenheit wollte kaum jemand sprechen, aber die Nazis nachträglich zu verherrlichen, weil sie vernünftigerweise dem Befehl Hitlers zum Widerstand am Ende des Krieges nicht gefolgt waren, ging dann doch vielen Hamburgern zu weit. Weit eher konnte man sich jetzt darauf einigen, dass es der Geist dieser Stadt war, »den wir den hanseatischen nennen«, der dazu beitrug, dass Hamburg friedlich übergeben werden konnte. Die Legende von dem guten, vernünftigen Gauleiter wurde durch die Legende von dem Geist der Stadt Hamburg, der hanseatischen Tradition, ersetzt. Möller, der vorgeblich zur »Kaufmann-Legende« beigetragen hatte, was sich beim Lesen seines Buches nicht bestätigt, wurde abgesetzt, sein Nachfolger war der Historiker Heinrich Heffter. In dessen erstem Vortrag über die Kriegs- und Nachkriegsgeschichte Hamburgs wurde nun zur Befriedigung aller anstelle des Nazis Kaufmann die Hamburger Tradition zum historischen Helden gemacht. Das Bemühen, nach dem Einbruch des Jahres 1945 und der Konfrontation mit den Folgen des Hitlerwahns Schuld und Scham abzuwehren und eine neue Identität zu finden, war nur allzu verständlich, unterstützte aber die allgemeine Unfähigkeit, sich der Realität zu stellen und sich mit ihr auseinanderzusetzen. Joist Grolle bemerkt dazu, dass die oft vorgebrachte Behauptung, es habe zwischen Hitler und Hamburg Berührungsängste gegeben, irrig sei: »In neueren Untersuchungen wird darauf hingewiesen, daß Hitler der Stadt Hamburg insgesamt 31 Besuche abgestattet hat. Jedesmal wurde er von den Hamburgern emphatisch gefeiert – nicht anders als in anderen deutschen Großstädten.« Die hanseatische Tradition »hinderte ... nicht, daß Hamburg den Ehrgeiz hatte, sich als ›Führerstadt‹ besonders hervorzutun. In vieler Hinsicht konnte die Stadt sich als ›Mustergau‹ rühmen – von der Konsequenz der Sterilisierungspraxis bis zur Härte der politischen Strafjustiz«[4], so heißt es weiter. Der »Hanseatengeist« hatte die Hamburger vor dem Ungeist des Nationalsozialismus leider nicht schützen können.

Das kollektive Schweigen der Jahrzehnte nach dem Kriege erstreckte sich auch auf die Gegner und Verfolgten der Nationalsozialisten. Die Vereinigung der Verfolgten des Naziregimes (VVN), deren Mitglieder häufig Kommunisten waren, musste während des Kalten Krieges wieder mit Verfolgung rechnen. Die überlebenden Juden waren zu einer Zusammenarbeit und zum Gespräch mit Historikern selten bereit. Über das Schicksal der aus Hamburg vertriebenen Juden erfuhr die Hamburger Forschungsstelle deshalb nur wenig. So reagierte Rabbi Salomon Carlebach, Sohn des Dr. Joseph Carlebach, des letzten Hamburger Oberrabbiners, auf eine Anfrage eher ablehnend. Er gehörte zu den wenigen am Leben Gebliebenen eines Deportationstransports von 400 Hamburger Juden, die 1941 nach Lettland verbracht und dort fast alle ermordet wurden, darunter auch die Eltern Salomon Carlebachs und drei seiner Geschwister. Er sei – so schrieb Salomon Carlebach – nicht ohne weiteres bereit, Fragen zu beantworten, sondern begierig, Beweise dafür zu erhalten, daß dem Vorhaben ein ernster Vorsatz zugrundeliegt und »daß der Anlaß für Ihren Auftrag auf den vorgehenden Gedanken basiert ist: ›Laßt uns das Ausmaß unseres Vergehens erforschen, auf daß wir es wiedergutmachen können‹.«[5]

Es kam letztlich weder zu einem wirklichen Kontakt mit Carlebach noch zu einem ausführlichen Bericht. Über den

Holocaust in reiner Chronistenmanier etwas aufzuschreiben war dem Angesprochenen unmöglich. »Die den überlebenden Juden auf der Seele brennenden Fragen von Schuld und Sühne, von Moral und Ethik ließen sich nicht in die Raster gewohnter Historie pressen.«[6] Den Überlebenden der Konzentrationslager fällt es, wie wir wissen, bis heute schwer, mit ihren Kindern über die grauenvolle Zeit der Verfolgung und Vernichtung zu sprechen.

Noch weniger waren und sind natürlich die Täter, die aktiv an der Durchsetzung und Erhaltung der NS-Herrschaft beteiligt waren, aber auch die Masse der Mitläufer zu Äußerungen über ihre Beteiligung an der Nazivergangenheit zu bewegen. Er wolle, so schrieb einer von ihnen, »die kritische Zeit nach Möglichkeit ganz aus [seinem] Gedächtnis … löschen«.[7] »Der unvermittelte Bruch zwischen dem Gestern und dem Heute, die schmerzhaften Risse in den Lebensgeschichten, die Spannung zwischen Opportunität und Erinnerung – alles dies hat die notwendige Vergangenheitsarbeit belastet und schließlich scheitern lassen.«[8]

Ein Mitläufer war auch Dr. Kurt Detlef Möller gewesen, dessen Auftragsarbeit »Das letzte Kapitel. Geschichte der Kapitulation Hamburgs« erst gelobt und unterstützt, dann als Rechtfertigung des Gauleiters Kaufmann und anderer Nazis verstanden und abgelehnt wurde. Sowohl seine Person als auch seine Untersuchung wurden zu einem Politikum, an dem große Teile der Stadt Hamburg teilhatten. Möller berichtete aus der Sicht des Mitläufers, der selbst dem Irrtum zeitweilig verfallen war, diesen aber als solchen mittlerweile erkannt hatte. Er versuchte, sich aufrichtig mit der Realität der Nazizeit, eben auch mit seiner eigenen Vergangenheit auseinanderzusetzen und sie besser zu verstehen. Wenn man will, kann man das als Trauerarbeit bezeichnen, die aber offenbar damals von niemandem gewollt und von keinem der Kontrahenten als notwendige und heilende Schuldverarbeitung verstanden wurde.

Stehen wir solchen Prozessen der schmerzlichen Erinnerungsarbeit mittlerweile offener und einfühlender gegenüber? Ertragen wir es, uns mit unserer Schuld – auch wenn es für die meisten nur noch eine historische Schuld ist – ohne Selbstidealisierung, ohne Abwehr und Verleugnung zu konfrontieren? Indem Möllers Versuch einer aufrichtigen, wenn auch oft unbeholfenen und ungenügend informierten Auseinandersetzung mit der unmittelbaren Vergangenheit Hamburgs und seinem eigenen Mitläufertum so radikal abgelehnt wurde und zu seiner Entlassung führte, wurde einer der vielen Anfänge für ein kollektives Beschweigen gesetzt, für das Entstehen einer Lebenslüge, die mit untergründigem Selbsthass verbunden ist, der wiederum danach drängt, ein Objekt in der Außenwelt zu finden, auf das verschoben er sich äußern kann.

Ich fürchte, dass bei allzu vielen Zeitgenossen Schuldabwehr nach wie vor bis heute das Verhalten bestimmt. Um diese Abwehr aufrechtzuerhalten, stellt man sich immer noch oder schon wieder blind und taub. Die historische Wahrheit darf um nichts in der Welt in ihrem vollen Umfang wahrgenommen werden. Von der Schuldabwehr zur Anklage ist der Weg nicht weit. Das zeigt die deutsche Neigung zur Aufrechnung von Schuld wie auch der Umgang der BRD mit der Ex-DDR und deren Vergangenheit.

Am 5. März 1995 wurde in Hamburg die Ausstellung »Vernichtungskrieg. Verbrechen der Wehrmacht 1941–1944« eröffnet. Es hat lange gedauert, bis die Idealisierung der Wehrmacht soweit aufgegeben war, dass man beginnen konnte, sich mit der Realität ihrer Vergangenheit auseinanderzusetzen, und bis diese Ausstellung über die Wehrmacht, die von Hamburg ihren Ausgang nahm, möglich wurde.

Das Wochenblatt »Die Zeit« überschrieb in ihrer Ausgabe vom 3. März 1995 eine Diskussion aus Anlass der Ausstellung mit »Wir hatten geglaubt, wir könnten anständig bleiben«. In dieser Diskussion über Verbrechen der Wehrmacht wehrten sich einige aus der älteren Generation, die in der Wehrmacht als Soldaten gedient hatten, vehement dagegen zu realisieren, dass sie Mitglieder einer verbrecherischen Institution gewesen waren. Die Wehrmacht hat Hitler aber von Anfang an gestützt. Auch ihretwegen wurden führende Mitglieder der SA und Röhm 1934 ermordet. Zwischen der Wehrmacht und der SA bestand eine gefährliche Rivalität. Was offensichtlich und nachwiesen ist, wurde also von einigen Diskussionsteilnehmern nicht weniger verleugnet als seinerzeit von den deutschen Generälen, die 1945 eine Denkschrift für das Militärtribunal in Nürnberg verfasst hatten. Die Generäle behaupteten, kein Bündnispartner Hitlers gewesen zu sein und von den Verbrechen gegen die Juden und Kriegsgefangenen nichts gewusst zu haben noch an ihnen beteiligt gewesen zu sein.

Trotz aller nicht mehr zu übersehender Fakten fällt es selbst so klugen Köpfen wie Altbundeskanzler Helmut Schmidt schwer, seine Vorstellung von einer »anständigen« Wehrmacht im Gegensatz zur »unanständigen« SS aufzugeben. In jener Diskussion halten Schmidt wie auch seine Altersgenossen, die am Kriege teilgenommen haben, daran fest, dass sie von nichts gewusst haben, dass es in ihrer Truppe keine »Unanständigkeiten« gegeben hätte. Schmidt schreibt: »Irgendeine nationalsozialistische Beeinflussung habe ich in den zwei Kriegsjahren nicht erlebt und auch später – ich bin Soldat geblieben bis einschließlich Kriegsgefangenschaft bis

190

Herbst 1945 – überhaupt nicht. Ich habe im Laufe dieser achteinhalb Jahre nur zwei Generale kennengelernt, die waren beide keine Nazis und keine Verbrecher … Von der Vernichtung der Juden haben wir überhaupt nichts gewusst und gehört zu jenem Zeitpunkt [1941 im Osten].« Er fügt hinzu: »Ich habe Glück gehabt.«

Das Bedürfnis, die Wirklichkeit nicht zu sehen, Schuld und Verbrechen des eigenen Volkes – und damit die Frage der eigenen Beteiligung – von sich zu weisen, ist, wie man dieser Diskussion entnehmen kann, bis heute auch bei sonst klugen und einsichtigen Zeitgenossen ein vorherrschender Mechanismus der Abwehr unbewusster Motive. Wenn also bei der historischen Darstellung der Hamburger Kriegsgeschichte Heffter über Möller siegte, ist das kaum überraschend und kann auf bis heute unveränderte seelische Mechanismen zurückgeführt werden wie Schuldabwehr und Schuldverschiebung, die Suche nach einem neuen oder längst vergangenen Ideal, das man in Besitz nehmen und mit dem man sich verteidigen kann.

Die Verfassung der BRD von 1949 ist ein Beweis dafür, dass es in den ersten Jahren nach 1945 sehr wohl eine einflussreiche Schicht von Deutschen gab, die nicht vergessen wollten, die aus ihrer Vergangenheit gelernt hatten, ihre Verluste betrauerten und gegen eine Wiederholung als Folge der gewalttätigen Geschichte deutscher Herrenmenschen, in welcher Form auch immer, angingen. Sie waren sich ihrer Verantwortung für frühere wie für zukünftige Generationen bewusst. Ihnen war klar, dass sich diese Verantwortung nicht teilen lässt, wenn sich vergangenes Unrecht nicht wiederholen sollte.[9]

Wie Möller hatten auch andere Mitläufer unmittelbar nach dem Krieg das dringende Bedürfnis, sich der schmerzlichen Auseinandersetzung mit ihrer Vergangenheit zu stellen, aber wie Möller fanden sie wenig Verständnis, weder bei denen, deren Lebenslauf dem ihren ähnelte, noch bei vielen, die sich aus dem nationalsozialistischen Wahn herausgehalten oder im Widerstand Schweres und Schwerstes erlebt hatten. Opfer des Nationalsozialismus, die am schlimmsten gelitten hatten, waren und sind noch am ehesten – wie ich aus meiner Praxis und meinem Freundeskreis weiß – bereit, für Verführte und Fehlgeleitete, die schwer unter ihrem Irrtum litten und leiden, Verständnis aufzubringen.

Hätte man Möller erlaubt, sein Denken und seine Irrtümer offenzulegen, sie zu betrauern, wenn möglich wiedergutzumachen, was durch sie geschehen war, hätte man sich selbst in ihm erkennen und ertragen gelernt, was der einzige Weg war und ist, sich in seinem Denken zu ändern, den Wiederholungszwang in seinem Verhalten zu durchbrechen. Obwohl viele Zeitgenossen sich an die Kapitulation und die Zeit vor dem Zusammenbruch erinnern, neigen sie dazu, Gefühle und Verhaltensweisen von damals, die ihnen peinlich sind, auch wenn diese nur die Eltern oder Großeltern betreffen, zu verdrängen. Sie können deshalb nicht wahrnehmen, wie sich in der Mitleids- und Einfühlungslosigkeit, der Verachtung gegenüber den Türken und Asylbewerbern – den »Fremden« von heute – alte unbearbeitete Verhaltensweisen und Projektionen wiederholen. Sie vergessen auch gern, dass die Mauer eine Folge des Zweiten Weltkriegs war, sie vergessen auch, warum viele Menschen innerhalb und außerhalb der DDR ursprünglich auf einen »Sozialismus mit menschlichem Antlitz« hofften, in ihm einen Kampf für Mitmenschlichkeit und gegen den Faschismus sahen, sie vergessen die Gründe dafür, warum so viele Zeitgenossen in der Ex-DDR an der Pervertierung der sozialistischen Idee teilnahmen. Wenn die nachfolgenden Generationen heutzutage darauf bestehen, an den unmenschlichen Taten ihrer Vorfahren nicht schuld zu sein, ist das mehr als verständlich. Das schützt sie allerdings nicht davor, die vorhergehenden Generationen psychisch zu beerben und ihre unbewussten, nicht bearbeiteten Schuldgefühle zu übernehmen, schützt sie auch nicht vor dem Selbsthass, der die Folge dieses Erbes sein kann. Der Weg, um als Individuum und als Nation so etwas wie Reife, Mitmenschlichkeit und Toleranz auch sich selber gegenüber zu entwickeln, sich soweit möglich vom Selbsthass zu befreien, führt nun einmal über die Konfrontation mit der Realität der Vergangenheit, mit der damit verbundenen Schuld und ihrer Bearbeitung.

1993 wurde in Deutschland Steven Spielbergs Film »Schindlers Liste« vorgeführt. Der Held dieses Filmes, Oskar Schindler, war nun gar keiner im Sinne dessen, was man in der Vergangenheit als Held zu bezeichnen pflegte. Er war ein altes Parteimitglied, ein Opportunist reinsten Wassers, der aber – und das im Gegensatz zu vielen, vielen anderen –, mit der Unmenschlichkeit konfrontiert, die Menschlichkeit wählte. Und darauf allein kommt es letztlich an.

Eine deutsche Art zu lieben –
in Ost- und Westdeutschland

Die Frage, ob und inwieweit die Deutschen heutzutage zur Trauer über ihre unglückliche Vergangenheit fähig seien, kann ich nur unvollständig beantworten. Das Lob des »Herrenmenschentums« und den Männlichkeitswahn, die das Dritte, aber auch schon das Zweite Reich beherrschten, gibt es bei radikalisierten, auch verwirrten Jugendlichen in Ost und West, sonst in der Öffentlichkeit kaum noch. Es ist aber anzunehmen, dass alte Ideale dieser Art im Verborgenen weiter existieren, denn erneut wird mancherorts versucht, anknüpfend an das Reich Bismarcks und an Identifikationen mit dem Militärstaat Preußen, deutsches Nationalgefühl wiederherzustellen.

Die Neigung zu idealisieren war in Deutschland größer als in irgendeinem anderen Land, das ich kennengelernt habe. In dem Buch *Die Unfähigkeit zu trauern* von 1967 haben Alexander Mitscherlich und ich von»einer deutschen Art zu lieben« gesprochen[1]. Damit war gemeint, dass viele Menschen nur lieben, was sie idealisieren können. Auch die Menschen selber verlangen von sich, perfekt sein zu müssen, um geliebt zu werden. Von der Idealisierung zur Entidealisierung ist es aber nur ein kleiner Schritt, entsprechend von Liebe zu Hass, von der Selbstüberhöhung zum Selbsthass. Hitler wurde in geradezu hysterischer Weise vom größten Teil des deutschen Volkes idealisiert. Mit seinem Ende wurde auch seine Existenz verdrängt, es sollte ihn nie gegeben haben.

194

In meinem Buch *Erinnerungsarbeit*[2], das 20 Jahre später, 1987, erschien, war ich noch davon überzeugt, dass sich an der Unfähigkeit zu trauern in diesem Land wenig geändert habe. Heute bin ich mir nicht mehr so sicher. Es gibt Anzeichen dafür, dass das Wissen über die Vergangenheit, über die zwölf Jahre des Massen- und Völkermords, über das Wahnhafte der Naziideale ins allgemeine Bewusstsein der Deutschen eingegangen ist. Auch wenn das Gros der Deutschen, in Ostdeutschland nicht weniger als in Westdeutschland, an das »Tausendjährige Reich« nicht erinnert werden möchte, so scheinen doch zunehmend junge und auch ältere Menschen aus der Vergangenheit gelernt zu haben und sich in großer Offenheit mit der Barbarei der zwölf Jahre Nationalsozialismus zu konfrontieren. Wie indessen 45 Jahre Diktatur die in der DDR lebenden Deutschen geprägt haben, davon wissen wir noch nicht genug.

Auf der Basis der Verdrängung des Verdrängten lässt sich so etwas wie eine neue deutsche »Identität« nicht aufbauen. Mit dem nationalistisch identifizierten Deutschen, für den ›viel Feind viel Ehr‹ war, dem Selbstironie fremd ist, dessen Hochgefühle sich aus aggressiver Selbstidealisierung zusammensetzen, aus Heldenverehrung, Fremdenhass einerseits, symbiotischen Verschmelzungswünschen und sentimentalen Heimat-Sehnsüchten andererseits, wollen viele Deutsche nichts mehr zu tun haben. Selbstachtung lässt sich durch neuen deutschen Nationalismus offenbar nicht wiederherstellen. Um uns selbst ertragen zu lernen, scheinen wir kaum eine andere Wahl zu haben, als uns schmerzlicher Erinnerung auszusetzen und – sicherlich eine Arbeit von Generationen – erkennen zu wollen, was alles zu dem moralischen Bankrott eines Kulturvolkes geführt hat. Nur indem wir uns, so möchte ich annehmen, mit »Hitler in uns selbst« auseinandersetzen, wird es möglich sein, uns mit uns selbst zu versöhnen. Denn verdrängen wir unsere Geschichte und damit unseren Selbsthass, führt das offenbar dazu, dass Jugendliche in beiden Teilen Deutschlands versuchen, »Hitler« und was für ihn steht, zu neuem Leben zu erwecken, ihren Selbsthass in Fremdenhass zu verwandeln –, worin sie von der schweigenden Mehrheit unterstützt werden.

Angesichts des zweiten Golfkriegs von 1990/91 standen sich die Deutschen der Bundesrepublik in zwei Lagern gegenüber beziehungsweise, wie Rudolf Augstein schreibt, in zwei Denkschulen. Für die einen war Saddam Hussein ein zweiter Hitler. Jede denkbare Politik sei solchen Menschenfeinden gegenüber machtlos, nur Gewalt und Krieg könnten von Saddam ausgehende Gefahren bannen, so Enzensberger. Bei Hitler und bei Saddam handele es sich um anthropologische Konstanten, die überall und immer auftreten können, wenn der Todestrieb eines Menschenfeindes sich mit den Ressentiments ganzer Völker verbindet, die sich als chronische Verlierer fühlen. Mit dem Trick der Gleichsetzung von Saddam Hussein und Hitler wurde der Golfkrieg zur moralischen Notwendigkeit erklärt und mit dem Stempel eines »gerechten« Krieges versehen. Dabei wird der Begriff »Menschenfeind« gern inflationär benutzt. So erklärte schon Johannes R. Becher – als er Kulturminister der DDR war – George Orwell zum Menschenfeind, über dessen Tod nur Freude herrschen könne.

Die andere »Denkschule« glaubt so wenig an unvermeidliche anthropologische Menschheitskatastrophen wie an eindeutig »gute« und eindeutig »böse« Menschen oder an Völker mit immer gleichen psychischen Massenreaktionen, gleichen Rollen- und Wertvorstellungen. In ihr herrscht die Überzeugung vor, dass jedes Volk seine eigene Geschichte,

Wirtschaft, Sozialisation, Religion und Psychologie hat, die es in vielen Bereichen von anderen Völkern unterscheiden und die sich darüber hinaus in dauernder Veränderung befinden.

Mir als Psychoanalytikerin scheint das Argument eines unbesiegbaren Todestriebes gefährlich und wenig zutreffend zu sein. Der »Menschenfeind« und seine ressentimentgeladenen Anhänger werden als unbelehrbar böse Täter definiert, aber gleichzeitig zu »Opfern« ihres Todestriebs gemacht, die – quasi als Menschenfeinde geboren – ihrem Schicksal mehr oder weniger hilflos ausgeliefert sind. Ein solcher anthropologischer Fatalismus fördert die Neigung, komplexe Vorgänge zu vereinfachen, den Krieg als einzige Lösung anzusehen und erneut einem Freund-Feind-Denken zu verfallen.

Manche Deutsche scheinen sich heute bewusster als früher gegen regressive Denkmuster dieser Art, in denen weder Freund noch Feind realitätsgerecht wahrgenommen werden können, zu wehren. Sie wissen, dass Feindbilder allein dem Zweck dienen, von eigenen Aggressionen und Konflikten abzulenken und eigene Probleme zu kaschieren. Die Befreiung von solchen Denkmustern ist die psychische Voraussetzung dafür, dass Krieg und Gewalt verhindert werden können.

Der Kampf der deutschen Friedensbewegung gegen den zweiten Golfkrieg als vorgeblich einziger Alternative zur Lösung eines Konflikts von internationalem Rang wurde im In- und Ausland oft missverstanden. Die Deutschen wurden als schlechte Verbündete, als feige oder als antisemitisch beschimpft. Ich erlebte diesen Konflikt ganz anders: Es war doch etwas Neues hierzulande, dass viele Deutsche ihre Angst offen äußerten, dass aus den harten deutschen Männern, den disziplinierten Soldaten, die die halbe Welt mit

Krieg und Schrecken überzogen hatten, jetzt »Feiglinge« geworden waren, die sich vor der Gefahr der Zerstörung fürchteten, den eigenen wie den fremden Tod scheuten, sich ihrem »Todestrieb« widersetzten.

Wenn Deutschland heute nicht mehr das Land der harten disziplinierten soldatischen Männer ist und Deutsche sich dazu bekennen, weder töten noch getötet werden zu wollen, Angst vor dem Krieg zu haben, und sich für den Frieden und die Vernunft einsetzen, sollte das doch eigentlich von allen Menschen in der Welt mit Erleichterung und nicht mit Kritik oder Diffamierung aufgenommen werden. Nur wer keine Phantasie hat, wer seine Erinnerungen verdrängt, kennt auch keine Angst. Angst sollte man ernst nehmen. Sie kann ein Seismograph für Gefahren und Gewalt sein. Sie kann uns vor dem Vergessen und dem Rückfall in nationalistische Selbstidealisierung warnen, vor der Verwandlung unseres Selbsthasses und unserer Aggressionen gegenüber Autoritäten in Fremdenhass und Antisemitismus, vor Gefahren, die uns nicht nur von der Außenwelt, sondern vor allem auch von unserer Innenwelt her drohen.

Kann eine langsam wachsende Sensibilität für brutale mitmenschliche Umgangsformen und falsche Ideale nicht Ausdruck dessen sein, dass mancher Deutscher – wie groß oder klein dieser Anteil der Deutschen auch immer sein mag – aus seiner Nazivergangenheit gelernt hat? Jedenfalls wurde in Deutschland noch nie so viel und so offen über diese Vergangenheit, über die von Deutschen angezettelten Weltkriege gesprochen, an Auschwitz, das Symbol wahnwitziger Vernichtung und Menschenverachtung, erinnert wie während des zweiten Golfkriegs und seither, zumindest in Westdeutschland. Im Osten gab es neben der Kriegsangst wohl zu viele andere, unmittelbarer bedrückende Sorgen.

198

Insgesamt scheint mir, dass viele Menschen in Ost und West hellhöriger für die Unheiligkeit »heiliger« oder »gerechter« Kriege geworden sind. Auf die Verlagerung eigener Konflikte nach außen durch Staatsmänner und Politiker fallen sie so leicht nicht mehr herein. Wenn also »harte deutsche Männer«, »siegreiche Soldaten«, »Kriegskameraderie« heute keine Ideale mehr sind, wenn sogar Männer ihre Angst offen zugeben können, spricht das doch dafür, dass wir – insbesondere der »deutsche Mann« – aufrichtiger und nüchterner geworden sind, also weniger »deutsch« im traditionellen Sinn. Auch Angst, die zu fühlen wir uns erlauben, kann uns vor der Anpassung an kollektive Vorurteile schützen und individuelle Verantwortung fördern.

Vor Illusionen über unsere nationale »Reife« sei dennoch gewarnt. Es gibt noch mehr als genug Jugendliche wie ältere Landsleute, Männer wie Frauen, die heute wie gestern auf Sündenbocksuche aus sind, die aufgrund ihrer Verdrängungen und Projektionen die Wirklichkeit nur verzerrt wahrnehmen können. Die Fremdenfeindlichkeit wächst wie üblich insbesondere dort, wo es die wenigsten Fremden gibt.

Nachdem das Buch *Die Unfähigkeit zu trauern* 1992 im Leipziger Reclam-Verlag erschienen war, beklagten sich junge Menschen der ehemaligen DDR bei mir darüber, dass sie zu Trauer nicht fähig seien, weil der real existierende Sozialismus unterband, die Liebe der Deutschen zu Hitler und seiner Gefolgschaft offen zu bekennen. »Kann ein Mensch trauern, wenn er einer Kritik des von ihm Geliebten ausgesetzt ist? Vielleicht ist es notwendig, Hitler irgendwo ein Grab zu gestatten. Was ist mit dessen körperlichen Überresten geschehen? Wo sind die Gräber von Goebbels, der Frau, allen Kindern, von Himmler? Was geschah mit den Toten der Nürnberger Prozesse, wurden sie anonym verscharrt?«

So oder ähnlich war der Tenor mancher Briefe, die ich erhielt. Wir sind natürlich entsetzt, wenn wir so ungebrochen mit dem Bedürfnis konfrontiert sind, die Trauer um die Massenmörder von damals herbeizuführen. Hitler und seine furchtbaren Ideale, die wiedergaben, was die große Masse der Deutschen dachte und wünschte, können also nur aufhören, in den Köpfen und Herzen junger Menschen weiterzuleben, wenn die Trauer um sie nachvollzogen wird? Schlimmstenfalls wollen junge Leute aus den neuen und bekanntlich auch aus den alten Bundesländern um die Idole der Nazis trauern und nicht um die eigenen Toten, nicht um die von den Nazideutschen Ermordeten, nicht um den Verfall eines Kulturvolkes zu einem Volk von Verbrechern, das sich als arische Herrenmenschen allen anderen Völkern überlegen fühlte. Wie lassen sich diese uns befremdenden Bedürfnisse verstehen?

Männer und Frauen aus der Ex-DDR, mit denen ich über unsere gemeinsame Nazivergangenheit sprach, wollten zwar nicht unbedingt um Hitler, seine Komplizen und Mitläufer sowie deren »Ideale« trauern, fanden es aber absurd, sich noch an etwas erinnern zu sollen, was fünfzig Jahre zurücklag. Es gebe andere Sorgen. Die Nazizeit hätten sie ein für allemal hinter sich gebracht, auch hätte es damals manches Gute gegeben. Sie wollten wenig davon wissen, dass nun einmal auch die heutigen Deutschen Beteiligte oder Nachkommen des Hitler'schen Wahns sind, die, wenn nicht direkt, so doch indirekt in den millionenfachen Mord und seine seelischen Folgen verwickelt sind.

In den alten Bundesländern gibt es anscheinend noch weniger Interesse als in den neuen dafür, dass die »Ideale«, die zu Hitler führten, bereits im Zweiten Reich von mächtigen deutschen Männern vor allem im Preußen Bismarcks, von dessen Vor- und Nachfahren propagiert und von großen Teilen des deutschen Volkes geteilt wurden, dass die alten kollektiven Identifikationen weiterbestehen und es schwer ist, sich von ihnen zu befreien, zumal wenn sie in Gestalt barbarischen Ausländerhasses mittlerweile in Ost und West das gleiche Ausmaß erreicht zu haben scheinen. Aber – so hieß es – wie können wir um etwas trauern, zu dem uns die Hinwendung verwehrt ist?

Was ist Trauer, was Trauerarbeit? Ich werde im Folgenden immer wieder dazu ansetzen, den Inhalt dieses Begriffs zu klären. Können wir nur trauern, wenn wir die uns verloren Gegangenen geliebt haben? In ihrer Mehrzahl hatten die Deutschen Hitler auf ihre Art geliebt, aber trauerten sie um ihn nach dem verlorenen Krieg, als er zum Antihelden geworden war? Davon war wenig zu spüren. In der Mehrheit verhielten sie sich so, als ob es Hitler, das Nazireich eigentlich nie gegeben hatte. Die zwölf Jahre des Entsetzlichen verschwanden wie ein Spuk. Wie lässt sich das verstehen? Die Deutschen liebten Hitler nicht als einen Menschen, den sie real wahrzunehmen vermochten, oder als jemanden, mit dem sie eine auf Gegenseitigkeit beruhende Beziehung eingegangen waren. Vielmehr war Hitler ein Phantom, gefertigt aus den Wünschen und Projektionen eines ressentimentgeladenen, sich zweitrangig fühlenden Volkes mit Großmachtphantasien. Er verkörperte »das heilige Vaterland« und personifizierte das je eigene überhöhte Ich oder besser Über-Wir, denn individuelle Verantwortung ging im Rausch der Führer- und Vaterlandsbegeisterung der »Herrenmenschen« bekanntlich unter.

Wenn aber die Deutschen – in Ost wie West – um Hitler nicht trauern konnten, dann waren sie auch unfähig, um den Verlust ihres individuellen und kollektiven Gewissens, ihrer

Ideale, Phantasien, Gefühle und Größenvorstellungen zu trauern. Sich von Hitler und von all dem, wofür er stand, ohne Trauerarbeit abzuwenden bedeutete, sich von sich selbst, von der eigenen Person abzuwenden sich selbst und die eigene Vergangenheit zu derealisieren und dadurch untergründig dazu verdammt zu sein, seinen Selbsthass abzuspalten oder zu projizieren.

Sich von 45 Jahren real existierendem Sozialismus abzuwenden, ohne sich zu erinnern, was er für jeden Einzelnen wie für das Kollektiv bedeutete, hat psychologisch wohl ähnliche Folgen. Das soll nicht heißen, das Hitlerreich und die DDR ließen sich gleichsetzen. Die Vorbedingungen für die Errichtung dieser beiden Staaten sind grundverschieden. Hitler war bekanntlich mit Hilfe des Ermächtigungsgesetzes vom 24. März 1933, dem außer der SPD alle Parteien zustimmten, legal an die Macht gekommen. Er wurde vom Volk gewählt. Bei der letzten freien Wahl bekam er 45 Prozent der Stimmen, später dann 99 Prozent. Bei der Gründung der DDR gab es keine freie Wahl. Die Gründung der DDR war eine Folge des verlorenen Zweiten Weltkrieges und des beginnenden Kalten Krieges. Ohne das Reich Hitlers und seinen Untergang hätte es die DDR nie gegeben. Der größere Teil der Deutschen in der DDR war sicherlich nicht ideologisch vom Sozialismus überzeugt, sondern hat getan, was die Mächtigen forderten, aber ohne die Begeisterung der Menschen im Nazireich. Dieser schiefe Vergleich trägt dazu bei, die psychologische Verständigung zwischen Ost und West zu erschweren. Wenn heute manche »Wessis« den »Ossis« glauben vorwerfen zu können, dass sie sich mit ihrer Vergangenheit nicht genügend auseinandersetzen, so steckt dahinter nicht nur ein Selbstvorwurf, sondern auch eine historisch nicht aufrechtzuerhaltende Gleichsetzung der DDR mit dem Hitlerreich.

Wenn mir junge Menschen aus den neuen Bundesländern schreiben, dass sie gern fähiger würden, die Trauer zu erleben, die auf den Verlust der Naziidole hätte folgen sollen, dass ihnen das aber nur möglich sei, wenn sie sich ihrer Liebe zu Hitler und seiner wie ihrer Ideale erst einmal bewusst werden könnten, ist das möglicherweise nicht nur ein Rückfall in alte Naziideologie. Vielleicht versuchen sie damit, auch wenn es ihnen nicht bewusst ist, sich selbst und ihre Vergangenheit aus der Derealisierung und Verdrängung herauszuholen, damit sie endlich von ihr Abschied nehmen können.

Die junge Generation – hüben wie drüben –, das sind Enkel derjenigen, von denen viele an den Naziverbrechen beteiligt waren und die Naziideologie bejahten. Unmittelbare Schuld trifft die Enkel nicht mehr. Es sollte deswegen um einiges leichter für diese Generation sein, sich mit der Vergangenheit zu konfrontieren, Trauer um einmal hoch geschätzte, verlorene nationale Ideale, Trauer um deren Opfer zu empfinden.

Jedoch ist Misstrauen angebracht. Denn der Wunsch nach einer Trauerstätte für die Naziführer ist doch mehr als befremdlich. Auch das Bedürfnis, alte »Idole« zu beleben, ist weit verbreitet. Man erinnere sich der anachronistischen Feierlichkeiten 1991 aus Anlass der Überführung der sterblichen Überreste Friedrichs des Großen und seines Vaters nach Potsdam, der Zunahme jugendlicher Neonazis und ihrer schweigenden Anhänger, die die Gewalt den »Fremden« gegenüber unterstützen. Faktisch hat das Gros der Deutschen bis vor kurzem nicht um Hitler, nicht um sich und seine »Ideale« noch um die Opfer dieser Ideale getrauert. So konnten die meisten Deutschen auch keinen Abschied von ihrer eigenen Vergangenheit nehmen, sondern passten sich den neuen Werten an und gingen neue Identifikationen mit den Mächtigen der Welt ein. Diese Feststellung ist gewiss nicht nur verächtlich gemeint, denn die Orientierung am Westen wirkte sich in vielen Bereichen durchaus wohltuend aus.

Psychologisch betrachtet, blieben aber die alten Ideale unbearbeitet, und die Gleichgültigkeit gegenüber den Opfern dieser »Ideale« konnte sich in den Seelen vieler Menschen erhalten. Im Osten ist diese seelische Verfassung gegenwärtig noch weniger zu übersehen als im Westen, wo man sich besser zu bedecken lernte. Sie zeigt sich nicht nur im Unwesen, das die Neonazis und ihre Anhänger treiben, auch der Bau eines Supermarktes auf dem KZ-Gelände Ravensbrück spricht dafür oder die Wünsche einer CDU-Politikerin aus dem Osten, die anlässlich der Feierlichkeiten zur Überführung der beiden Preußenkönige 1991 in Potsdam dem Westen eine neue Identifikation mit dem Militärstaat Preußen wünschte. Die Deutschen sollten sich endlich wieder an ihre »positiven Leistungen« erinnern und sich nicht länger als Opfer eines »Weltsünder-Syndroms« fühlen. Zahllose weitere Beispiele ließen sich anführen.

Dennoch lässt sich auch anderes beobachten. Gerade an den Reaktionen vieler Deutscher auf den Golfkrieg konnte man – um es zu wiederholen – wahrnehmen: manche Deutsche haben sich verändert. Soll damit gesagt sein, dass sie fähig wurden zu trauern? Und ist die Nachkriegsgeneration, für die Hitler und die Naziideale nur durch Vermittlung ihrer Eltern eine Bedeutung haben, überhaupt in der Lage, eine historische Schuld, mit der sie nur noch mittelbar zu tun hat, zu betrauern? Kann Schuld überhaupt betrauert werden? Gehört sie nicht vielmehr in den Bereich der Reue und Wiedergutmachung? Wie hängt beides miteinander zusammen?

Um diesem Komplex näherzukommen, wiederhole ich die Frage, was denn nun eigentlich Trauern und Trauerarbeit seien. Trauern bedeutet, wie wir wissen, schmerzlichen Abschied von dem zu nehmen, was wir liebten und verloren haben, z. B. unsere »Unschuld« oder unsere Menschlichkeit. Trauern meint aber auch Erinnerungsarbeit, und nicht nur das. Im Laufe des Trauerns verlegen wir das Liebesobjekt, das uns äußerlich verloren ging, nach innen, um uns zumindest partiell mit ihm zu identifizieren. Das gilt vor allem für den Einzelnen. Für das Kollektiv gelten andere Regeln. Hier handelt es sich meistens um den Verlust von Projektionsfiguren wie Hitler oder von kollektiven Selbstüberhöhungen wie das »Vaterland«, d. h. um Verluste, die das kollektive Ich-Ideal, die kollektiven Wünsche und Aggressionen verkörperten, also Teil des gemeinsamen Ich, des »Wir«, das wir selbst waren, und nicht um den Verlust eines Menschen, mit dem man in der Realität engstens verbunden war und der dennoch ein Du und nicht nur ein Ich darstellte. Je mehr sich der Verlust auf die nationale kollektive »Würde« von uns Deutschen beschränkte, desto mehr blieb diese Trauer ein Kreisen um uns selbst, das uns unfähig macht, uns in andere, aber auch in uns selbst einzufühlen und uns von Lebenslügen zu befreien. Das heißt auch, wir bleiben Gefangene unserer selbst und können weder um die, die wir verloren haben, noch um die ungezählten Opfer trauern. Bei Trauern bezogen auf die Nazizeit kann es sich daher nicht nur um ein Betrauern des gemeinsamen Verlusts von »Idealen« handeln, d. h. des Verlusts eigener und kollektiver Werte. Verloren gingen Menschlichkeit, das Fühlen für andere als andere schlechthin, ein Verlust, der uns unfähig machte, uns mit den Opfern zu identifizieren und sie zu schützen.

Es gibt also viele Arten des Verlusts und des Trauerns um

Verluste: Trauer um die versäumte Trauer, Trauer um sich selbst, weil wir nicht trauern konnten, Trauer als Mitglied eines Kollektivs, Trauer um dessen »Idole« und Untaten, Trauer um die Opfer. Aber jedes Trauern setzt ein andauerndes Erinnern voraus und ist ohne Kritik und Selbstkritik, ohne Einfühlung in die Verlorenen oder das Verlorene nicht denkbar. Die Fähigkeit zu trauern bedeutet, die Fähigkeit zum Mitgefühl zurückzugewinnen, auch zum Mitgefühl mit sich selbst, was etwas anderes ist als Selbstmitleid.

Es ist, wie wir wissen, umso schwieriger, individuelle Trauer um einen Menschen, den wir geliebt haben, mit offener, unverdrängter Erinnerung zu verbinden, je verborgener uns die Ambivalenz dem oder der Verlorenen gegenüber geblieben ist. Je mehr diese Ambivalenz verdrängt wird, um so starrer muss die Idealisierung des oder der Verlorenen aufrechterhalten bleiben, um so eher geht die Trauer in Depression über. Das wird sich bei der kollektiven Unfähigkeit zu trauern ähnlich verhalten. Sich die tiefe Ambivalenz, ja den Hass auf Deutschland und manche seiner »Identitäten« und »Ideale« offen einzugestehen kann deswegen auch Befreiung von Selbsthass und die Entwicklung der Fähigkeit bedeuten, von falschen Idealen und Verhaltensweisen endgültig Abschied zu nehmen. Befreiende Wut könnte auch das Ergebnis einer erneuten Beschäftigung und Konfrontation mit dem insgeheim oder offen bis heute geliebten Hitler und den Naziidealen sein, wie es sich jene jungen Ex-DDRler wünschen. Insofern könnten ihre – zunächst absonderlich anmutenden – Bedürfnisse auch einen positiven Sinn haben.

Die Trauer um die vergangene Hitlerzeit ist, was uns selbst betrifft, bisher vor allem eine Trauer um den Verlust des eigenen Ich- oder Wir-Ideals, um den Verlust der eigenen und kollektiven Selbstachtung gewesen. Ich nehme an, so oder ähnlich werden auch viele Landsleute der Ex-DDR nach der Vereinigung empfinden. Denn nach der Wiedervereinigung wurde vieles in Frage gestellt, was bis dahin als richtig angesehen worden war. Im Osten ging nicht nur ein Gefühl von Sicherheit verloren, sondern auch das Gefühl, die Nazizeit eigentlich bewältigt zu haben. Trotz Diktatur war man der Meinung, soziale Ideale zu verwirklichen. Das Selbstwertgefühl derer im Osten baute auf der Überzeugung auf, mitmenschlicher miteinander umgegangen zu sein als die im Westen. Dieses Gefühl wurde ihnen genommen, und sie ließen es sich nehmen, denn sie sind im Grunde überzeugt, dass die Westler recht haben mit ihrem nicht besonders sozialen Kapitalismus und ihren nicht unbedingt christlichen Werten. Ein solcher Selbstwertverlust – sei es als Einzelner oder als Kollektiv – in der Folge der Vereinigung mit dem westlichen Teil Deutschlands ist unübersehbar, er muss wiederum verdrängt oder projiziert werden, damit er ertragen werden kann.

Trauerarbeit kann schmerzlich und befreiend zugleich sein. Mit ihrer Hilfe lernen wir, den anderen als anderen und gleichzeitig als Teil unserer selbst wahrzunehmen. Sofern es um kollektive Trauer geht, verringert sich hierdurch die Gefahr, dass unser Interesse nur darum kreist, eine deutsche »Identität« aufzubauen, ein neues deutsches Nationalgefühl zu entwickeln, zu Idealisierung als Abwehr gegen Selbsthass zu greifen, die Humanität zu verlieren, Auschwitz zu vergessen. Mit Hilfe des Trauerns brechen wir aus unserem selbstgemachten Gefängnis aus. Wir lernen, mehr Toleranz und Einfühlung uns und anderen gegenüber zu üben, und brauchen nicht dem Bedürfnis nach einer »Gesinnungssäuberung« zu verfallen. Letzteres ist keine Lösung für die Probleme, mit denen wir es seit der Vereinigung zu tun haben.

Wir würden nur erneut verdrängen, das »Böse« außen sehen und dem Glauben verfallen, mit seiner äußerlichen Entledigung hätten wir uns auch innerlich von ihm befreit. Es gilt, sich mit sich selber auseinanderzusetzen und, wenn möglich, sich langsam besser zu ertragen.

Die Mauer war das sehr reale Symbol dafür, dass ein ganzes Volk im Gefängnis lebte. Man hatte zum Teil gar nicht so schlecht gelebt in diesem Gefängnis. Man hört von vielen Leuten aus der DDR, dass sie in ihren sogenannten »Nischen« sehr miteinander verbunden waren. Es gab immer Arbeit, es war klar, dass die Menschen auch im Alter versorgt waren, selbst wenn der Standard niedrig war. Viele hatten sich mit der Stasi arrangiert. Wenn man die Berge von Stasi-Akten sieht, fasst man sich an den Kopf. Es scheint, eine ungeheure Energie ist in die gegenseitige Bespitzelung geflossen. Das Verhalten eines großen Teils der DDR-Bevölkerung erinnert mich an ein Stück von Jean-Paul Sartre, *Die Eingeschlossenen*[3], in dem dargestellt wird, wie sehr die anderen sich, d. h. jeder jedem zur Hölle wird, wenn er eingeschlossen ist. War also die Mauer eine der Ursachen des Stasi-Akten-Exzesses? Konnte man seine Aggressionen, seine Sensationslust, seine Neugierde in dieser Enge nur durch ein übermäßiges destruktives und voyeuristisches Interesse aneinander befriedigen? Das muss doch bei vielen auch unglaubliche Schuldgefühle und entsprechende, an sich selbst gerichtete Strafbedürfnisse geweckt haben und heute noch wecken. Das Streben mancher besonders Belasteter nach Macht und Öffentlichkeit mag daher auch eine Folge des Strafbedürfnisses sein, das sich darin äußert, endlich entdeckt zu werden.

Sind wir nun der Fähigkeit zu trauern in Deutschland nähergekommen? Zumindest scheinen wir uns langsam weniger gegen die Konfrontation mit der historischen Schuld zu wehren, was auch bedeuten könnte, aufrichtiger mit uns selbst umgehen zu können. Aber ist das wirklich so? Und gibt es darin Unterschiede zwischen Ost und West, oder versuchen wir im Westen nur, unsere eigene Unfähigkeit zu betrauern, unsere untergründige Selbstverachtung gen Osten zu verschieben und dort heuchlerisch zu verurteilen, was wir bei uns selber nur allzu gern verdrängten oder schweigend durchgehen ließen?

Für die Ex-DDR besteht die Gefahr, dass eine Art von Gesinnungssäuberung betrieben wird, die weder dort noch irgendwo anders gelingen kann, sofern sie sich nicht darauf beschränkt, Kriminelle und eindeutige Täter zu bestrafen und selbst besser zu verstehen, was war, d. h. sich zu erinnern, ohne zu verdrängen oder zu verleugnen. Wir Westler versuchen manchmal, im Osten jene Vergangenheitsbewältigung zu betreiben, die uns im Westen nie gelungen ist.

Es ist nicht zu übersehen, dass sich die Deutschen in West und Ost als Folge jahrzehntelanger Trennung und unterschiedlicher Regime mittlerweile in vielen ihrer Denk- und Verhaltensweisen unterscheiden.

Die Ostdeutschen scheinen manchmal zu vergessen, dass Ost- wie Westdeutsche für Hitler mitverantwortlich waren. Gleichzeitig verleugnen sie, dass sie von den Verbrechen des Stalinismus gewusst haben. Sie fühlen sich als doppelte Opfer: das eine Mal des Nationalsozialismus, der, als der Krieg verloren war, sie mit einem Leben auf der falschen Seite bestrafte, das andere Mal des Staatssozialismus, der ihnen den Stalinismus und die Mauer brachte. Konfrontiert mit Armut, Arbeitslosigkeit und Amtsenthebungen nach der Wende, verstärkten sich ihr Ressentiment und ihr Gefühl der Minderwertigkeit, nicht selten als Folge der schon erwähnten Gesinnungssäuberung, wobei wie üblich oft die Kleinen gehängt, die Großen verschont und gefördert werden. Sie fühlen sich als Deutsche zweiter Klasse und werden auch so behandelt. Ein neues deutsches Nationalgefühl soll auch da die Selbstachtung wieder herstellen.

In dieser Situation werden sie wenig davon wissen wollen, dass sich ihre Selbstachtung nur wiederherstellen lässt, wenn sie sich der schmerzlichen Erinnerungsarbeit stellen, d. h. sich in die Opfer von gestern und vorgestern einzufühlen versuchen, aber auch in sich selber, so wie man nun einmal war oder zu was man gemacht wurde. Auch wir heutigen »Besserwessis« haben uns selbst über lange Zeit als die größten Opfer Hitlers bemitleidet. Verdrängung, Verleugnung wie auch Selbstmitleid und verleugnete Selbstverachtung machen nun einmal nicht nur einfühlungsunfähig und gleichgültig gegenüber dem Elend anderer, sondern auch unfähig dazu, die eigene Stagnation wahrzunehmen.

Als der S. Fischer Verlag während einer Leipziger Messe gleich nach der Wende eine Ringvorlesung an der Humboldt-Universität in Berlin vorschlug und als Themen Vergangenheitsarbeit und Feminismus anbot, war die Reaktion negativ. Für diese Themen bestehe kein Interesse. Die mit diesen Themen zusammenhängenden Probleme seien in der DDR längst bewältigt. Wie lässt sich dieses Selbstmissverständnis erklären? Schließlich hatten wir alle gehofft, dass gerade die Frauenfrage genauso wie die Vergangenheitsarbeit in einem expressis verbis antifaschistischen Staat ein Stück weiter vorangetrieben worden sei als im Westen, so dass der Austausch zu diesen Fragen einiges versprach. Aber der real existierende Sozialismus war eine Diktatur mit autoritären Verhaltenszwängen und eben leider nicht das erhoffte säkularisierte Urchristentum; er förderte weder Einfühlungs- und Leidens- noch Liebesfähigkeit. Männer waren – wie gehabt – im Besitz der Macht, Paranoia und Sündenbocksuche beherrschten den Alltag. Es ist daher kaum verwunderlich, dass »in der ehemaligen DDR (auf-)taut, was 45 Jahre unter einem staatlich verordneten Antifaschismus eingefroren war. Nationalismus, Rechtsradikalismus und Antisemitismus erwachten zu neuem Leben.«[4] Obwohl der Rassismus nicht nur in der ehemaligen DDR ein ernst zu nehmender Faktor ist, so ist doch nicht die Rückkehr eines rassistischen Antisemitismus die eigentliche Gefahr, sondern die Relativierung, Neutralisierung und Minimalisierung der nach dem Dritten Reich erfolgten offiziellen Abkehr von antisemitischen deutschen Traditionen und deren schleichende Re-Integration in die politische Kultur der Bundesrepublik.

Wenn Verleugnung, Verdrängung, Derealisierung der Vergangenheit an die Stelle des Durcharbeitens treten, ist eine zwanghafte Wiederholung des unbegriffenen Geschehens unvermeidlich, auch wenn sie sich kaschieren lässt. Es wiederholt sich dabei nicht der Inhalt eines Systems, sondern die Struktur gesellschaftlicher Vorgänge. Nazisymbole und Nazivereinigungen kann man verbieten. »Nazistrukturen« – wie den autoritären Charakter, der sich vom Zweiten Reich über das Dritte bis heute bei uns wie in der Ex-DDR erhalten hat, ohne dass wir uns seines Einflusses wirklich bewusst geworden sind – lassen sich aus der Welt der Politik, der Erziehung, des Verhaltens, der Umgangsformen und Denkweisen so leicht nicht vertreiben. Nur durch die Arbeit des Erinnerns kann man sich bewusst von den dehumanisierenden Faktoren autoritärer deutscher Gesellschaften befreien, die in Auschwitz ihren furchtbaren Höhepunkt erreichten.

Bei der Art von Erinnerungsarbeit, über die ich hier spreche, handelt es sich nicht nur um die Vergewisserung über Fakten und Inhalte der Vergangenheit, sondern vor allem auch um die Erinnerung an Verhaltensweisen und Überzeugungen, an Gefühle und Phantasien. Nur so kann man sich der Vorurteile, der Rollenfixierungen, des gesamten Abwehrsystems, das uns beherrschte und oft weiterhin beherrscht, bewusst werden.

Um Verluste, nicht nur von Menschen, sondern auch von »Werten«, was immer einen zumindest zeitweiligen Verlust des Selbstwertes einschließt, hinnehmen und durcharbeiten zu können, ist ein Lernprozess besonderer Art vonnöten, der in traditionell autoritären Staaten gewiss nicht gefördert wird. Wenn neuer Nationalismus am Horizont der wiedervereinigten Deutschen auftaucht, ist es mit diesem Lernprozess schlecht bestellt. Wer auf nationale Selbstüberhöhung, Herrschafts- und Gehorsamkeitsideologie, Verachtung Andersdenkender oder Ausgelieferter, auf Fremdenhass oder Gesinnungssäuberung gedrillt wird, ist gewiss nicht darauf vorbereitet, einer Mentalität der Intoleranz und Inhumanität eine andere einfühlsamere, wertkritische, von falschen »Idealen« Abschied nehmende, eben zur Trauer fähige Geisteshaltung entgegenzusetzen. Auch die Fähigkeit, verlieren zu können, ist eine Vorbedingung für die Fähigkeit zu trauern.

Dass die junge Generation heute – Ost wie West –, die nicht an den Verbrechen der Nazideutschen teilgenommen hat, sich nicht schuldig fühlt, ist verständlich. Wenn diese Generation sich jedoch gegen die Erkenntnis wehrt, dass sie – ob sie will oder nicht – Erbe einer historischen Schuld ist, bleibt sie unfähig, aus der Geschichte zu lernen und sich mit Verlusten zu konfrontieren. Wenn sie die Verleugnung und Verdrängung ihrer Eltern und Großeltern übernimmt, wird sie auch deren Unmündigkeit und geistige Starrheit übernehmen. Ich bin gespannt, wie sich der Umgang mit der Vergangenheit, der Umgang mit den Stasi-Akten gestalten wird: Erinnerung, Einfühlung und Hilfe für die Opfer so viel und so weit wie irgend möglich, ja, aber bitte keine Hexenjagd.

Ich fasse zusammen:

Trotz der zahlreichen Beweise und Beispiele einer persistierenden Unfähigkeit zu trauern in Ost und West möchte ich nicht Erfahrungen und Beobachtungen unterschlagen, die mich hoffen lassen, dass sich bei manchen Landsleuten doch so etwas wie eine Trauerfähigkeit entwickelt hat. Zumindest veranlasste die erneute Konfrontation mit Krieg und Zerstörung zahlreiche Deutsche dazu, sich gegen den Krieg als Konfliktlösung auszusprechen und sich zur gleichen Zeit mit den moralischen Konsequenzen aus dem letzten Weltkrieg auseinanderzusetzen. Mit der Alternative Krieg oder Nicht-Krieg konfrontiert, wehrten sich vor allem Frauen gegen die Brutalität, die jeder Krieg mit sich bringt. Noch mehr als das Gros der Männer – so schien es mir – identifizierten sie sich mit den Opfern solcher Gewaltlösungen.

Wollen wir uns vom Circulus vitiosus menschenvernichtenden Umgangs mit Konflikten befreien, werden wir uns der stetigen Kritik an bestehenden Wertvorstellungen und Überzeugungen stellen müssen. In sich die Fähigkeit zu entdecken, aus der Vergangenheit zu lernen, Verlust zu ertragen, aufrichtig, nicht taktlos, mit sich und anderen umgehen zu können, trägt – das weiß jeder, der diesen Prozess durchgemacht hat – letztlich in weit soliderer Weise zu einem Gefühl des Selbstwertes bei als die Aufrechterhaltung der psychischen Abwehrmechanismen gegen Einsicht und Trauer, wie es die Verleugnung, die Idealisierung des Gegenübers einerseits, andererseits die Verteufelung und Verschiebung eigener Konflikte und Schwächen auf andere sind.

Vergessen und Verdrängen befreien uns jedenfalls nicht, auch keine Selbstgerechtigkeit im Umgang mit der Vergangenheitsbewältigung unserer Landsleute in den neuen Bundesländern. Das Bedürfnis nach Gesinnungssäuberung ist eine Abwehr der Trauer- und Erinnerungsarbeit, die nur zu einer Art Rückfall in überholte Mentalitäten und zum Selbstbetrug führen kann. Den Opfern selber ist damit sicherlich nicht geholfen.

Nach dem Erlebnis eines neuen grausamen Krieges mit seinen schrecklichen Zerstörungen einerseits und der verlogenen Selbstbeweihräucherung von Nationalisten und Siegesberauschten in den westlichen Ländern andererseits stimmte mich trotz aller Skepsis eine deutsche »Unfähigkeit zu kämpfen« optimistisch. Angst und andere »unmännliche« Gefühle zuzulassen, nicht auf »Sieg« zu setzen und sich nicht um jeden Preis mit den Mächtigen einig zu fühlen, sondern Konflikte in ihrer ganzen Kompliziertheit wahrzunehmen und sich mit den Opfern zu identifizieren, das war doch etwas Neues in der uns bekannten jüngeren deutschen Geschichte.

IV. MARGARETE MITSCHERLICH, GEB. 1917, PSYCHOANALYTIKERIN

Das kleine Mädchen, das ich war

Ich kann mich genau daran erinnern, so meine ich wenigstens, was für Gefühle ich als kleines Mädchen hatte. Fast körperlich spüre ich, wie ich die Straße entlanghüpfe oder laufe, denn gehen tat ich so gut wie nie. Bewegung war für mich elementar wichtig, meist lustvoll. Schwimmen, ins Wasser springen, Schaukeln, auf Bäume klettern gehörten während des Sommers zu meinen täglichen Vergnügungen, denen ich leidenschaftlich nachging.

Ich bin in einer kleinen dänischen Stadt, nahe der deutschen Grenze geboren, ein Gebiet, das öfters seinen Herrn wechselte, d. h., die dort überwiegend dänische Bevölkerung stand im Laufe des 19. bis zum Anfang des 20. Jahrhunderts unter deutscher Herrschaft.

Meine Mutter war Lehrerin, stammte aus Deutschland. Mein Vater, ein Arzt, gehörte einer sehr national gesinnten dänischen Familie an, die im deutsch-dänischen Grenzgebiet über Generationen für die Rückgabe der ursprünglich dänischen Gebiete gekämpft hatte.

Mein Leben war durchaus von der Grenzlandsituation beeinflusst, besonders weil Vater und Mutter verschiedener nationaler Gesinnung waren. Dass sie dennoch ein Paar waren, bedeutete dort sehr viel, denn Deutsche und Dänen standen einander, was nationale Interessen und Identitäten betraf, keineswegs besonders freundlich gegenüber. In dem großen Arzthaus, in dem ich aufwuchs, stand ganz oben unter dem

Dach, im sogenannten Saal, ein großer Dannebrog, die dänische Fahne, die immer dann herausgehängt wurde, wenn dänische Feste stattfanden, wenn historische Ereignisse, beispielsweise Siege, die irgendwann einmal erkämpft worden waren, gefeiert wurden. Meist handelte es sich dabei um Siege (oder auch Niederlagen!) im Krieg gegen den südlichen Nachbarn Deutschland. Herausgehängt breitete sich die Fahne in ihrer Länge so ziemlich über das ganze Haus aus. Meine Mutter, eine nationalbewusste Deutsche, bekam dann regelmäßig Migräne und musste den Tag im verdunkelten Zimmer verbringen.

Ich sprach beides, Deutsch und Dänisch, wie es dort oft der Fall war, und lieh mir, da ich schon früh gern und viel las, aus den beiden Bibliotheken dort, der deutschen und der dänischen, Bücher aus, um meinen Lesehunger zu befriedigen. Es war für mich als Kind mühsam, von zwei sich so konträr fühlenden Elternidentitäten bestimmt zu werden und sich darin sicher zu fühlen. Auf diese Situation – nämlich unentwegt mit zwei oft kontroversen Arten zu denken, zu fühlen und zu urteilen, konfrontiert zu sein – lässt sich, so meine ich, auch zurückführen, dass ich schließlich Psychoanalytikerin wurde. Ich hatte doch in meiner Kindheit vorwiegend zu gewärtigen, dass ich, kaum hatte ich mich mit einem Teil der Familie, deren Freunden und Freundinnen identifiziert, mit dem anderen Teil konfrontiert wurde, der oft andere, gegensätzliche Positionen vertrat.

Um dieser für ein Kind schwierigen Situationen zu begegnen, entwickelte ich frühzeitig zwei Eigenschaften: die Selbst- und die Fremdbeobachtung, die oft schmerzlich war und heftige kritische Züge annehmen konnte. Ich versuchte, genau hinzusehen, wollte immer die »Wahrheit« über Situationen und Menschen herausfinden. Auch wehrte ich mich gegen den dauernden Identitätswechsel durch oft übertriebene Identifikation mit den Freunden und Nahestehenden der Kindheit, insbesondere mit meiner Mutter, deren nationaldeutsche Einstellung ich für lange Zeit übernahm und die mir erst durch Hitler ausgetrieben wurde. Nun fiel es auch nicht besonders schwer, mit meiner Mutter übereinzustimmen, denn sie war in der Tat eine liebenswerte und warmherzige, zur Einfühlung fähige Frau. Auch war sie meist heiter, hatte so viele kindliche Seiten, dass sie sich unschwer in ihre Kinder einfühlen konnte und Spiele mit ihnen unternahm, die festlich überraschenden Charakter hatten.

Wir gingen zum Beispiel oft in dem nahe gelegenen Wald spazieren, wo wir in einem hohlen Baumstamm irgendeine Überraschung fanden. Im Wald wurden auch Kindergeburtstage gefeiert und abwechslungsreiche Spiele von meiner Mutter inszeniert. Zu Weihnachten, einem großen Fest, gab es genau die Geschenke, die man sich gewünscht hatte, und viele ähnliche mehr. Meine Mutter kannte auch meine Trennungsangst, fühlte sich in sie ein, fand meist Trost und Milderung dafür. Wenn ich krank war, las sie mir vor, wärmte im Winter die Bettdecke – nun, ich könnte noch vieles aufzählen, was ich an Positivem von ihr erfahren durfte.

Die Neigung, schon im frühen Kindesalter viel zu lesen, stammt wohl auch von ihr, ebenso stand das Bedürfnis nach körperlicher Bewegung vermutlich auf recht komplizierte Weise mit ihr im Zusammenhang. Sie hatte als Fünfjährige eine Knochentuberkulose durchgemacht, deren Folge ein verkürztes Bein, ein deformierter Fuß und ein versteiftes Fußgelenk waren. Die Bewegungseinschränkung, die sie erlitten hatte, nahm sie sehr mit. Später – und so kannte ich sie als kleines Mädchen – war sie trotz dieser Leiden erstaunlich bewegungsfreudig. Sie verleugnete – und ich mit ihr – diese körperlichen Behinderungen so weit wie möglich.

Aber konnte ich wirklich offen sein zu meiner Mutter? Ich durfte zum Beispiel um keinen Preis lügen. Zu lügen galt als eine unverzeihliche Sünde, was ziemlich bedrängend auf mich wirkte. Sexuelle Spiele mit den Kindern der Umgebung, überhaupt Regungen sexueller Art gehörten mit zum Schlimmsten, das ein Kind haben konnte, von der krankmachenden Wirkung solcher Spielereien wurde früh gesprochen. Meine Mutter bekam dann die mich so bedrückenden »traurigen Augen«. Ja, sie konnte einen schon sehr an sich binden. Meinem Vater durfte ich zwar, wenn möglich, zu guter Laune verhelfen, denn er war nicht selten überlastet und verstimmt. Aber seine Liebe sollte doch eigentlich ihr allein gehören. Mein Vater konnte sich eindeutiger als sie auf meine Seite stellen, beispielsweise wenn ich Schwierigkeiten mit Lehrern und Lehrerinnen hatte. Ich war ihm dankbar dafür, hatte allerdings im Geheimen das Gefühl, dass es ihm an kritischem Überblick auch mir gegenüber eher fehlte. Trotzdem hat mir das offenbar wohler getan, als es mir damals bewusst war, denn ich habe diese Haltung später auch eingenommen, wenn es um mein Kind ging.

Meine Mutter aber war die Bestimmende in dem Haus mit den aus den zwei Ehen meines Vaters stammenden fünf Kindern. Mein Vater war zwar als Arzt nach außen hin bekannt, deutlich das Oberhaupt der Familie, aber drinnen herrschte die Mutter. Mit zunehmendem Alter wurde er mehr und mehr ihr Kind, wie es so häufig der Fall ist. Schon wegen ihrer Wärme und Einfühlung hingen alle Kinder mehr an ihr als am Vater, der dazu neigte, egozentrisch um die eigenen Bedürfnisse, Leiden und Sorgen zu kreisen. Dieses Gefühl, von ihr weitgehend verstanden zu werden, wie auch ihre Heiterkeit wogen alles andere auf.

Meine Mutter sah sich als emanzipierte Frau, war lange berufstätig gewesen, hatte studiert. Ihre Freundinnen, von denen viele unverheiratet blieben, waren meist berufstätig und beispielsweise Anhängerinnen Gertrud Bäumers und der von ihr verkörperten Strömung der bürgerlichen Frauenbewegung, was letzten Endes hieß und zur Folge hatte: Anpassung an bestehende Verhältnisse und konservativ nationale Gesinnung. Dennoch: Im Vergleich zu anderen Ehefrauen der Ärzte und Akademiker am Ort war meine Mutter wohl tatsächlich emanzipiert. Sie las viel, war recht gebildet, an manchen geistigen und politischen Themen lebhaft interessiert. Und dennoch ging von ihr und ihren Freundinnen zweifellos auch eine klassenbeschränkte konservative Stimmung aus.

Ich habe meine Mutter schon als kleines Mädchen – und mehr noch, als ich in die Nähe der Pubertät kam – oft gefragt, warum sie um Gottes willen meinen Vater geheiratet hatte, den ich als ihr weit unterlegen empfand. Ich wollte, so betonte ich immer wieder, überhaupt nicht heiraten, das sei doch »reine Prostitution«, man schlafe mit dem Mann, nicht weil man ihn liebe, sondern weil er einem ökonomisch und gesellschaftlich Sicherheit biete.

Diese Themen, die ich immer wieder aufbrachte, hatten auch in ihrer Rigorosität wahrscheinlich den mir damals nicht bewussten Zweck, meine Mutter zu kränken und ihr die Verachtung heimzuzahlen, die sie meiner kindlichen Sexualität entgegenbrachte und derentwegen sie mir zu viele Schuldgefühle aufgeladen hatte. Dennoch empfand sie wahrscheinlich – trotz aller Identifikation mit vielen der bürgerlichen Vorurteile ihrer Umwelt – mit meiner Verachtung und Verspottung dieser Welt im Grunde auch Sympathie; auch sie war nicht ohne revolutionäre Bedürfnisse. Mit meiner Auflehnung war es zudem so weit nicht her, denn faktisch war ich an die Gesetze des Anstands, an das Verständnis der weibliches Rolle viel mehr gebunden, als ich es wahrhaben wollte.

Immerhin war es dann auch meine Mutter, die später darauf drang, dass ich mich frühzeitig vom Elternhaus – und damit von ihr – löste, um in einer nahegelegenen Stadt in Pension zu gehen und dort mein Abitur zu machen. So schmerzlich diese Trennung für mich anfangs war – ohne sie wäre ich wahrscheinlich nie selbständig geworden und hätte nie die notwendige Trauer und Ablösung von einer geliebten Person zu ertragen gelernt.

Aber das ist nicht mehr das kleine Mädchen, von dem es hier zu erzählen gilt. Was könnte ich noch von ihm berichten? Körperliche Angst lernte ich erst in der Pubertät kennen, vorher war mir kein Baum zu hoch, um ihn zu erklettern, kein Sprungbrett zu gefährlich, um von ihm aus ins Wasser zu springen etc. Dennoch kannte ich Angst sehr wohl, da gab es die Angst vor der Dunkelheit, die mich oft überwältigte. Abends in ein dunkles Zimmer oder gar in den Keller zu gehen war mir äußerst unangenehm.

Da gab es auch die Angst vor Hunden und, last not least, die vor Spinnen. Wenn ich bei meinen Klettereien plötzlich auf eine Spinne stieß, kam es vor, dass ich mich mit einem lauten Schrei einfach herunterfallen ließ. Auch hatte ich Angst vor meinem um weniges älteren Bruder, der sehr eifersüchtig war, weil er glaubte, die Mutter bevorzuge mich, und deshalb jede Gelegenheit nutzte, mich zu prügeln. Erst später kam die Angst vor der Angst zu den vielen anderen Ängsten dazu, in der frühen Kindheit hatte sie durchaus noch unmittelbare Objekte und Inhalte, auf die sie sich bezog.

Vor allem aber hatte ich eben Angst vor der Trennung von meiner Mutter. Ich war eindeutig ein Mutterkind, auch wenn ich gleichzeitig schon früh die Neigung zum Weglaufen oder auch zur Erkundung der näheren und weiteren Umgebung zeigte und damit die Eltern oft ängstigte. Wenn die Mutter nur einen Tag in die nahegelegene Stadt fuhr, ich sie bei der Rückkehr aus der Schule zu Hause nicht vorfand, wurde ich weinerlich, zog mich zurück und litt unter Trennungsangst. Die Wochen kurz bevor die Eltern einmal im Jahr ihren Urlaub antraten, waren für mich immer schwer zu ertragen, besonders am Anfang, wenn der Abschied drohte.

Wozu alle diese Beschreibungen? Ich weiß es selber nicht, vielleicht ergibt sich am Ende, was in ihnen an weiterführenden Erkenntnissen enthalten sein könnte.

Ich hatte zum Beispiel immer Freundinnen, sogenannte Busenfreundinnen. Die erste Freundschaft begann schon vor der Schulzeit. Dieses Mädchen steckte mir eines Tages eine Schleife mit der Stecknadel in den Kopf, wie man es bei seiner Puppe tut. Ich fühlte mich ziemlich sadistisch behandelt, dennoch hilflos und konnte nur vorwurfslos-gekränkt reagieren. Es fiel mir, so meine ich, ziemlich schwer, mich aggressiv zu wehren, obwohl mein Bruder sich noch lange – nicht ohne Amüsement – an meine plötzlichen, äußerst heftigen Wutanfälle erinnert, wenn er mich bis an die Grenzen des Erträglichen gequält hatte. Also so sanft und masochistisch, wie ich mich manchmal in Erinnerung habe, werde ich kaum gewesen sein, denn auch in der Schule hatte ich gelegentlich die denkbar schlechtesten Noten in Betragen.

Meine sadistische Haarschleifenfreundin wurde mir nach

einigen Jahren eher etwas langweilig, und ich verließ sie zugunsten einer anderen, die wiederum für lange Zeit meine
beste, bewunderte Freundin blieb. Auch diese verließ ich
später, um mich einer anderen, mir interessanter erscheinen-
den zuzuwenden. So treu und zuverlässig, wie ich mich selber sehen wollte, war ich also kaum. Wenn ich mich in Wut
und Empörung von jemandem abwendete, war das oft für
immer.

Dennoch war es lange das Typische in meinen Beziehungen zu Freundinnen wie auch zu Lehrerinnen, dass ich sie bewunderte. Sie waren mir Vorbild, wie meine Mutter. Vaterfiguren zum Bewundern wurden natürlich auch gesucht,
aber viel seltener gefunden als Frauen. Erst später habe ich
erkannt, wie sehr ich auch Vaterimagines brauchte, um mein
Selbstwertgefühl zu stabilisieren. Erst waren es die Väter
meiner Freundinnen, die ich bewunderte und auf deren
Frauen ich eher herabsah. Sie konnten sich mit meiner Mutter meinem Gefühl nach nicht messen. Eine Parteinahme für
»Väter« gab es also auch. Offenbar entbehrte ich, mehr als
ich wusste, einen Vater, zu dem ich aufsehen und der mir Sicherheit vermitteln konnte.

Wenn ich später auf Männer stieß, die mir weniger zuverlässig und weniger zu altruistischer Zuwendung fähig
zu sein schienen als Frauen, so blieb doch unübersehbar
die Sehnsucht bestehen, Männer idealisieren und mich mit
ihnen identifizieren zu können, auch wenn ich sie immer
wieder auf die »Probe« stellen musste, was nicht selten zu
Enttäuschungen führte.

Jedenfalls war auch in meiner Familie das typische »Arrangement der Geschlechter« nicht zu übersehen. Die kleinen Kinder werden von der Mutter erzogen, der Vater ist
draußen in der Gesellschaft bestimmend. Da allein die Mut-

ter für die kleinen Kinder verantwortlich ist, verzeihen diese in ihrer Hilflosigkeit nie, wenn die Mutter in der Einfühlung ihnen gegenüber versagt. Der Vater, der, wenn überhaupt, erst später seinen Einfluss auf die Kindererziehung geltend macht, erweckt deshalb bei ihnen im Allgemeinen nicht die tiefe Animosität, die die Mutter zu spüren bekommt. Dafür ist allerdings die Zuneigung und Verbundenheit mit ihm auch oft oberflächlicher als in der Beziehung zur Mutter. So war das auch bei mir.

Von der Mutter wird in der frühen Kindheit erwartet, dass sie, wenn sie nur will, alles verstehen und alle Wünsche erfüllen kann. Auch der erwachsene Mann erwartet von der Frau eine ähnliche Verstehensbereitschaft und Toleranz, bleibt aber wie das kleine Kind ihren Fehlern gegenüber oft ohne Verzeihensbereitschaft. Obwohl er nach außen mehr Macht besitzt als die Frau, liegt bei der doppelten Moral, die nach wie vor unsere Gesellschaft beherrscht, die Last der moralischen Verantwortung fast ausschließlich auf ihren Schultern.

Mit Recht betont deshalb Dorothy Dinnerstein[1], dass der Mann bei einem solchen Arrangement zu moralischer Faulheit geradezu aufgefordert wird und seine Reife und die Fähigkeit zur Einfühlung ähnlich infantil bleiben, wie die aktiven, kreativen und unternehmenden Eigenschaften der Frau verkümmern, wenn sie unterdrückt werden. Die untergründige, aber oft tiefgehende Wut, die diese Konstellation bei der Frau auslöst, bricht entweder mehr oder weniger hilflos durch, wie ich es an mir selber oft beobachten konnte, oder eine Frau wendet ihren Zorn in masochistischer Leidensbereitschaft gegen sich selbst. Sie verbündet sich dann innerlich mit den Vorstellungen des Mannes, dass es doch rechtens sei, wenn ausschließlich er sich umfassend verwirklicht und seine Bedürfnisbefriedigung ungehemmt durchsetzt.

»Die Mutter ist an allem schuld«, diese so oft vertretene Auffassung konte auch ich, trotz aller Liebe zu meiner Mutter, unbewusst über lange Zeit nicht ganz überwinden. Von ihr verlangte ich Vollkommenheit und Verzicht auf eigene Bedürfnisse. Dass keine Mutter, wie überhaupt kein Mensch, fehlerfrei ist und deswegen nie »ideal« sein kann, will bis heute so mancher nicht einsehen. Das »Drama des begabten Kindes«[2] ist im Grunde ein »Drama der überforderten, in ihren Fähigkeiten gehemmten Mutter«, von der Einfühlung ohne Ende und ohne Einschränkung verlangt wird; Eigenschaften, die man ihr selber aber vorenthält. Das Kind ist eher bereit, die Fehler des Vaters zu verzeihen, mit denen es später als mit denen der Mutter konfrontiert wird (obwohl das Kind sich auch vom Vater abzuwenden pflegt, wenn dieser seine Idealisierungsbedürfnisse nicht befriedigen kann). Rückblickend kann ich es beispielsweise schlecht nachempfinden, warum ich für den psychischen Zusammenbruch meines alternden Vaters – nach dem Verlust seiner »Familienehre« und seiner finanziellen Sicherheit – nicht mehr Verständnis aufbrachte und weshalb ich mich innerlich so geschockt von ihm abwenden musste. Auch muss ich mich über mich selber wundern, dass ich den Ängsten meiner Mutter und ihrer moralischen Intoleranz gegenüber der Sexualität, die sie von der sie umgebenden Gesellschaft übernommen hatte, auch noch als Erwachsene nur mit so wenig Empathie, nur mit Schuldgefühlen und untergründiger Wut begegnen konnte.

Man muss sich wohl damit abfinden, dass Einfühlung in und Reflexion über die Situation der Eltern, die ein Kind nicht zu leisten vermag, auch dem Erwachsenen noch schwerfallen. Um zu einer überlegeneren Einstellung fähig zu werden, ist Nachdenken, insbesondere über unsere Situation als Frau, bitter notwendig. Denn bis heute geschieht es – auch von feministischer Seite – immer wieder, dass der Mutter die Schuld für alle eigene Fehlentwicklung zugeschoben wird.

Ich behaupte immer, ich war von Geburt an Feministin

Mein jetziges Lebensgefühl ist naturgemäß sehr unterschiedlich. Wenn ich arbeite, denke, schreibe, Vorträge halte oder etwas gelesen habe, was ich wirklich verstanden habe und wodurch sich eine neue Sicht der Dinge entwickeln konnte, dann geht es mir gut. Körperlich bin ich doch sehr schwach. Das beeinträchtigt mich, denn die Lust, den Körper ganz selbstverständlich zu bewegen und zu beherrschen, ist durch nichts zu ersetzen. Aber mein Leben ist doch sehr reich dadurch, dass es noch so viel zu entdecken gibt. Ich überlege oft, wie es wäre, noch einmal 20 oder 15 mit der heutigen Erfahrung zu sein. Man weiß am Ende seines Lebens genug, um wissen zu wollen. Ich würde ganz anders lernen, ganz anders die Welt sehen können, Dinge entdecken können. Goethe hat diese berühmten, für mich eindrucksvollen Worte gesagt: »Wer nicht von dreitausend Jahren sich weiß Rechenschaft zu geben, bleibt im Dunkeln – unerfahren, mag von Tag zu Tage leben.«[1] Ich war zweimal in Ägypten und bin durch diese Reisen angestoßen worden, mehr über die allerersten Sprachen und über diese unglaubliche Kultur zu erkunden. Seitdem würde ich gerne mehr erfahren, um zu erkennen, wie in vielem ähnlich und wie in vielem durch den jeweiligen Zeitgeist unterschiedlich die Menschen damals von uns heute waren. Damit würde ich furchtbar gerne noch einmal anfangen, um wirklich lernend zu begreifen – und das in viel größerem Ausmaße, als ich das in diesen paar Jahren, die ich noch zu leben habe, werde tun können.

Ich frage mich, ob sich mein Selbstverständnis im Laufe meines Lebens verändert hat. Ich blicke ja auf fast ein Jahrhundert zurück. Ich bin in eine relativ aufgeklärte Zeit hineingeboren worden. Dänemark hatte eine Kultur, die schon sehr offen für die Neuzeit war. Es war ein modernes Land mit dem Wissen der Moderne, mit der Art der Psychologie, auch sich selber gegenüber distanziert und ironisch zu sein. Außerdem hatte ich eine sehr gebildete Mutter. Ich habe schon in der Kindheit viel gelesen, worin ich durchaus auch unterstützt wurde. Was sich sicher geändert hat, ist die Einstellung zur Sexualität, die war natürlich nicht annähernd so wie heute. Als ich in die Pubertät kam und plötzlich anfing, mich, wie ich meinte, schick zu machen, so dass meine Mutter »Wie siehst du ordinär aus« sagte, und ich auf der Straße begann, Männer anzugucken und auch angeguckt werden wollte, da hatte meine Mutter offenbar große Sorge um mich und sah die sexuale Moral ihrer Tochter gefährdet.

Die Sexualität war etwas, das man nur in der Ehe haben durfte und als Frau ganz entschieden möglichst in Grenzen halten sollte.

1932 kam ich nach Flensburg auf das Gymnasium, da war noch eine sehr viel autoritärere Stimmung, als ich es in Dänemark gewöhnt war, aber wir hatten hervorragende Lehrer. Was ich mit unserem Englischlehrer und unserer Deutschlehrerin, auch in der Nazizeit, in der Oberstufe, 1934, 1935, an Literatur durchgenommen habe, hat mich tief geprägt. Deutschland hatte gute Schulen, es war eigentlich in den 20er Jahren ein fortschrittliches Land. Dann mit der Nazizeit kam der große Bruch und hat alle Leute wieder verdummt. Was wichtig in der Kunst war, wurde entartete Kunst, was wichtig in der Literatur war, wurde nicht mehr als solche anerkannt, sondern wurde verbrannt. Wir hatten dann Mühe, Abitur zu machen, weil die Clique um unsere Deutschlehrerin und auch um den Englischlehrer als politisch unzuverlässig angesehen wurde. Da spürte ich zum ersten Mal Angst und hatte das Gefühl, dass ich mein Leben nicht leben durfte, womöglich nicht studieren durfte. Ich wollte leben und habe mich dann angepasst, aber wir waren immer eine Clique. Mit den Menschen, mit denen ich während des ganzen Krieges zusammen war, bin ich, wenn sie nicht gestorben sind, heute noch zusammen. Wir waren alle keine Helden, die aktiv gegen die Nazis gekämpft haben, aber innerlich waren wir geprägt von der Zeit in der Oberstufe. Ich konnte natürlich auch in Dänemark in der dänischen Bibliothek weiterhin alles lesen. Dadurch war ich nie von der englischen oder amerikanischen Literatur und dem Denken abgeschnitten, das mir selbstverständlich und lieb war, auch meine Freunde nicht. Es gab immer eine Schicht, die weiter an dem hing, das ihnen etwas bedeutete.

Ich behaupte immer, ich war von meiner Geburt an Feministin. Von klein auf habe ich mich sehr mit meiner Mutter identifiziert. Ich übernahm diese Art von Toleranz und den Wunsch, sich in andere Lebensbereiche einzufühlen. Auch meine Mutter las Romane gern. Romane stellen völlig andere Lebenszusammenhänge dar. Wenn man früh ungezählte Romane aus den verschiedenen Ländern liest, dann merkt man, wie unterschiedlich die Art des Denkens, die Art des Lebens, die Art des Miteinanderseins ist. Angeblich gibt es ja keine menschlichen Rassen, es gibt nur die Menschenart des Homo sapiens, die unterschiedlich ausgeprägt ist.

So wie meine Mutter mich über das, was wesentlich im Erwachsensein ist, aufgeklärt hatte und meine Lehrerin in der Schule mir plötzlich Welten der Literatur, der Kritik, der Kunst eröffnete, hat mir später die Psychoanalyse einen neuen Schub gegeben. Zu sehen, was man wie bewerten soll, warum man es wie bewerten soll, das hat mir die Psychoanalyse gebracht. Da konnte ich plötzlich Dinge in mir besser verstehen. Ich konnte sehen, warum ich mich in bestimmten Situationen damals so und nicht anders verhalten hatte und was es bedeutet, dass ich auf bestimmte Weise gedacht und reagiert hatte, weshalb ich unter Schuldgefühlen leide, wo es eigentlich absurd ist, mir etwas vorzuwerfen, und weshalb ich da keine Schuldgefühle habe, wo ich eigentlich welche haben sollte. Ich erhielt Aufklärung über mich, meine Seele, meine Art zu reagieren, warum ich dieses aufgenommen und jenes abgelehnt habe. Warum mein Lebensweg diesem Pfad folgte und nicht jenem, das hat mit dem Einfluss der Psychoanalyse auf mich zu tun.

Ich finde das Älterwerden doch sehr mühsam, weil mein Körper nicht mehr mitmacht. Ich hatte immer ungeheure Lust an Bewegung. Ich bin gern Ski gelaufen, und ich liebte es zu laufen. Als ich Kind war, sagte man, wenn meine Mutter und ich spazieren gingen, ihr geht ja nicht spazieren, ihr lauft spazieren. Ich hatte einen Körper, der mir selbstverständlich zur Verfügung stand. Ich konnte reisen, wohin ich wollte, den Koffer packen und weg. Das kann ich alles nicht mehr. Ich bin an meine Wohnung gebunden. Ich bin zwar öfter in meinem Ferienhaus, aber ich muss immer jemanden haben, der mit mir fährt. Ich bin nicht mehr Herr meines Körpers, daran kann man sich schwer gewöhnen. Nun muss ich umso mehr Lust am Denken haben. Welche Entscheidungen haben mein Leben geprägt? Wie ist das mit Entscheidungen, zum Beispiel wenn ich zurückdenke, dass ich mit 14 von zu Hause wegkam, obwohl ich ein sehr an meine Mutter gebundenes Kind war.

Nach Flensburg auf das Gymnasium zu gehen war entscheidend für mein Leben, denn dort habe ich eine ganz neue Sicht der Dinge durch die bereits erwähnten Lehrer und durch meine Freunde bekommen. Aber die Entscheidung hat eigentlich meine Mutter getroffen. »Du willst doch Abitur machen«, hat sie gesagt, und ich habe brav »Ja« geantwortet. Ich glaube, innerlich war es mir völlig wurscht, denn ich wollte nur bei meiner Mutter bleiben. Später war ich von der Schule begeistert und konnte mir nichts anderes vorstellen. Dann habe ich Abitur gemacht, wollte wie meine Mutter Lehrerin werden, Geschichte, Deutsch und Englisch studieren, aber der Lehrerberuf war so nazi-infiziert und nicht das, was ich mir vorgestellt hatte. Ich wollte nicht nur mehr über das Dänische, das Deutsche erfahren, sondern ich wollte auch wissen, wie der Engländer und der Franzose denkt und lebt. Also habe ich Medizin studiert, da musste man sehr viel lernen, und man war nicht von den Naziparolen abhängig – zumindest nicht in Bezug auf das Wissen über den menschlichen Körper.

Ich frage mich, ob ich je wirklich eigene Entscheidungen getroffen habe. Man wird hineinmanövriert in so eine Entscheidung. Medizin, das war down to earth, einfach realistisch. Ich war nie ein romantischer Mensch in dem idealistischen Sinne. Ich konnte ja auch Hitler nicht idealisieren, dagegen war ich absolut gefeit. Mein Gefühl für Realität, für Wirklichkeit = Wahrheit, war sehr unmittelbar, fast genetisch entwickelt. Das war nicht mein Verdienst, das Gefühl war immer da, solange ich denken kann. Ich habe sehr gern mit Menschen zusammengearbeitet. Ich hatte ein Gefühl für die Diagnostik und merkte früh, wie viele psychische Komponenten eine Rolle spielen. Das Interesse an den Menschen, deren Psychologie und körperliche Befindlichkeit, war immer groß, nur das Interesse an dem naturwissenschaftlichen Wissen, das der Medizin ja auch zugrunde liegt, war nie sehr entwickelt.

Dann wollte ich aus Dänemark weggehen, weil ich einen Freund hatte, mit dem es absolut nicht mehr ging, der psychisch wirklich krank wurde. Er war ein großer Antinazi mit einem Hass auf Hitler. Als er die Nazis nicht mehr hassen konnte, fing er an, andere zu hassen.

Durch eine jüdische Freundin bekam ich eine Stelle in der Schweiz bei Dornach und die habe ich begierig angetreten, weil mich die anthroposophische Medizin interessierte. Mein Freund konnte nicht mitkommen, er war deutscher Staatsangehöriger, und um 1947 durch Deutschland fahren zu können und um in die Schweiz zu gelangen, musste man von jeder Besatzungszone einen Stempel haben, zuerst von Dänemark, dann von den Engländern, den Amerikanern und den Franzosen. Er bekam keinen, weil er deutscher Staatsangehöriger war. Da war ich dann froh, von ihm wegzukommen und in der Schweiz etwas zu machen, das mich wirklich interessierte.

Ich gebe zu, die Anthroposophie war mir dann doch zu realitätsfern. Da lernte ich Alexander Mitscherlich kennen, und damit fing die Beziehung zur Psychoanalyse an. Alexander Mitscherlich war jemand, in den ich mich sofort verliebte, das war kein Wunder: Er war gebildet, ein wirklich kultivierter Mensch und ein physisch anziehender Mensch. Er ließ mir mit Vergnügen die Freiheit, die ich brauchte. Außerdem vertrat er die Wissenschaft, die nun wirklich unmittelbar in mein Leben passte: meine Lust an der Literatur, an der Psychologie, am Menschen. Sie war genau das, was das

Gebiet in meiner Seele betraf, auf das ich mich eigentlich schon immer begeben wollte, von den Anfängen der Märchen, die ich gelesen hatte, bis zu den psychologischen Romanen, bis zur inneren Medizin, bis zum Umgang mit Menschen. Wenn die Psychoanalyse nicht gewesen wäre, wären wir sicher nicht zusammengeblieben, denn Alexander war zum zweiten Mal verheiratet und hatte Kinder. Es gab eigentlich keinen Grund, sich noch einmal scheiden zu lassen.

Ich war dann zuerst in Stuttgart tätig, dort habe ich noch eine Analyse gemacht, dann kam ich nach Heidelberg in die Klinik von meinem Mann. Wir waren nicht verheiratet, und es wusste niemand, dass wir liiert waren. In Stuttgart hatte ich mit meinem Sohn und einer Freundin zusammengelebt. Als ich dann meine weiteren Ausbildungsschritte machen wollte, musste, sollte, auch unbedingt wollte, habe ich meinen Sohn nach Dänemark zu meiner Mutter, meiner Schwägerin und meinem Halbbruder gegeben, die zusammenlebten. Ich dachte, dass er dort besser aufgehoben sei. Eine lange Zeit hat mich das mit einem ungeheuren Schuldgefühl erfüllt, tut es heute überhaupt nicht. Ich weiß, dass er nirgendwo so gut aufgehoben war wie dort.

Ich habe meiner Mutter vorgeworfen, dass sie mir nicht erlaubt hatte, mein Leben mit schönen Männern auszuleben. Ich kannte etliche, mit denen ich gern ins Bett gegangen wäre. Sie hatte mir unbewusst eingeflößt, wenn ich mit den Männern sexuell etwas anfinge, müsse ich sie auch heiraten. Das wollte ich nicht, auch nicht den erwähnten schwierigen Freund. Den fand ich ungeheuer attraktiv, und der wollte mich unbedingt heiraten. Natürlich wollte er auch unbedingt mit mir ins Bett, und ich hätte auch die größte Lust dazu gehabt, aber ich habe es mir verkniffen, denn ich wollte nicht mit ihm verheiratet sein. Nur aus Lust miteinander schlafen, das war nicht drin – ich Idiotin. Später habe ich meiner Mutter – sie konnte das alles gut aushalten – gesagt: Was hätte ich für schöne Zeiten haben können, wenn du mich nicht in so rigider Sexualabwehr erzogen hättest. Ich glaube, es war wirklich *die* Lösung, dass ich dann diese sehr spontane Beziehung zu Alexander Mitscherlich, der verheiratet war, so dass überhaupt keine Aussicht auf Heirat bestand, eingegangen bin, gerade in erotischer, sexueller Hinsicht. Alexander Mitscherlich war der viel mehr Nach-außen-Gehende. Er war sehr neugierig, das war ich auch, aber nicht so auf äußere Verhältnisse. Er meinte immer: »Du musst den kennenlernen, dahin gehen, das kennenlernen.« Dann sagte ich: »Nein, ich habe jetzt genug. Ich will jetzt neugierig nach innen sein und nicht mehr nach außen.« Er war in gewissem Sinne romantischer als ich. Er machte sich mehr Illusionen über die Menschen, über mich, über sich auch vielleicht, und gleichzeitig lebte er natürlich ohne Frage in einer Männerwelt. Ich war realitätsgenauer. Er hat einmal gesagt: Ich sei intelligenter als er. Damit meinte er – glaube ich – realitätsgerechter als er. Ich käme schnell auf die nüchternen Tatsachen zurück.

Ich glaube, es war Hannah Arendt, die gesagt hat: »Das Ich altert nicht.« Ich kann mir ja vorstellen, wie ich als Kind fühlte. Ich kann mir immer wieder vorstellen, wie ich war, als ich fünf, als ich 20, 30 Jahre alt war usw. Aber ich konnte mir, als ich 90 wurde, noch nicht vorstellen, wie es ist, wenn man 93 ist. Man kann sich überhaupt das Alter nicht vorstellen – man erlebt es … Wenn man so alt ist wie ich, dann erlebt man keinen Tag, an dem man nicht an den Tod denkt. Es gibt keine Zukunft mehr … Ich habe Angst vor der Zeit vor dem Tod. Den Tod selbst fürchte ich nicht. Aber die Zeit vor dem Tod kann sehr elend werden, das habe ich schon miterlebt. Das ist es, was mich bedrückt. Danach erlebt man, dass es einem Kind oder Enkelkind oder einem Freund, einer Freundin plötzlich sehr schlecht geht. Wenn es einem mir nahestehenden Verwandten oder Freund wirklich miserabel geht, dann ist es aus mit meiner Trauer um mich selbst. Dann höre ich auf, an mich zu denken. Deswegen sage ich immer, Liebe ist befreiender als geliebt werden. Wenn man wirklich lieben kann oder jemand anderes liebt, das befreit von sich selbst. Das ist eine Erfahrung, die ich stichhaltig erlebt habe.

»Zum kultivierten Leben
gehört vor allem Selbsterkenntnis«

Frau Mitscherlich, Sie sind 93 Jahre alt. Gibt es etwas, das Sie sich bis heute nicht verzeihen können?

Nein. Es ist schandbar, aber der Mensch kennt keine Grenzen der Nachsicht mit sich selbst. Alles, was wir tun, verzeihen wir uns irgendwann. Ich hatte quälende Schuldgefühle, als ich meinen zweijährigen Sohn für drei Jahre in die Obhut meiner Mutter gegeben habe, um mich zur Psychoanalytikerin ausbilden zu lassen. Das war der schrecklichste Moment meines Lebens, denn ich wusste natürlich, wie hilflos und abhängig ein Kind in diesem Alter ist. Heute kann ich mir meinen Entschluss verzeihen, denn meine Mutter sah endlich wieder einen nicht zu übertreffenden Sinn im Leben, und meinem Sohn ging es sehr gut bei ihr.

Ihr Sohn Matthias ist heute 61 Jahre alt. Wie sähe Ihre Glücksbilanz ohne ihn aus?

Die Beziehung zu mir selbst und zum Leben ist tiefer geworden, seit ich etwas habe, dessen Leben mir wichtiger ist als das eigene. Es ist heilsam, ein anderes Wesen mehr zu lieben als sich selber. Väter empfinden das nicht so stark, weil ihnen das leibliche Band zu ihren Kindern fehlt. In diesem Punkt bedaure ich Männer.

Ist die Fähigkeit, glücklich zu sein, eine Begabung, die man hat oder nicht?

Die Gabe, Glück zu empfinden, hängt von der Beziehung zu unserer ersten Vertrauensperson ab. Insofern ist Glück Glückssache. Es kommt nicht so sehr darauf an, was wir erleben, sondern darauf, wie wir etwas erleben. Glück hängt von der Beschaffenheit unserer Gedanken ab, von unseren Voreinstellungen. Ich hatte eine sehr gute Beziehung zu meiner Mutter, deshalb war das Glas für mich immer eher halbvoll als halbleer.

Die psychoanalytische Zunft behauptet, dass wir immer narzisstischer werden. Ruinieren wir damit die Köpfe unserer Kinder?

Ein narzisstisch desorientierter Mensch braucht sein Kind nur, um sich selbst zu genießen. Wer um sich selbst kreist, kann nicht lieben, er wird erst melancholisch und dann unglücklich. So komisch es klingt: Zu lieben ist schöner als geliebt zu werden. Wer das nicht spürt, hat ein therapiebedürftiges Problem. Sich nicht mehr nur um sich selber zu sorgen ist ein großes Glücks- und Freiheitserlebnis.

In der Bibel heißt es: »Liebe deinen Nächsten wie dich selbst.« Lieben Sie sich?

Ach, sich selber lieben – nein, eher nicht. Aber ich ertrage mich ganz gut und bin nicht mehr so erbarmungslos mit mir. Früher empfand ich eine gewisse Lust daran, mir Vorwürfe zu machen und mich mir selbst gegenüber als besonders erbärmlich darzustellen. Diese blödsinnigen Schuldgefühle habe ich nicht mehr. Das Angenehme am Alter ist, dass man zu wissen glaubt, wer man ist. Und man kapiert, dass die anderen genauso verrückt sind wie man selbst gelegentlich. Ich finde, zum kultivierten Leben gehört vor allem Selbsterkenntnis. Viele Menschen ahnen nicht, wie viel Kraft Verdrängen kostet und wie depressiv, abwehrend, bösartig und steril es einen machen kann.

Sie haben jahrzehntelang unter Klaustrophobie gelitten. Wissen Sie, warum?

Weil ich Angst vor meinen Ambivalenzen hatte. Ich dachte, ich dürfte meiner Mutter gegenüber nicht aggressiv sein, weil ich von ihr abhängig war und sie oft so traurig guckte. Ihre Traurigkeit konnte mich rasend machen. Wenn ich meine Mutter in die Luft sprengen wollte, sagte ich mir: ›Du darfst um Gottes willen deine Mutter nicht hassen, du liebst sie doch.‹ Wenn sie melancholisch wurde, weil sie nicht den Mann ihres Lebens geheiratet hatte, wurde sie, was die Psychoanalyse eine »tote Mutter« nennt. Sie spielte versunken Klavier, und ich saß unterm Flügel und weinte, weil ich wusste, sie wünscht sich ein anderes Leben. Ich hasste sie auch, weil sie mir keine sexuelle Lebendigkeit erlaubte.

Eben sagten Sie noch, Sie hätten ein sehr gutes Verhältnis zu Ihrer Mutter gehabt.

Im normalen Leben war sie eine denkbar herzliche, lebendige, gütige und auch witzige Person. Ich habe in meinen drei Analysen gelernt, mit meinen Ambivalenzen zu leben. Man kann einen Menschen zum Teufel wünschen und ihn gleichzeitig sehr, sehr lieben.

239

Sie waren 27 Jahre lang mit dem 1982 verstorbenen Psycho-
analytiker Alexander Mitscherlich verheiratet, mit dem Sie
Schlüsselwerke wie »Die Unfähigkeit zu trauern« geschrie-
ben haben. Ihr Mann war ein Frauentyp. Waren Sie eifer-
süchtig?

O ja, denn Alexander war durchaus verführbar. Ich habe
lange unter meinen Ausbrüchen gelitten, weil sie mein eigenes Ich-Ideal zutiefst kränkten. Ich finde es auch nicht zu viel
verlangt, die eigenen Triebgelüste in Schach zu halten. Wir
sind schließlich keine Neandertaler mehr.

Ihr Mann hat Ihren Sohn mal geohrfeigt. Ein Seelenarzt, der
sein Kind schlägt: Das klingt wie ein zynischer Witz.

Mein Mann hatte ohne Zweifel cholerische Reflexe. Er
konnte durchaus jemandem eine Ohrfeige geben. Auch seine
fünf Kinder aus früheren Ehen haben sich darüber beklagt.
Mein Sohn Matthias wollte sich nicht waschen lassen und
führte sich unglaublich auf. Da hat er ihm spontan eine ge-
knallt. Ich dachte – und da sehen Sie meinen Narzissmus:
Mein Kind schlägt man nicht! In dieser Situation habe ich
Alexander ein Ultimatum gestellt: »Wenn du das Kind noch
einmal schlägst, dann gehe ich!« Er hat es dann auch nie
mehr getan.

Sie sind seit 28 Jahren Witwe. Haben Sie sich nach dem Tod
Ihres Mannes wieder verliebt?

Ach Gott, ich war ja schon 65 Jahre alt, als Alexander starb.
Es gab dann so Verliebtheiten, aber die waren nicht so tief-
gehend, dass sie zu sexuellen Beziehungen geführt hätten.

Wenn man miteinander alt wird, werden auch die Körper miteinander alt. Das erträgt man ohne Ekel. Wenn Sie mir aber einen fremden Gleichaltrigen vorsetzen, werde ich seinen Körper alles andere als sexy finden.

In welchem Alter haben Sie Ihre sexuelle Befreiung erlebt?

Spät. Eigentlich habe ich erst mit Alexander die Lust an meiner Sexualität entdeckt. Da war ich schon dreißig. Zuvor hatte ich mich jahrelang mit einem Tuberkulosekranken verbunden, der seelisch schwer gestört war und den ich nicht liebte. Diese merkwürdige Beziehung war der unbewusste Versuch, die Liebeswahl meiner Mutter zu imitieren. Sie hing zeitlebens an ihrem ersten Verlobten, der kurz vor der Hochzeit an Tuberkulose gestorben war. Die Trauer um den idealisierten Toten hat ihr nie ganz erlaubt, im Hier und Jetzt zu leben. Ich übergab ihr dann gewissermaßen meinen Freund, weil ich es für meinen Lebenssinn hielt, sie glücklich zu machen. Vielleicht bin ich Psychoanalytikerin geworden, um meine Mutter von ihrer Melancholie zu heilen.

Wie sah Ihre Sexualerziehung aus?

Sexualität durfte man nur genießen, wenn sie Hingabe und Opfer war. Als meine Mutter entdeckte, dass ich mit meinem Genital spielte, machte sie ihre traurigen Augen und betrachtete mich, als wäre ich der Auswurf der Menschheit. Ich dachte, ich hätte etwas Furchtbares getan, das mich bis ans Lebensende schädigt. Mein Vater, von Beruf Arzt, sagte, ich dürfe nun keine Eier mehr essen. Sexualität war die Hauptsünde, schlimmer, als neidisch, kaltherzig oder bösartig zu sein. Das habe ich so internalisiert, dass ich einen Bekenntniszwang entwickelte. Wenn ich onaniert hatte, ging ich zu meiner Mutter und offenbarte ihr meine Tat, um mich von meinen schlimmen Schuldgefühlen zu befreien. Ich weiß noch, was für eine große Befreiung es war, zum ersten Mal lügen zu können.

Was haben Sie in Ihrem Leben versäumt?

Ich habe meiner Mutter immer vorgeworfen, dass ich nicht mehr schöne Männer lieben konnte. Wenn ich um die 20 einen attraktiven Freund hatte, sagte ihre Stimme in mir: ›Du musst den Mann heiraten, mit dem du schläfst.‹ Da ist mir einiges entgangen. Nur eine Minderheit wünscht sich im Alter, ein tugendhafteres Leben geführt zu haben. Ich wünschte, ich hätte mehr gesündigt.

Gehört zur Melancholie des Alters, dass man vor allem an das denkt, was sich nicht erfüllt hat, nicht erfüllen konnte?

»Melancholie des Alters« klingt so hochtrabend. Man wird einsam, das ist es. Alter ist auch Verzicht auf Bewegung, auf Reisen, auf Schönheit. Ich bin schon acht Zentimeter geschrumpft. Das Alter reduziert einen bis zur Lebensmüdigkeit. Ein ungebetener Begleiter des Alters ist das große Vergessen. Wir sind doch, an was wir uns erinnern.

In der Bibel gibt es das Wort »lebenssatt«. Haben Sie diesen Zustand erreicht?

Lebenssatt zu sein wäre schön, weil man dann beruhigt sterben könnte. Ich bin es aber noch nicht, denn auch das Glück altert. Mein Glück besteht jetzt darin, mir festliche Augenblicke zu verschaffen und die Blumen auf meinem Balkon zu genießen. Zur Tragödie des Alters gehört, dass man die Fähigkeit zur Anteilnahme verliert, erst an Freunden, dann an sich selbst. Das Herz schrumpft, und man betrachtet die Welt gleichgültig. Dagegen arbeite ich an. Da ich immer noch Patienten habe, bin ich Gott sei Dank gezwungen, oft an andere zu denken.

Wie oft quälen Ihre Träume Sie?

Immer dann, wenn es in ihnen Zukunft gibt. Beim Aufwachen fällt es mir schwer, mich mit meiner Zukunftslosigkeit abzufinden. An guten Tagen amüsiere ich mich über diese alte Frau, die da im Schlaf so leichtsinnig Zukunftsträume schmiedet. In meinen Träumen bin ich phantastisch in Form und laufe leichtfüßig die Berge im Tessin hoch. Im wirklichen Leben brauche ich wegen einer Rückgratverletzung für die kleinste Strecke einen Rollator.

Haben Sie noch erotische Träume?

Ja, aber sie sind seltener geworden, weil die Liebe zum eigenen Körper mit zunehmender Gebrechlichkeit schwindet. Ich glaube aber, die Libido erlischt erst ganz in unserer Sterbesekunde. Ich habe ein mildes Verhältnis zu meinen sexuellen Phantasien und sage mir: ›Ach, mein Kind, du bist halt ein wenig zu alt, um das noch in die Tat umzusetzen.‹

Gibt es Tage, an denen Sie nicht an den Tod denken?

Nein. Das Komische ist aber, dass der Unglaube an den Tod proportional zu seinem Herannahen wächst.

Die Psychoanalyse behauptet, das Sterben fällt denen am schwersten, die am meisten an ihrer Persönlichkeit hängen.

Ich habe meinen Vater sterben sehen, meine Mutter und meinen Mann. Denen ist das Sterben eigentlich nicht so schwergefallen. Meine Mutter ist sogar recht gern gestorben. Soll man daraus schließen, dass sie sich nicht besonders mochte? Das hielte ich für Unfug. Ein einigermaßen intelligenter Mensch hat kein grandioses Selbstbild. Man kennt sich doch mit all seinen Schwächen. Es ist sogar so, dass man seine Schwächen besser kennt als seine Stärken. Manchmal hören wir von anderen, dass sie Eigenschaften von uns als Stärken empfinden, die wir für selbstverständlich halten.

Haben Sie manchmal das Gefühl, sich überlebt zu haben?

Ja. Aber stärker ist das Gefühl, dass die Psychoanalyse sich langsam überlebt. Die alten Griechen hatten die Losung: Erkenne dich selbst, und mache dich zu dem, der du bist! Statt sich selber auf den Grund zu gehen, erfindet man sich heute lieber neu. Die Menschen glauben, sich designen zu können wie ein Möbel. Das vorherrschende Lebensgefühl ist: Ich will nicht so sein, wie ich bin, denn so sind schon genug andere. Die Sehnsucht, sich von der Masse abzuheben, ist ein wahres Massenphänomen geworden. Dieser narzisstische Wunsch nach Einzigartigkeit führt dazu, dass uns mehr und mehr Menschen nicht als authentisch erscheinen. Dabei ist es sehr anstrengend, als jemand aufzutreten, der man nicht ist.

Auf der Erde leben über sechseinhalb Milliarden Menschen. Darf sich da ein Einzelner, dem das Ende droht, so wichtig nehmen?

244

Selbstverständlich nein. Ich sage mir hundertmal am Tag: ›Sei bescheiden und füge dich in den ewigen Kreislauf der Natur ein.‹ Es leben doch auch kaum noch Menschen, die dich vermissen werden. Aber diese Demut funktioniert nicht. Sie können Ihren Gefühlen keine Befehle erteilen.

Wie groß ist Ihr Bedürfnis nach einem Jenseits?

Gleich null. Ich glaube nicht an ein Jenseits, aber es wäre schön, ich könnte es. Der Glaube macht die Welt schöner als das Wissen. Ich muss ohne den Trost einer Religion sterben. Mein Verstand sagt: Statt ins Paradies zu kommen, kippst du in ein schwarzes Loch. Mein Herz ist da optimistischer.

Sie wurden im Kaiserreich geboren. Wie hat sich seither Ihr Menschenbild verändert?

Ich war als junger Mensch sehr verachtungsfähig. Ich habe zum Beispiel mich selbst und andere gehasst, weil wir nicht mehr gegen die Nazis unternommen haben. Ich habe im Krieg furchtbar viel gezittert, aus Angst vor den Bomben, aber auch vor Hass und Ekel. Diesen Ekel vor Menschen kann ich nicht mehr empfinden. Statt Abscheu vor der Niedrigkeit des Menschen habe ich heute Mitleid mit der menschlichen Schwäche.

Nach mehr als 60 Jahren Seelenerforschung: Was ist Ihnen an der menschlichen Psyche bis heute unerklärlich geblieben?

Je älter ich werde, desto weniger verstehe ich, dass ich mich so wichtig gefühlt habe. Warum habe ich das Leben so ungeheuer schwer genommen? Warum habe ich nicht begriffen, dass das Leben ein Spiel ist, ein großes Theater? Jeder von uns könnte wissen, dass wir ein zufälliges Stück Natur sind, das irgendwann endet. Stattdessen nehmen wir es wichtig, wenn wir eine Falte bekommen, und versuchen, sie zu verstecken. Das Rätsel ist, dass die Menschen so unglaublich lächerlich sind, inklusive man selbst.

Das Gespräch führte Meinhard Schmidt-Degenhard

S. FISCHER
www.fischerverlage.de

Das deutsche Programm

Sachbuch

Schon jetzt ein Sachbuch-Klassiker

Warum sind Nationen reich oder arm? Wodurch entsteht die krasse Ungleichheit in unserer heutigen Welt? Wie soll man ihr begegnen? Hier finden Sie Antworten auf diese grundlegenden Fragen. Ein provokatives und einzigartiges Buch.

ca. 580 Seiten, gebunden

DARON ACEMOGLU / JAMES A. ROBINSON

WARUM NATIONEN SCHEITERN

DIE URSPRÜNGE VON MACHT, WOHLSTAND UND ARMUT

S.FISCHER

New-York-Times-Bestseller
Endlich auf Deutsch

**Immer aktuell
informiert sein**

Wolfgang Leuschner
Ein Nachruf

Margarete Mitscherlichs Beitrag zur Psychoanalyse der Gegenwart zeichnete sich von Anfang an durch die Besonderheit aus, dass sie über die klassische Analyse individueller Konflikte hinausging und die Beschränkung aufs Mikrokosmische der Psychoanalyse aufgab. Anders als Freud suchte sie unsere Kultur nicht mehr allein vom »Seelenende« her ins Auge zu fassen, so von innerpsychischen Vorgängen wie dem Ödipuskomplex auf äußere Verhältnisse schließend. Die Katastrophen des 20. Jahrhunderts lehrten sie eine andere Vorgehensweise: Sie machte die Untersuchungen jener Psychologie zum zentralen Bezugspunkt ihrer Arbeit, die dem kollektiven Wahn und den Grausamkeiten in Nazideutschland, dem »Versagen der Tradition« zugrunde lagen. Innerseelische Strukturen und Prozesse setzte sie mit der erschreckenden Wirklichkeit unserer deutschen Geschichte in Beziehung. So haben wir heute das Werk einer Psychoanalytikerin vor uns, das als großes kulturkritisches Projekt zu beschreiben ist und dessen weltweite Bedeutung für die Psychoanalyse nach 1945 nicht hoch genug veranschlagt werden kann.

Sie selbst hat immer wieder betont, dass ihre Persönlichkeit, ihr Denken von den kulturellen und politischen Differenzen zweier Länder, Deutschland und Dänemark, geprägt worden ist, Differenzen, die sich zugleich in der familiären Binnenwelt, zwischen deutscher Mutter und dänischem Vater, wiederholten. Innen und Außen, Nahes und Fremdes verbanden sich für sie offenbar zu einer Art Urszene, aber unübersehbar so gemildert, dass sich Spaltungen und paranoischen Aufladungen erübrigten. Unterschiedenes konnte miteinander in Verbindung gehalten werden, Neugier und Neigung zum leidenschaftlichen Widerspruch mussten keiner falschen Bescheidenheit oder Harmoniesucht geopfert werden. So blieb sie schließlich frei von Vorurteilen, destruktiver Lust und Schuld, frei von Unterwerfungswünschen und dem Einvernehmen mit einem kompakten Kollektiv, die andere damals im Gebrauch ihrer Vernunft und ihres kritischen Blicks auf die Zeitereignisse und ihre Ursachen beschränkt haben. Es waren offensichtlich auch jene frühen Grenzerfahrungen, die die Grundlage für ihre Auffassungen von Psychoanalyse bildeten. Sie leiteten ihre klinische und theoretische Arbeit, ihre persönlichen und beruflichen Beziehungen, ihre Tätigkeit bei der Lehre und Ausbildung, als Publizistin, als Herausgeberin der *Psyche*, und ihre politische Aktivität, insbesondere als Feministin.

Ihre Ausbildung zur Analytikerin machte Margarete Mitscherlich in London, bei den Großen der Analytikergeneration nach Freud: Anna Freud, Margret Mahler, Melanie Klein, Paula Heimann, Michael Balint. Dort wurde sie zur wichtigsten Vermittlerin der in der Londoner Emigration weiterentwickelten analytischen Theorie und Praxis, auch damit aus dem ererbten Vermögen schöpfend, intellektuelle und kulturelle Landschaften miteinander zu konfrontieren und überbrücken zu können. Die »Neuaneignung« der Psychoanalyse nach 1945 in Deutschland ist ohne sie nicht zu denken. Zusammen mit ihrem Mann Alexander organisierte sie von nun an klinische Einrichtungen, psychoanalytische Wissenschaft und Ausbildung, Kooperationen mit ausländischen Analytikern und Vertretern der Kritischen Theorie.

Die Neugründung war ja keine Sache des bloßen Reimports von Wissensbeständen. Nicht die Psychoanalyse war von den Nazis »vertrieben« und vernichtet worden, sondern die jüdischen Analytiker. Das Vertreibungsmotiv war primär nicht Anti-Psychoanalyse, sondern Antisemitismus, Menschenhass. Das hatten die Mitscherlichs verstanden, anders als viele Psychoanalytiker das heute gerne sehen wollen, um selbst auf der richtigen Seite zu sein. Ihre politische und persönliche Integrität ermöglichte es ihnen, Arbeitsbeziehungen mit den emigrierten Kollegen herzustellen. Vielen jungen Nachwuchsanalytikern wurde es möglich, in ihnen »Gegeneltern« zu entdecken, achtenswerte Vorbilder und dann auch Verbündete aus einer Altersgruppe, die sich zumindest als Generation völlig diskreditiert hatte.

In ihren berühmt gewordenen Zeitanalysen, vor allem ihrem Werk *Die Unfähigkeit zu trauern*, zeigten die Mitscherlichs auf, wie Repressionen totalitärer Systeme mehr sind als äußere Realität, als bloß externer Terror. Sie beschrieben, wie sich das System der Nazidiktatur im frühen Triebleben einnistete, mit primitiven Liebes- und Hassregungen verband, frühe Objektbeziehungsmodi, Fusionen, Spaltungen und Projektionen auslöste und so in bis dahin undenkbarem Ausmaß Ich-Regressionen und Zerstörungswut erregte. Ihr Begriff »Trauer« wurde dabei gerne missverstanden. Aus Abwehrgründen wurde ignoriert, dass die Mitscherlichs gar nicht von Trauer selbst, von Traurigsein oder Selbstbetroffenheit sprachen, sondern von verweigertem Erinnern und Selbstreflexion. Es ging ihnen darum, Erklärungen dafür zu finden, warum sich die Menschen ihrer Teilhabe an einem kollektiven Wahn nicht bewusst wurden, was sie Glied einer sozialen Bewegung des mörderischen Hasses und Selbsthasses, der Zerstörung und der pathologischen Idealbildung hatte werden lassen.

Die große öffentliche Wirkung der Mitscherlich'schen Zeitanalysen bestand aber auch darin, dass sie aufzeigten, wie jene Prozesse ins Aktuelle der Nachkriegszeit reichten, sich mit dem Untergang real existierender Herrschaft nicht einfach verflüchtigt hatten, sondern in »Krypten« der Seelen überdauern und von hier aus zu neuerlicher offener kollektiver Regression bereit und wirksam geblieben waren. Wesentliche »kulturelle« Merkmale der Adenauer-Ära entlarvten sie als Erbgüter der Hitlerzeit, die wie schlechte Träume eine Nachkriegsrealität gestalteten, in der sich die Nazitäter geradezu häuslich eingerichtet hatten. So weckten ihre Analysen den Protest des schlechten Gewissens, Leugnen und Lügen. (Und sie tun es immer noch, wenn man sieht, mit wie viel Häme jene Analysen immer noch bedacht werden.) Aber festzuhalten bleibt auch, dass sie damit auch jene Debatten anstießen, die vor allem ab 1968 dazu beitrugen, der Bundesrepublik etwas zu verschaffen, was ihr bis dahin gefehlt hatte: demokratisches, kritisches gesellschaftliches Bewusstsein, Engagement und Veränderungen.

Auch die im engeren Sinn therapeutisch-klinische Orientierung führte Margarete Mitscherlich in der Folge dazu – theoretisch und methodisch darin Siegfried Bernfeld folgend –, die analytische und die sozialpsychologische Blickrichtung im Konzept des »sozialen Ortes der Neurose« zusammenzuführen: Neurosen bilden sich demnach nicht allein infolge verpönter innerseelischer Triebregungen, sondern auch durch vorgegebene gesellschaftlich gestaltete Befriedigungsmittel. Deshalb widmete sie der Oberfläche der analytischen Rede immer besondere Aufmerksamkeit, d. h. zuerst und vor allem suchte sie die Alltagsrealität ihrer Patienten, ihr manifestes Leiden an der aktuellen Wirklichkeit (Beziehungen, Arbeit) herauszuarbeiten, um es dann als Wegweiser in das unverstandene Unbewusste, die ihm zugrunde liegenden unbewussten Motive zu nutzen. Wichtig war ihr auch, die weitere Nutzung des so erkannten Verdrängten nicht allein den Analysanden zu überlassen. In offener, geradezu pädagogischer Weise und als Kritikerin von realen Personen und sozialen Verhältnissen kehrte sie mit den Analysanden zur äußeren »Oberfläche« zurück, nicht selten Selbstbeobachtungen ihrer eigenen Lebenswirklichkeit als Modell präsentierend – und nicht nur ihre Gegenübertragungen. Die Bearbeitung der »sozialen Orte der neurotischen Konflikte« unternahm sie also auch in den Analysen selbst.

»Von Anfang an Feministin«, vor allem aber angestoßen von ihren Erfahrungen mit der »Mütterpolitik« der Hitlerzeit stellte sich ihr die Frage, was die Frauen innerlich veranlasst hatte, sich dieser Politik zu unterwerfen. Selbstkritisch wie sie immer dachte, untersuchte sie deshalb zuerst die Weiblichkeitstheorien unserer eigenen Wissenschaft. Das hieß, zuerst Freuds Vorstellungen in Frage zu stellen, wonach die Psychoanalyse als Aufklärungsprojekt über das Unbewusste an einem wichtigen Punkt aufgehört hatte, sich selbst zu analysieren: Freuds Überlegungen zur Weiblichkeit waren maßgeblich auf entwertenden Vorstellungen aufgebaut. Den kleinen Mädchen fehle ein Penis, weibliche Charaktereigenschaften seien eher negativer Natur, gekennzeichnet von Passivität, Masochismus und schwachem Über-Ich.

Bar jeder feministischen Überspitzung legte Mitscherlich der Geschlechterdifferenzierung dagegen jeweils spezifische, gattungsgeschichtlich erzwungene Triangulierungsschicksale zugrunde. Damit war und ist sie die erste und einzige deut-

sche Analytikerin, die eine andere weibliche Entwicklungs-
psychologie in Kernbestände der Freud'schen Theorie, vor allem in seine Triebtheorie, integriert hat. Penisneid und
weiblicher Narzissmus waren für sie allenfalls sekundärer
Natur. Den sogenannten femininen Masochismus trennte sie
von einem perversen Begehren nach realer Gewalt und verstand jenen vornehmlich als Phantasiegebilde, das dazu dient,
»passiv erlittene Befehlssituationen aktiv in kontrollierbare
Situationen zu verkehren, aus Unlust Lust zu machen«.

Damit war das Feminismus-Thema unmittelbar mit
dem Ausgangspunkt ihres Werkes, der gesellschaftlichen Gewalt, verbunden. Demnach sind es die asymmetrischen Psy-
chologien von Mann und Frau, die den gesellschaftlichen
Gewaltverhältnissen zugrunde liegen und sie befördern.
»Krieg, Gewalt, Pogrome sind Sache der Männer.« Vernich-
tungstendenzen und Antisemitismus seien »Männerkrank-
heiten«, die »sich aus der geschlechtsspezifischen Entwicklung und Erziehung ergeben« und die letztlich – wie sie es,
auf Robert Stoller Bezug nehmend, auch in diesem Buch
noch einmal klarstellt – aus spezifischer Kastrationsangst
hervorgehen, die sich beim Mann dann über einer beiden
Geschlechtern gemeinsamen »primären Feminität« aufbaut.
Damit lenkte sie den Blick – in erwähnter Umkehrung der
kulturkritischen Perspektive Freuds – auch auf die Proble-
matik der Theorie des Ödipuskomplexes. Denn anzunehmen
war nun, dass dieses bloß männlich ausgelegte Konstrukt
selbst als Keim der sozialen »Krankheiten« der Menschen
verstanden werden muss. Diene er doch den Mädchen als
psychischer Organisationskomplex im Sinne eines Negativs
und trage damit unumgänglich zur Polarisierung von männ-
lich/weiblich und zur Verfestigung von Herrschaftsverhält-
nissen bei, die auf dieser Polarisierung aufbauen.

Margarete Mitscherlich war mutig. Sie hat sich immer exponiert, öffentlich, konfrontativ, in der Frauenbewegung, in Büchern, bei Fernsehauftritten. Vieles, was in der heutigen Psychoanalyse *common sense* ist, fand ihren Widerspruch: die nosologische »Bereinigung« der Neurosen von ihren sozialen und politischen Ursachen, die Ablehnung der Metapsychologie, der Kleinianismus, die heute zu beobachtende Akademisierung der Psychoanalyse, die modische Vermischung von Psychoanalyse und Neurowissenschaft und eine damit einhergehende Beseitigung der Triebtheorie und schließlich die Verkürzungen seelischen Leids auf »Psychotrauma«.

Man begriffe Margarete Mitscherlichs Verständnis von Psychoanalyse überhaupt nicht, wenn man ihr kritisches Auftreten in der Öffentlichkeit als bloße Zutat betrachtete, als Ausdruck einer persönlichen Handlungslust, sich mit den Mächtigen anzulegen oder Hahnenfedrigkeit. Öffentliches Engagement (z. B. in der Nichtregierungsorganisation medico international) war für sie immer und zwingend notwendiger Bestandteil der »Redekur«. Psychoanalyse hat sich aus zwei »Reden« zusammenzusetzen, einer eingeschlossenen und einer öffentlichen. Das, was Margarete Mitscherlich öffentlich sagte, waren Beschwörungen dieses Zusammenhangs. Öffentliche Kritik ist notwendiger Bestandteil der Methode. Das Wissen über die Wirkungen gesellschaftlich produzierten seelischen Unglücks, die Einbettung des Unbewussten in latente und manifeste gesellschaftliche Gewaltverhältnisse, all das bliebe folgenlos, wenn es nicht laut ausgesprochen würde. So erst kann es gehört und von gesellschaftskritischen Bewegungen aufgegriffen und gegenüber den Mächtigen vertreten werden. So in der Öffentlichkeit geäußert, wirkt es dann aber auch dialogisch und korrigierend auf die Psychoanalyse des Innenlebens zurück. Erst auf diesem Wege werden unsere Theorien wahr, können unsere analytischen Wissensbestände und Haltungen zurechtgerüttelt werden. Der Satz »wer sich nicht bewegt, spürt seine Ketten nicht«, hatte auch für Psychoanalytiker Geltung. Ihre immer offene Rede, ohne falsches Mitleid, die beherzte Art, wie sie Fragen anging, die ehrliche und unverdruckste Art, öffentlich nachzudenken und Selbstzweifel zu äußern, all das ließ die Psychoanalyse als wenig überichhaft, ja als eine befreiende, geradezu fröhliche Wissenschaft erscheinen.

Als ob da etwas von dem Gestaltungsdrang und der suggestiven Tendenz der Medizin hinzugekommen wäre, handelte Margarete Mitscherlich im besten Sinne ärztlich, im Sinne Rudolf Virchows, der in öffentlichen Aufrufen gegen die preußische Regierung die epidemische Verbreitung von Typhus den »Lebensverhältnissen, der Armut und dem Mangel an Kultur« zuschrieb. Alexander Mitscherlich hat von Psychoanalytikern immer gefordert, sie sollten öffentlich »mit Vernunft angreifen«. Besser kann man das Denken und Handeln von Margarete Mitscherlich nicht beschreiben. Und wo – so muss man fragen – stünde heute die Psychoanalyse in Deutschland ohne sie, ohne ihr Werk.

Wolfgang Leuschner ist der ehemalige stellvertretende Leiter des Sigmund-Freud-Institutes Frankfurt am Main

Nachbemerkung

Margarete Mitscherlich starb im Juni 2012, nachdem der Plan zu diesem Buch Gestalt angenommen hatte. Im Herbst 2011 hatten wir gemeinsam begonnen, Manuskripte zusammenzustellen, die sie für geeignet hielt und deren Veröffentlichung in einem Sammelband ihr sehr am Herzen lag. Als ich ihr Anfang dieses Jahres aufgrund ihrer Auswahl ein Konzept vorschlug, sah sie als Titel »Eine Liebe zu sich selbst, die glücklich macht« vor. Zu dem Gespräch, das für das Verfassen einiger Überlegungen zu diesem Titel vorgesehen war und das im vorliegenden Band hätte abgedruckt werden sollen, kam es nicht mehr.

Die Autorin hat von den Texten, die die vorliegende Veröffentlichung enthält, zwei – »Einige Überlegungen zu Anna Freud, Lou Andreas-Salomé, Helene Deutsch« und »Trauer und angrenzendes seelisches Erleben« – noch durchsehen können, nachdem sie redigiert waren. Die übrigen Arbeiten wurden von mir nach ihrem Tod überarbeitet.

Karola Brede, Garzau, im August 2012

Anmerkungen

Die Liebende

1 Zitiert nach Simone de Beauvoir, *Das andere Geschlecht. Sitte und Sexus der Frau*, Reinbek bei Hamburg: Rowohlt, 1999, S. 800.

2 Theodor W. Adorno, *Minima Moralia. Reflexionen aus dem beschädigten Leben*, Frankfurt am Main: Suhrkamp, 1962, S. 116.

3 S. de Beauvoir, *Das andere Geschlecht*, a. a. O., S. 334.

4 Sigmund Freud, »Beiträge zur Psychologie des Liebeslebens«, *Gesammelte Werke*, Bd. 8, S. Fischer S. 90.

5 S. de Beauvoir, *Das andere Geschlecht*, a. a. O., S. 799 ff.

6 S. de Beauvoir, *Eine gebrochene Frau*, Reinbek bei Hamburg: Rowohlt, 1974.

7 S. de Beauvoir, *Eine transatlantische Liebe. Briefe an Nelson Algren 1947-1964*, S. 301 f.

8 Ebd., S. 302 f.

9 Ebd., S. 196.

10 Ebd.

11 S. de Beauvoir, *Sie kam und blieb*, Reinbek bei Hamburg: Rowohlt, 2004.

12 S. de Beauvoir, *Eine transatlantische Liebe*, a. a. O., S. 302.

13 S. de Beauvoir, *Die Mandarins von Paris*, Reinbek bei Hamburg: Rowohlt, 2002.

14 S. de Beauvoir, *Der Lauf der Dinge*, Reinbek bei Hamburg: Rowohlt, 1970.

15 Pseudonym der Bianca Bienenfeld, spätere Lamblin.

16 S. de Beauvoir, *Briefe an Sartre*, Band 2: 1940–1963, Reinbek bei Hamburg: Rowohlt, 1998, S. 333 f.

17 S. de Beauvoir, *Briefe an Sartre*, Band 2, a. a. O., S. 483 ff.
18 S. de Beauvoir, *Eine transatlantische Liebe*, a. a. O., S. 791.
19 S. de Beauvoir, *In den besten Jahren*, Reinbek bei Hamburg: Rowohlt, S. 60, 64 u. 67.
20 Nathalie Sorokine.
21 S. de Beauvoir, *Eine transatlantische Liebe*, a. a. O., S. 188 ff.

Anmerkungen zu Gisela Stellys Roman *Spiel mit mir*

1 Gisela Stelly, *Spiel mit mir*, München: Droemer, 2004.

Einige Überlegungen zu Anna Freud, Lou Andreas-Salomé, Helene Deutsch

1 Ursula Welsch u. Michaela Wiesner, *Lou Andreas-Salomé. Vom »Lebensurgrund« zur Psychoanalyse*, München: V. I. P., 1988; Michaela Wiesner-Bengard u. Ursula Welsch, *Lou Andreas-Salomé. »Wie ich Dich liebe, Rätsel Leben ...«. Eine Biographie*, Leipzig: Reclam, 2002.
2 Helene Deutsch, *Selbstkonfrontation*, München: Kindler, 1975.
3 Paul Roazen, *Freuds Liebling Helene Deutsch: Das Leben einer Psychoanalytikerin*, München: V. I. P., 1989.
4 Uwe Henrik Peters, *Anna Freud. Ein Leben für das Kind*, München: Kindler, 1979.
5 Wilhelm Salber, *Anna Freud*, Reinbek bei Hamburg: Rowohlt, 1985.
6 Elisabeth Young-Bruehl, *Anna Freud. Eine Biographie*, Wien: Wiener Frauenverlag, 1995.
7 H. Deutsch, *Selbstkonfrontation*, a. a. O., S. 125.
8 Ebd.
9 Sigmund Freud an Lou Andreas-Salomé am 18. November 1915, in: Sigmund Freud und Lou Andreas-Salomé. *Briefwechsel*, hrsg. v. Ernst P. Pfeiffer, Frankfurt am Main: S. Fischer, 1966.

10 Lou Andreas-Salomé, *In der Schule bei Freud. Tagebuch eines Jahres 1912/13*, hrsg. v. Ernst Pfeiffer, Zürich: Niehans, 1958, S. 140 f.

11 H. Deutsch, »Der feminine Masochismus und seine Beziehung zur Frigidität«, *Internationale Zeitschrift für Psychoanalyse* 6, 1930, S. 172–184; siehe auch dies., *Psychologie der Frau*, Bd. I., Bern: Huber, 1959, S. 218 ff.

12 P. Roazen, *Freuds Liebling ...*, a. a. O., S. 301.

13 H. Deutsch, *Selbstkonfrontation*, a. a. O., S. 196.

14 S. Freud, »›Ein Kind wird geschlagen‹. Beitrag zur Kenntnis der Entstehung sexueller Perversionen«, *Gesammelte Werke*, Bd. 12, Frankfurt am Main: S. Fischer, S. 195–226.

15 Anna Freud, »Schlagephantasie und Tagtraum«, in: dies., *Die Schriften der Anna Freud*, Bd. I, 1922–1936, München: Kindler, 1980, S. 142.

16 S. Freud, »Einige psychische Folgen des anatomischen Geschlechtsunterschieds«, *Gesammelte Werke*, Bd. 14, a. a. O., S. 17–30.

17 H. Deutsch, *Zur Psychoanalyse der weiblichen Sexualfunktionen*, Leipzig: Internat. Psa. Vlg., 1925.

18 Rainer Maria Rilke, *Kindheit, Die schönsten Gedichte von Rainer Maria Rilke*, München: Piper, 2006.

19 Vgl. E. Young-Bruehl, *Anna Freud ...*, a. a. O., S. 272.

20 A. Freud, *Das Ich und die Abwehrmechanismen*, in: dies., *Die Schriften der Anna Freud*, Bd. 1, 1922–1936, München: Kindler, 1980, S. 190–356.

21 S. Freud, »Massenpsychologie und Ich-Analyse«, *Gesammelte Werke*, Bd. 13, a. a. O., S. 71–161.

22 A. Freud, »Über Verlieren und Verlorengehen«, in: dies., *Die Schriften der Anna Freud*, Bd. 4, München: Kindler, 1980, S. 1295–1307.

23 Melanie Klein, »Über das Seelenleben des Kleinkindes«, in: dies., *Das Seelenleben des Kleinkindes und andere Beiträge zur Psychoanalyse*, Reinbek bei Hamburg: Rowohlt, 1972, S. 144–173.

24 S. Freud, »Trauer und Melancholie«, *Gesammelte Werke*, Bd. 10, a. a. O., S. 427–446.

Sich selbst erforschen – die anderen verstehen.
Zur Autobiographie der Psychoanalytikerin
Helene Deutsch

1 Helene Deutsch, *Selbstkonfrontation*, München: Kindler, 1975.
2 H. Deutsch, *Psychologie der Frau*, Bern: Huber, 1948.
3 Vgl. H. Deutsch, *Selbstkonfrontation*, a. a. O.
4 H. Deutsch, *Psychologie der Frau*, Bd. 2., a. a. O., S. 247.
5 Paul Roazen, *Brudertier: Sigmund Freud und Victor Tausk. Die Geschichte eines tragischen Konflikts*, Hamburg: Hoffmann & Campe, Wien: Ueberreuter, 1973.
6 Ronald Florence, *Marx's Daughters: Eleanor Marx, Rosa Luxemburg, Angelica Baladanoff*, New York: Dial Press, 1975.
7 Alice Schwarzer, *Der kleine Unterschied und seine großen Folgen*. Frauen über sich. Beginn einer Befreiung, Frankfurt am Main: Fischer, 2002.
8 Vgl. Anna Freud, *Das Ich und die Abwehrmechanismen*, in: dies., *Die Schriften der Anna Freud*, Bd. 1, München: Kindler, 1980, S. 193–355.
9 Vgl. H. Deutsch, *Neurosis and Character Types: Clinical Psychoanalytic Studies*, New York: International University Press, 1965.

Gretchen gestern und heute. Flucht in den Mord –
Margaretha Brandt tötet ihr Kind nach der Geburt

1 Johann Wolfgang Goethe, *Aus meinem Leben. Dichtung und Wahrheit*, *Sämtliche Werke*, I/14, Frankfurt am Main: Deutscher Klassiker Verlag, 1986, S. 166.
2 Die Ausführungen folgen Siegfried Birkner, *Goethes Gretchen. Das Leben und Sterben der Kindsmörderin Susanna Margaretha Brandt. Nach den Prozeßakten dargestellt*, Frankfurt am Main: Insel, 1999.
3 S. Birkner, a. a. O., S. 84.

4 S. Birkner, a. a. O., S. 91.
5 S. Birkner, a. a. O., S. 9.
6 *Süddeutsche Zeitung* v. 30. 07. 1994, S. 36.

Die Frau und die Macht in einer neuen Gesellschaft

1 Theodor W. Adorno, *Minima moralia. Reflexionen aus dem beschädigten Leben*, Frankfurt am Main: Suhrkamp, 1962, S. 116.
2 Mario Erdheim, »Wie familiär ist der Psychoanalyse das Unbewußte? Über homogene und heterogene Psychoanalyse«, in: Christa Rohde-Dachser (Hrsg.), *Zerstörter Spiegel*, Göttingen: Vandenhoeck & Ruprecht, 1990, S. 17–31; hier S. 17.

Theoretische Probleme der Geschlechtsidentität im Lichte klinischer Beobachtungen

1 Theodor W. Adorno, *Negative Dialektik*, Frankfurt am Main: Suhrkamp, 1966, S. 150 f.
2 Sigmund Freud, »Massenpsychologie und Ich-Analyse«, *Gesammelte Werke*, Bd. 13, a. a. O., S. 71–161.
3 Siehe auch Margarete Mitscherlich, *Über die Mühsal der Emanzipation*, Frankfurt am Main: S. Fischer, 1990, S. 143–156.
4 S. Freud, »Über die weibliche Sexualität«, *Gesammelte Werke*, Bd. 14, a. a. O., S. 515–537; hier S. 521.
5 Ebd., S. 518.
6 Robert J. Stoller, *Sex and Gender. On the Development of Masculinity and Femininity*, New York: Hogarth Press, 1968.
7 Siehe auch Ethel S. Person u. Lionel Ovesey, »Psychoanalytic theories of gender identity«, *Journal of the American Academy of Psychoanalysis* 11 (2), 1983, S. 203–226.
8 Karen Horney, »Zur Genese des weiblichen Kastrationskomplexes«, *Internationale Zeitschrift für Psychoanalyse* 9, 1923, S. 12–26; dies., »Flucht aus der Weiblichkeit. Der Männlich-

keitskomplex der Frau im Spiegel männlicher und weiblicher Betrachtung«, *Internationale Zeitschrift für Psychoanalyse* 12, 1926, S. 360–374; dies., »Die Angst vor der Frau. Über einen spezifischen Unterschied in der männlichen und weiblichen Angst vor dem andern Geschlecht«, *Internationale Zeitschrift für Psychoanalyse* 18, 1932, S. 5–18; dies., »Die Verleugnung der Vagina.« *Internationale Zeitschrift für Psychoanalyse* 19, 1933, S. 372–384.

9 Ernest Jones, »The early development of female sexuality«, *International Journal of Psycho-Analysis*, 8, 1927, S. 459–472; ders., »Die phallische Phase«, *Internationale Zeitschrift für Psychoanalyse* 19, 1933, S. 322–371; ders., »Early female sexuality«, *International Journal of Psycho-Analysis* 16, 1935, S. 263–273.

10 S. Freud, »Der Untergang des Ödipuskomplexes«, *Gesammelte Werke*, Bd. 13, a. a. O., S. 393–402; hier S. 400.

11 John Money, *Körperlich-sexuelle Fehlentwicklungen*, Reinbek bei Hamburg: Rowohlt, 1969; ders. u. Anke A. Ehrhardt (1972), *»Männlich – Weiblich«. Die Entstehung der Geschlechtsunterschiede*, Reinbek bei Hamburg: Rowohlt, 1975.

12 James A. Kleeman, »Freud's views on early female sexuality in the light of direct child observation«, *Journal of the American Psychoanalytical Association* 24, 1976, Suppl. 5, S. 3–27.

13 Judith S. Kestenberg, »Der komplexe Charakter weiblicher Identität. Betrachtungen zum Entwicklungsverlauf«, *Psyche* 42 (1), 1988, S. 349–364; hier S. 352.

14 Zenia Odis Fliegel, »Freuds Theorie der psychosexuellen Entwicklung der Frau. Rekonstruktion einer Kontroverse«, *Psyche* 29 (2), 1975, S. 813–834. Juliet Mitchell stellte fest, dass sich zwei gegensätzliche Positionen herauskristallisiert hatten und dass es dabei mehr oder weniger blieb. Juliet Mitchell, *Psychoanalyse und Feminismus: Freud, Reich, Laing und die Frauenbewegung*, Frankfurt am Main: Suhrkamp, 1976.

15 Robert J. Stoller, *Sex and Gender* …, a. a. O., S. 64.

16 Ralph R. Greenson, »Dis-identifying from mother: its special importance for the boy«, *International Journal of Psycho-Analysis* 49, 1968, S. 370–374.

17 R. R. Greenson, »Ein transsexueller Junge und eine Hypothese«, *Psychoanalytische Erkundungen*, Stuttgart: Klett-Cotta, 1982, S. 241–256.

18 R. R. Greenson, Dis-identifying from mother ..., a. a. O.

19 R. J. Stoller, *The Transsexual Experiment*, London: Hogarth, 1975 (deutsch von der Autorin).

20 J. A. Kleeman, »Freud's views ...«, a. a. O., S. 14 ff.

21 R. R. Greenson, »Dis-identifying from mother ...«, a. a. O., S. 256.

22 Lionel Ovesey u. Ethel S. Person, »Gender identity and sexual psychopathology in men: a psychodynamic analysis of homosexuality, transsexualism, and transvestitism«, *Journal of the American Academy of Psychoanalysis* 1, 1973, S. 53–72; Ethel S. Person u. Lionel Ovesey, »The transsexual syndrome in males: I. Primary transsexualism«, *American Journal of Psychotherapy* 28, 1974, S. 4–20; dies., »The transsexual syndrome in males: II. Secondary transsexualism«, *American Journal of Psychotherapy* 28, 1974, S. 174–193.

23 E. S. Person, »Psychoanalytische Theorien zur Geschlechtsidentität«, *Psyche* 47 (1), 1993, S. 505–520.

24 J. Money, *Körperlich-sexuelle Fehlentwicklungen* ..., a. a. O.

»Es besteht ein tiefer untergründiger Hass der Männer auf die Frauen«

1 Margarete Mitscherlich, *Die friedfertige Frau: eine psychoanalytische Untersuchung zur Aggression der* Geschlechter, Frankfurt am Main: S. Fischer, 1985, S. VIII.

Trauer und angrenzendes seelisches Erleben

1 Sigmund Freud, »Trauer und Melancholie«, *Gesammelte Werke*, Bd. 10, a. a. O., S. 427–446.

2 Die Autorin bezieht sich auf eine von Meinhard Schmidt-

Degenhard angeführte »Szene aus einem Buch der jüdischen Publizistin Cordelia Edvardson, die an eine jüdische Frau und deren vierjährige Tochter erinnert: als beide von SS-Wachen mit allen anderen Juden auf dem Marktplatz einer kleinen polnischen Stadt zusammengetrieben werden, weint und schreit das verängstigte Mädchen, und die Mutter versucht voller Angst, es zum Schweigen zu bringen, schließlich auch mit heftigen Schlägen. Weil man kurz darauf das stillgewordene Kind von der Mutter trennt, für immer trennt, gerät die überlebende Mutter später immer wieder in Verzweiflung ...« (Margarete Mitscherlich, *Trauer ist der halbe Trost. Gespräch mit Meinhard Schmidt-Degenhard*, Zürich: Pendo-Verlag, 1995; hier S. 22).

3 Deutsches Lied, Text von Heinrich Heine.

4 Alexander und Margarete Mitscherlich, *Die Unfähigkeit zu trauern. Grundlagen kollektiven Verhaltens*, München: Piper & Co., 1967.

5 S. Freud, »Massenpsychologie und Ich-Analyse«, *Gesammelte Werke*, Bd. 13, a. a. O., S. 71–161.

6 Helmuth Plessner, *Die verspätete Nation: Über die politische Verführbarkeit bürgerlichen Geistes*, Frankfurt am Main: Suhrkamp, 1988.

Grenzüberschreitungen

1 Alexander und Margarete Mitscherlich, *Die Unfähigkeit der Deutschen zu trauern. Grundlagen kollektiven Verhaltens*, München: Piper & Co., 1967.

2 A. Mitscherlich, *Auf dem Weg zur vaterlosen Gesellschaft. Ideen zur Sozialpsychologie*, München: Piper & Co., 1963.

Der 3. Mai 1945 von Hamburg –
Befreiung und Konfrontation mit den Folgen
der nationalsozialistischen Verbrechen

1 Joist Grolle, »Schwierigkeiten mit der Vergangenheit. Anfänge der zeitgeschichtlichen Forschung im Hamburg der Nachkriegszeit«, *Zeitschrift des Vereins für Hamburgische Geschichte*, Bd. 78, S. 1–66.
2 Kurt Detlef Möller, *Das letzte Kapitel. Geschichte der Kapitulation Hamburgs*, 1947; zitiert nach Joist Grolle, »Schwierigkeiten mit der Vergangenheit …«, a. a. O.
3 Elias Canetti, *Die Provinz des Menschen. Aufzeichnungen 1942–1972*, München: Hanser, 1976, S. 70 f.
4 J. Grolle, »Schwierigkeiten mit der Vergangenheit …«, a. a. O., S. 52 f.
5 A.a.O., S. 60.
6 A.a.O., S. 61.
7 Ebd.
8 A.a.O., S. 64 f.
9 Siehe auch Margarete Mitscherlich, »Die Notwendigkeit zu trauern«, *Psyche* 33 (2), 1979, S. 981–990.

Eine deutsche Art zu lieben – in Ost- und Westdeutschland

1 Das erste Kapitel des Buches *Die Unfähigkeit zu trauern* ist überschrieben: »Die Unfähigkeit zu trauern – womit zusammenhängt: eine deutsche Art zu lieben«.
2 Margarete Mitscherlich, *Erinnerungsarbeit – zur Psychoanalyse der Unfähigkeit zu trauern*, Frankfurt am Main: S. Fischer, 1987.
3 Jean-Paul Sartre, *Die Eingeschlossenen*, Reinbek bei Hamburg: Rowohlt, 1962.
4 Werner Bohleber, »Nationalismus, Fremdenhaß und Antisemitismus. Psychoanalytische Überlegungen«, *Psyche* 46 (2), S. 689–709; hier S. 690.

Das kleine Mädchen, das ich war

1 Dorothy Dinnerstein, *Das Arrangement der Geschlechter*, Stuttgart: DVA, 1979.
2 Alice Miller, *Das Drama des begabten Kindes und die Suche nach dem wahren Selbst. Eine Um- und Fortschreibung*, Frankfurt am Main: Suhrkamp, 1994.

Ich behaupte immer, ich war von Geburt an Feministin

1 Johann Wolfgang Goethe, *West-östlicher Divan*, *Werke*, Bd. 6, Frankfurt am Main: Insel Verlag, 1986, S. 111.

Nachweise

Sämtliche Vorträge und Beiträge dieses Bandes wurden überarbeitet. Folgende Texte wurden in früheren Fassungen vorveröffentlicht:

»Einige Überlegungen zu Anna Freud, Lou Andreas-Salomé, Helene Deutsch«, erschienen in: *Lektüren und Brüche*, hrsg. v. Mechthild M. Jansen u. Ingeborg Nordmann, Hessische Landeszentrale für Politische Bildung, Wiesbaden, 1993.

»Sich selbst erforschen – die anderen verstehen. Zur Autobiographie der Psychoanalytikerin Helene Deutsch«, erschienen in: *Frankfurter Allgemeine Zeitung*, 18. 10. 1975.

»Gretchen gestern und heute: Flucht in den Mord – Margaretha Brandt tötet ihr Kind nach der Geburt«, erschienen in: *Große Prozesse. Recht und Gerechtigkeit in der Geschichte*, hrsg. von Uwe Schulz, München: C. H. Beck, 1996.

»Die Frau und die Macht in einer neuen Gesellschaft«, erschienen unter dem Titel »Die Frau in einer neuen Gesellshaft« in: Margarete Mitscherlich et al., *Prioritäten*, Zürich: Pendo-Verlag, 1991.

»Es besteht ein tiefer untergründiger Hass der Männer auf die Frauen«, Interview in der Zeitschrift *Weltgesundheit*, Nr. 6, Juni 1985.

»Trauer und angrenzendes seelisches Erleben«, erschienen unter dem Titel *Trauer ist der halbe Trost. Gespräch mit Meinhard Schmidt-Degenhard*, Zürich: Pendo Verlag.

»Das kleine Mädchen, das ich war«, erschienen in *Emma* 1, 1980.

»Zum kultivierten Leben gehört vor allem Selbsterkenntnis«, Interview in der Zeitschrift *Nido*, November 2010.

Margarete Mitscherlich

Erinnerungsarbeit

Zur Psychoanalyse der Unfähigkeit zu trauern

Band 11617

Trauer, Trauerarbeit ist nach Auffassung der Autorin der einzige Weg, um sich aus traumatischen Ereignissen zu befreien, ihnen sozusagen den Stachel der Dauer und der Wiederholung zu nehmen. Trauerarbeit, ein schmerzlicher Prozeß, der die ganze Person ergreift und ihr Denken und Handeln neu organisiert, ist der mehr oder weniger gelingende Versuch, vergangene Erlebnisse und Verluste, die man abzuspalten und zu verdrängen geneigt ist, in das gegenwärtige Leben zu integrieren. Was für den einzelnen und seine krankmachenden früheren Erfahrungen gilt, das gilt, so die Autorin, auch für eine Gruppe, für ein Volk. In Abwandlung einer psychoanalytischen Erkenntnis kann man sagen: Wer die Nazi-Vergangenheit nicht betrauert, sondern verdrängt, ist dazu verurteilt, sie immer wieder neu zu erleben. In dieser Mahnung und Warnung liegt die aktuelle Brisanz dieses Buches.

Fischer Taschenbuch Verlag

Margarete Mitscherlich

Die friedfertige Frau

Eine psychoanalytische Untersuchung
zur Aggression der Geschlechter

Band 4702

Margarete Mitscherlich untersucht das unterschiedliche Aggressionsverhalten der Geschlechter auf den verschiedenen Ebenen. Sie räumt auch mit dem Mythos auf, der uns weismachen will, die Frau sei von Natur aus friedfertig, der Mann hingegen gewalttätig. Die »Friedfertigkeit« der Frau ist anerzogen, mit Bedacht anerzogen, denn sie hindert die Frau daran, gegen die vermeintlich naturgegebene männliche Herrschaft und Unterdrückung zu rebellieren. So ist dieses Buch auch ein Appell an die Frau, die sozialisierte und instrumentalisierte Friedfertigkeit abzustreifen und dem zur Gewalttätigkeit neigenden – ebenfalls anerzogenen – Dominanzverhalten der Männer Paroli zu bieten.

Fischer Taschenbuch Verlag

fi 1304 / 4

Margarete Mitscherlich
Die Radikalität des Alters
Einsichten einer Psychoanalytikerin
Band 18956

»Was ist Lebenswerk? Ich bin 93 Jahre alt. Was hat diese Jahre beeindruckt, beeinflusst, was scheint mir, von heute aus gesehen, wesentlich für den Gang oder Lauf meines bisherigen Lebens gewesen zu sein? Ich möchte versuchen, Erkenntnisse über mich, mein Denken und Handeln, meine Welt, meine Geschichte zu gewinnen und wiederzugeben, was ich als Wahrheit in und um mich zu erkennen glaubte.«

Margarete Mitscherlich, die Grande Dame der deutschen Psychoanalyse und unermüdliche Aufklärerin, besichtigt mit beeindruckender Offenheit ihr Leben und Werk: Ein bewegendes Zeugnis lebendiger Zeitgeschichte.

»Das berührende Resümee eines Lebens,
in dem das Denken stets eng
mit der eigenen Biographie verwoben war.«
Ina Hartwig, Süddeutsche Zeitung

Fischer Taschenbuch Verlag